中国人民大学研究报告系列

中国社会道德发展研究报告

——家教与家庭家风建设研究报告

2016

CHINESE SOCIAL MORALITY DEVELOPMENT RESEARCH REPORT

RESEARCH REPORT OF FAMILY EDUCATION AND FAMILY CUSTOMS

主　编　葛晨虹　陈延斌

中国人民大学出版社
· 北京 ·

总序

陈雨露

当前中国的各类研究报告层出不穷，种类繁多，写法各异，成百舸争流、各领风骚之势。中国人民大学经过精心组织、整合设计，隆重推出由人大学者协同编撰的“研究报告系列”。这一系列主要是应用对策型研究报告，集中推出的本意在于，直面重大社会现实问题，开展动态分析和评估预测，建言献策于咨政与学术。

“学术领先、内容原创、关注时事、咨政助企”是中国人民大学“研究报告系列”的基本定位与功能。研究报告是一种科研成果载体，它承载了人大学者立足创新，致力于建设学术高地和咨询智库的学术责任和社会关怀；研究报告是一种研究模式，它以相关领域指标和统计数据为基础，评估现状，预测未来，推动人文社会科学研究成果的转化应用；研究报告还是一种学术品牌，它持续聚焦经济社会发展中的热点、焦点和重大战略问题，以扎实有力的研究成果服务于党和政府以及企业的计划、决策，服务于专门领域的研究，并以其专题性、周期性和翔实性赢得读者的识别与关注。

中国人民大学推出“研究报告系列”，有自己的学术积淀和学术思考。我校素以人文社会科学见长，注重学术研究咨政育人、服务社会的作用，曾陆续推出若干有影响力的研究报告。譬如自 2002 年始，我们组织跨学科课题组研究编写的《中国经济发展研究报告》、《中国社会发展研究报告》、《中国人文社会科学发展研究报告》，紧密联系和真实反映我国经济、社会和人文社会科学发展领域的重大现实问题，十年不辍，近年又推出《中国法律发展报告》等，与前三种合称为“四大报告”。此外还有一些散在的不同学科的专题研究报告也连续多年，在学界和社会上形成了一定的影响。这些研究报告都是观察分析、评估预测政治经济、社会文化等领域重大问题的专题研究，其中既有客观数据和事例，又有深度分析和战略预测，兼具实证性、前瞻性和学术性。我们把这些研究报告整合起来，与人民大学出版资源相结合，再做新的策划、征集、遴选，形成了这个“研究报告系列”，以期放大规模效应，扩展社会服务功能。这个系列是开放的，未来会依情势有所增减，使其动态成长。

中国人民大学推出“研究报告系列”，还具有关注学科建设、强化育人功能、推进协同创新等多重意义。作为连续性出版物，研究报告可以成为本学科学者展示、交流学术成果的平台。编写一部好的研究报告，通常需要集结力量，精诚携手，合作者随报告之连续而成为稳定团队，亦可增益学科实力。研究报告立足于丰厚素材，常常动员学生参与，可使他们在系统研究中得到学术训练，增长才干。此外，面向社会实践的研究报告必然要与政府、企业保持密切联系，关注社会的状况与需要，从而带动高校与行业企业、政府、学界以及国外科研机构之间的深度合作，收“协同创新”之效。

为适应信息化、数字化、网络化的发展趋势，中国人民大学的“研究报告系列”在出版纸质版本的同时将开发相应的文献数据库，形成丰富的数字资源，借助知识管理工具实现信息关联和知识挖掘，方便网络查询和跨专题检索，为广大读者提供方便适用的增值服务。

中国人民大学的“研究报告系列”是我们在整合科研力量，促进成果转化方面的新探索，我们将紧扣时代脉搏，敏锐捕捉经济社会发展的重点、热点、焦点问题，力争使每一种研究报告和整个系列都成为精品，都适应读者需要，从而铸造高质量的学术品牌、形成核心学术价值，更好地担当学术服务社会的职责。

目录

报告一：中国社会治理视域下的家庭建设

家庭建设是当下国家、社会重点强调的建设任务之一。家庭建设同时也是中国当下多维社会治理体系中的重要一维。党和国家提出了推进国家治理体系和治理能力现代化的任务，对治理体系提出了新的任务和改革要求，是一种思路方略高度的新提法。概念微变后面体现的是我们党和国家对改革开放四十年来经验的总结，表明中国对社会发展规律、国家发展和治理有了更自觉的认识把握。“家”在中国社会有着不同于其他民族、国家的独特历史根源和社会地位，与此相关，中国也才形成了浓厚的以“家”为核心与基础的传统文化。在中国，“家和万事兴”“修身、齐家、治国、平天下”等，是中国独特历史根源和社会基础所形成的一种文化表达。在新时代国家治理体系现代化的进程中，在中国特色社会主义核心价值观的弘扬培育中，家风家教和家庭建设已经得到了国家社会的极大重视。

一、坐标位置：现代化治理体系中的家庭建设地位

“家”是中国社会的历史起点，也是中国社会结构的元点所在，还是中国人的心灵归宿与精神依托所在。“家文化”“血缘文化”已成中国传统文化中的基因，且在长期历史发展中，中国传统文化中也积淀了深厚的传统家庭美德内容。历史割不断也不能割断，我们今天建设现代中国，培育社会主义核心价值文化，实现国家治理体系和治理能力现代化任务，在建设思路上都决不能忽略或离开家庭建设这个重

要基点和维度。

治理理论是一种全新的政治分析框架，相对来说，传统政府管理是自上而下线性运作，现代治理更强调社会各主体、各因素在互动中实现治理。2014 年 2 月习近平总书记在省部级主要领导干部学习贯彻十八届三中全会精神全面深化改革专题研讨班开班式上发表重要讲话时指出，完善和发展中国特色社会主义制度、推进国家治理体系和治理能力现代化，是坚持和发展中国特色社会主义的必然要求，也是实现社会主义现代化的应有之义。习近平强调，摆在我们面前的一项重大历史任务，就是推动中国特色社会主义制度更加成熟、更加定型，为党和国家事业发展、为人民幸福安康、为社会和谐稳定、为国家长治久安提供一整套更完备、更稳定、更管用的制度体系。

国家治理体系和治理能力是一个国家的制度和制度执行能力的集中体现。我们的国家治理体系和治理能力总体上是好的，有独特优势，是适应我国国情和发展要求的。同时，我们在国家治理体系和治理能力方面还有许多亟待改进的地方。十八大以来，国家顶层一再强调要加快形成党委领导、政府负责、社会协同、公众参与、法治保障的社会管理体制，实际上就是强调多元主体共治的理念。国家提出社会治理体系与治理能力的现代化，是对传统治理方式和治理理论的超越和发展。现代治理体系不同于传统管理-服从的二分模式，它强调治理主体多元、治理因素多维互动。除了政府、市场机制外，还应有第三方社会组织力量。现在人们讲社会治理主体多强调这三个因素，其实还应有公民个体的主体性力量和家庭的社会治理资源。尤其是对具有家国同构历史发展阶段的以家文化为特色的中国社会治理来说，更不能忽略家庭建设在社会治理体系中的作用和地位。

家庭是社会的基本细胞或基本单元，家庭是每个人的基本生活场所，家风家教和家庭建设在社会存在和发展中功能是多面的，也是重要的。“天下之本在家”，这种判断对于中国人、中国社会来讲尤其如此。家庭建设是关乎我们每个人生活幸福的基础因素，是关乎人口生产、人才培育成长的关键场所，是中国人安身立命的精神家园，也是关乎国家建设、民族兴盛、社会文明和谐的基础工程。中国人自古以来就重视家庭、重视亲情，中国传统文化中形成了浓重的“家文化”。家庭建设在新时期、新时代也一直得到重视，20 世纪 50 年代，国家（中华全国妇女联合会）就组织开展了评选“五好家庭”活动，在全社会倡导尊老爱幼、男女平等、夫妻和睦、勤俭持家、邻里团结的新风尚。至 20 世纪 90 年代，“五好家庭”进一步明确为“五好文明家庭”，评选标准与时俱进。但无论名称和标准如何改变，重视家庭建设，一直是中国社会发展建设中的一项重要内容。随着中国社会文明发展以及对社会治理体系、治理能力的进一步自觉，家庭建设越来越多地被提上国家顶层的议事日程。

在2015年春节团拜会上，习近平总书记的讲话主题就是“家庭建设”。习近平强调家庭是社会的基本细胞，是人生的第一所学校。不论时代发生多大变化，不论生活格局发生多大变化，我们都要重视家庭建设，注重家庭、注重家教、注重家风，要发扬中华民族传统家庭美德，促进家庭和睦，促进亲人相亲相爱，促进下一代健康成长，促进老年人老有所养，使千千万万个家庭成为国家发展、民族进步、社会和谐的重要基点。2016年中央文明委发布了《关于深化家庭文明建设的意见》，并组织了第一届“全国文明家庭”评选活动。《关于深化家庭文明建设的意见》要求全社会要充分认识家庭文明建设的重要意义，以注重家庭、家教、家风为着力点，推动国民素质和社会文明程度显著提高。习近平总书记在2016年接见第一届全国文明家庭代表时又强调要重视家庭文明建设，努力使千千万万个家庭成为国家发展、民族进步、社会和谐的重要基点。提出要动员社会各界广泛参与家庭文明建设，推动形成爱国爱家、相亲相爱、向上向善、共建共享的社会主义家庭文明新风尚。中国的国家发展和社会治理，离不开家庭建设这个本源基点，正所谓“天下之本在家”，“不齐其家者，无以治其国”。

家庭在中华文明发展中更有独特的地位。中国因此形成了浓厚的以“家”为核心的传统文化。但事实上人类进入文明社会后，家庭便作为社会基本细胞在社会发展中发挥着重要作用。应该说，依赖家庭生活，重视家庭建设，是人类共同的生活方式和社会追求。“国际家庭日”的建立，表明家庭建设的重要性也已成为世界共识。

“国际家庭日”产生于20世纪80年代，这个时期全世界普遍面临一些问题：家庭规模日趋缩小，离婚率普遍上升，“老有所养”问题已成世界性难题，人们的家庭观念也在普遍发生变化，等等，这些问题引起了国际社会的关注。1989年第44届联合国大会通过决议，宣布1994年为“国际家庭年”（International Year of the Family），并确定其主题为“家庭：变化世界中的动力与责任”。“国际家庭年”的宗旨是提高各国政府和公众对家庭问题的重视，也呼吁全世界共同关注家庭建设。之后联合国社会发展委员会又在1993年做出决定，从1994年起每年5月15日为“国际家庭日”（International Day of Families）。“国际家庭日”设立二十多年来（见表1-1），在提高人们普遍认识，促进各国政府制定与家庭有关的政策，推动家庭健康发展方面，取得了显著成效。

表 1-1　　　　国际家庭日历年主题[1]

2017 年：家庭、教育和福祉
2016 年：家庭、健康生活和可持续发展
2015 年：男人说了算？当代家庭中的性别平等和儿童权利
2014 年：家庭事关发展目标的实现；国际家庭年二十周年
2013 年：推进社会融合和代际团结
2012 年：工作与家庭——两者兼顾
2011 年：面对家庭贫困和社会排斥
2010 年：移徙对世界各地家庭的影响
2009 年：母亲和家庭：变化世界中的挑战
2008 年：父亲与家庭：责任和挑战
2007 年：家庭与残疾人
2006 年：变化中的家庭：机遇与挑战
2005 年：艾滋病毒/艾滋病与家庭福祉
2004 年：国际家庭年十周年：一个行动框架
2003 年：筹备 2004 年国际家庭年十周年纪念活动
2002 年：家庭和老龄化：机遇与挑战
2001 年：家庭和志愿者：建设社会凝聚力
2000 年：家庭：发展的推动者和受益者
1999 年：不分年龄人人共享的家庭
1998 年：家庭：人权的教育者和提供者
1997 年：在伙伴关系基础上的家庭建设
1996 年：家庭：贫穷和无家可归首当其冲的受害者
1995 年：家庭：变化世界中的动力与责任
1994 年：家庭：变化世界中的动力与责任

从“国际家庭年”“国际家庭日”的建立，可见从东方家庭到西方家庭都有一些亘古不变的普遍的价值内容和意义。但东方尤其是中国，家庭更具有不同于西方生活和文化的独特价值、意义。

二、历史方位：“家”在中国历史及传统文化中的特有地位

习近平强调，一个国家选择什么样的治理体系，是由这个国家的历史传承、文化传统、经济社会发展水平决定的，是由这个国家的人民决定的。我国今天的国家治理体系，是在我国历史传承、文化传统、经济社会发展基础上发展演化的结果。[2]

① 见每年的“国际家庭日”活动新闻报道。

② 见习近平 2014 年 2 月 17 日在省部级主要领导干部学习贯彻十八届三中全会精神全面深化改革专题研讨班开班式上的讲话。

理解和解决中国问题及其发展，治理中国和建设中国，思路上必须从对中国特有的“家”的历史、文化及中国人“家”情结的民族心态的认知开始。“思想有多远，我们就能走多远。”抓家庭建设，首先必须解决思想认知自觉问题。家庭、家族、家文化，之所以在中国获得了独特地位和价值取向，这与中国走过的独特社会历史道路分不开，与中国特有的血缘根基、历史、传统文化分不开。在今天，我们强调中国社会治理体系和能力的现代化，家庭建设就是多维治理体系中的重要一维。我们今天建设和谐中国、幸福中国、现代中国，思路上决不能忽略或离开家庭建设这个重要基点和视域。

（一）中国传统家庭模式及血缘社会根基

血缘关系是人类社会共同的历史起点，血缘氏族的彻底解体与历史性地保存，使中西方走了两条不同的文明之路。而这一历史性的分界，终使“血缘关系”成为中国特有的以家庭为核心基础的“家”文化的逻辑起点。中国固有的这一同步于历史的逻辑起点，造就了中国传统独特的血缘宗法社会，以及与此相应的一整套宗法制度和以血缘人伦为基础的“家”文化传统。中国儒家传统“修齐治平”的德性思想，就是站在维护治理传统血缘社会的立场上，对古代中国“亚细亚”的宗法社会存在所做的一种历史性总结。历史造就了儒家的德性思想，因而历史最终又选择了儒家，致使儒家的“家文化”得以历史地延续，并成为影响整个中国文化、历史进程的思想元点。

中西传统家庭模式和文化的差异，根植于中西方不同的历史发展模式。许多著名经典作家在论及人类由原始社会进入文明社会的历史进程时，都认为中西方走了两条不同的历史道路，即以西方古希腊为代表的“古典的古代”，和以古代东方国家为代表的“亚细亚的古代”。简单地说，“古典的古代”的发展道路是从氏族到私产再到国家，个体私有制冲破了氏族组织，城邦国家代替了氏族；“亚细亚的古代”则是在没有摧毁原始氏族组织的情况下，直接进入奴隶制国家，血缘氏族制同国家的组织形式相结合。进一步说，“亚细亚的古代”形式的特点是基本不存在个人所有，土地以公有制为主，宗法血缘关系非常强。“古典的古代”的形式的特点是国家所有和私人所有并列，宗法血缘关系相对淡弱。恩格斯在《家庭、私有制和国家的起源》一书中谈到城邦国家和氏族制度的区别，指出国家“**按地区**来划分它的国民”，而氏族制度的基础是血缘关系。[①] 对此，梁漱溟先生曾做过专门分析，他认为

① 马克思恩格斯全集：第21卷. 北京：人民出版社，1965：194.

在中西方社会结构中家庭的社会地位和作用有很大不同。简单讲，西方社会往往以个体为中心，家庭地位和功能相对次要，而中国传统社会往往以家庭为中心，家庭是社会生活的基本单位或细胞。费孝通在《乡土中国》中分析中西方社会结构时曾说，西方社会结构是像田里柴捆一样的个体集合体，而中国社会“格局不是一捆一捆扎清楚的柴，而是好像把一块石头丢在水面上所发生的一圈圈推出去的波纹的‘差序格局’，这和西方的‘团体格局’大不相同”①。在“差序格局”中，社会由不同个体按亲疏关系组成网状关系，是放大了的“家”。对此侯外庐先生曾分析：“古典的古代”是从家庭到私产再到国家，国家代替了家族。“亚细亚的古代”是由家族到国家，国家混合在家族里面，叫作“社稷”。② 西方人的“country”在中文叫作“国家”，实缘于指称家族的血缘关系和国家的政治关系一体化的宗法性社会政治组织，国家政治体制中带有浓厚的氏族遗制，使得中国古代的社会结构、文化精神、历史进程获得了极大的特殊性。

（二）家国同构格局中的“家国文化”取向

中国传统社会属于“家国同构”的社会历史模式。这是中国特有的历史模式。“亚细亚”历史道路表明，古代中国所处的自给自足的小农经济、土地公有制，以及低下生产力所必须依赖的社会组织形式，使得国家公共职能在没有完全分化解体的氏族组织基础上产生。由此，国家的社会结构自然就落在了天然的血缘组织上。在一般意义上，氏族血缘组织同国家政治经济组织是完全不同的，氏族制度同国家制度也存在本质区别。

“家国同构”的社会历史模式在政治理念上往往是把“国”当作“家”来治理的，而在家庭观念中则是把治家和治国放在同等重要的地位上看待的。儒家文化就是感悟到了当时中国社会关系的血缘宗法性质，看到了忠孝德治对于国家秩序稳定的重要性，把“齐家”与“治国”提到同等地位。鲁哀公问孔子：“敢问为政如之何?”孔子答：“夫妇别，父子亲，君臣严。三者正，则庶物从之矣”。《周易·家人》也表达了同样的思想：“父父，子子，兄兄，弟弟，夫夫，妇妇，而家道正；正家而天下定矣。”《大学》也说：“其为父子兄弟足法，而后民法之也。此谓治国在齐其家。”

中国传统文化是把孝亲、尊祖等家庭伦理扩展至国家治理，他们认为如同以孝道伦理维护宗族一样也应以忠孝伦理治理国家。在他们眼中，孝道是维系整个社会

---

① 费孝通．乡土中国　生育制度．北京：北京大学出版社，1998：25.

② 侯外庐．中国思想通史：第1卷．北京：人民出版社，1957：11.

秩序的支柱。而孝道是源于天然血亲之爱，爱亲之情，仁爱之心天生就有，人性本善，人道天生。人道即是天道在人世社会的体现。“亲亲，尊尊，长长，男女有别”（《礼记·丧服小记》）。仁爱既是人道之大，又是天道具相。在逻辑上，得天道者必践“亲亲”“尊尊”孝忠之道，这几乎是不言而喻的了。

（三）“家”是中国人安身立命的精神家园

与西方文化或其他民族文化相比，中国人的心灵家园不似西方文化，是把精神家园置于宗教信仰中。中国文化有一种独特现象，即没有自生出严格意义上的典型的高级形态宗教。这种现象不得不引发我们思考，为什么作为人类普遍历史文化模式的宗教没有在中国产生出来。中国文化有其独特的系统和特质，这个问题同许多问题一样，只能在中国历史和文化整体的内在结构中寻找原因。原因多维，但中国血缘宗法伦理实践和家文化传统，是从根本上影响中国宗教信仰地位和走向的根源性原因。

探讨典型宗教没有在中国产生的原因，不能不考察华夏民族的祖先崇拜文化。人类自发的宗教和对超然力量的崇拜分不开。应当说，“大自然崇拜”是人类早期比较普遍的一种崇拜。原始人感觉到自然界有一种异己的强大力量，便把它作为一种神秘力量加以崇拜。除大自然崇拜外，原始人还存在着“灵魂崇拜”和“祖先崇拜”。对于中国古代民族来说，祖先崇拜是最重要的崇拜，这和中国古代特有的血缘宗法社会根基相联系。宗族首领作为智慧、能力、德性方面出色的长辈，生前给部族带来繁荣和强大，人们当然幻想祖先去世后不死的灵魂仍会在暗中保佑自己的部落和子孙后代，所以那些有德有功的祖先就从先祖中突显出来，被称为“祖宗”而成为崇拜对象。西方文化在彼岸神灵的天国寻找灵魂寄托，而中国传统文化中，“家”以及家国就是我们安身立命的永远的情结所在。

正是由于家庭在中国社会中有着独特的政治、文化地位，是独特的精神寄托之处所，“家”概念对于中国人而言有了极特殊的含义，没有哪一个民族的“家”文化，能够像在中国文化中这样凸显和丰富，没有哪一个国家的人，对家的依恋能够像中国人这样强烈。在中国家文化观念中，“家”的地位和意义超越着个体，在人生中甚至具有“根”的意义。“家”就是那个我们生于斯、长于斯的世代相传的“生根”的地方，是可以永远依赖和寄托我们身体和心灵的居所。对于大多数中国人来说，人生道路上如果没有一个“家”，在精神上就会永远处于“居无定所”的状态中。正因为如此，“乡愁”成为中国文学中一个亘古常新的浓厚的主题。

席慕蓉的《乡愁》说：“乡愁是一棵没有年轮的树，永不老去。”对家乡的眷恋可以说是人类共同而永恒的情感，但尤以中国人的乡愁心理为浓烈，远离故乡的游子无论在何处，老了之后总希望能落叶归根。余光中的《乡愁》说："乡愁是一湾浅浅的海峡，我在这头，大陆在那头。"艾青的《我爱这土地》说："为什么我的眼里常含泪水？因为我对这土地爱得深沉……"现代社会，市场经济、城市化进程、人口流动成为常态，但乡愁之情仍弥漫在中国人的心头。打工诗人郑小琼也写"乡愁"："夜晚的乡愁添加着我们的记忆……它在我的身体里安置了故乡的灯火。"中国人注重过春节，在外媒报道中，春运已不叫春运，而叫"地球上最大规模的人口迁徙"。春节的另一个含义就是"回家"。春节回家是每个在外工作、学习的中国人一年中最大的期盼。这就是中国人，中国人的乡愁就是这样浓。家或家乡已成为中国人的一种永远的"情结"。

中国形成了以"家"为核心的传统文化，也形成了特有的社会治理理念。在中国，"百善孝为先""家和万事兴""修身、齐家、治国、平天下"是中国历史实践的经验总结，更是中国独特历史根源和社会基础所导致的文化特征的一种显现。当下中国文明建设和现代治理进程中，国家顶层以及习近平总书记一再强调家庭建设的重要性，根源即在于此。

三、中国传统家庭模式及现代家庭应有功能

上述可见，在中国"家国同构"传统社会中，社会治理与社会和谐是建立在修身齐家基础之上的。历史是割不断的，在今天中国特色社会发展模式中，我们也必须十分重视家庭的独特社会地位和独特功能。一种模式和文化成为传统是有其历史根源的。

"家"对于中国社会和中国人是一个基本的元点单位，除了生存归属单位外，它还是教育单位、秩序单位、独特的社会保障单位，当人生旅途中遭遇失利和风险时，家就会成为人们最好的避风救险的港湾。

（一）家的归属感功能与和谐幸福家庭

人是社会性情感动物，有归属感需求。人们说现代社会和传统社会不同的一点即社会人际的"碎片化""原子化"，伴随现代化的个体化、碎片化社会状况会有各种焦虑（压力大、不安全感、无意义感、孤独感、身份焦虑）。市场经济改革的重要结果之一，即后单位时代的到来，在这个时代，作为市场中的原子——个体都凭一张自己的身份证获得市场经济社会的流动资格，每个人获得了更多的身份自由，

但却产生了新的焦虑。市场经济把中国甚至全世界都打通了，人们可以走得更远，选择更多，但也可能因为被迫选择而不适应，远离自己熟悉和依赖的社会归属（家庭、家乡、国家），许多人也可能会产生不安和焦虑。

社会归属或生活共同体可表现为国家、民族，也可以表现为某种社会组织，某种事业、文化共同体，还可以表现为社区或家庭。每一个体都生活在一个或多个社会共同体中。置身于一定的共同体中，个体会因为与他人以及群体有共同的感受、共同的价值观、共同的组织归属，而产生出强大的力量感和依赖感。在诸多现代性心灵困惑和心理危机中，用家庭建设解决心理孤独和归属感承载问题，是一个必须重视的治理、建设思路。市场大潮中，无论在哪，有家就有心灵归宿，就会心有所定。习近平接见第一届全国文明家庭代表时也强调了这一点："家庭不只是人们身体的住处，更是人们心灵的归宿。"

家庭幸福指数之一即"老有所养"。习近平在2015年春节团拜会上以家庭为主题的讲话，强调要"促进家庭和睦，促进亲人相亲相爱，促进下一代健康成长，促进老年人老有所养"。中国传统形成的大家庭模式及其文化，使老年人生活在亲子家庭中，这对养老问题无论在物质生活还是在亲情关爱方面都有积极的社会意义。把家庭和谐作为社会和谐的基础，把家庭成员之间的义务和责任建立在亲情仁爱的基础上，这是中国特色也是中国家庭文化传统中积极的因素。西方家庭模式相对而言更强调个体独立性，西方社会学家马克·赫特尔在《变动中的家庭——跨文化的透视》中，谈到西方社会老人赡养问题时指出，西方社会"老年人处境每况愈下的一个主要因素"，是"个体化核心家庭权利的扩大"。以至于一些西方社会学家把中国这种传统的家庭双向扶养模式，当作单向扶养模式的西方社会的一种有价值的参照。

中国共产党选择走社会主义道路，执政目标就是要增进人民的福祉，让人民过"好日子"，但这个执政目标须要落实在千千万万的家庭幸福上。中国共产党执政为民，为人民幸福谋利益就是这一执政承诺的具体化。习近平接见第一届全国文明家庭代表时强调：国家富强，民族复兴，人民幸福，不是抽象的，最终要体现在千千万万个家庭都幸福美满上，体现在亿万人民生活不断改善上。所以，幸福中国与幸福家庭息息相关，家庭建设很重要。

（二）家庭教育功能以及家风家教建设

家是人生的起点，是人生的第一所学校。家庭建设还直接关系家庭教育，关系下一代的成长问题。不论时代发生多大变化，我们都要重视家庭建设，注重家教问题。习近平接见第一届全国文明家庭代表时讲："家庭教育涉及很多方面，但最重要的是品德教育，是如何做人的教育。……应该把美好的道德观念从小就传递给孩子，引导他们有做人的气节和骨气，帮助他们形成美好心灵，促使他们健康成长，长大后成为对国家和人民有用的人。广大家庭都要重言传、重身教，教知识、育品德，身体力行，耳濡目染，帮助孩子扣好人生的第一粒扣子，迈好人生的第一个台阶。"

注重家教，首先要注重创新现代家庭教育理念。随着社会历史变化和家庭关系结构的变化，家庭教育等一些传统家庭功能也在弱化。许多家庭教育只是学校教育的配角，养而少教、养而不教的现象并不少见。对于儿童、青少年而言，家庭是人生的第一所学校，父母是人生的第一任老师，儿童社会化的最初阶段都是在家庭中完成的，即便在进入学校和社会后，家庭仍然发挥着不可替代的教育功能。要创新家庭教育观念，注重早期教育。早期教育是儿童情商、性格、习惯、意志品质形成和发展的第一关键期，专家称之为"黄金期"。事实上整个成人过程家庭教育的影响都十分重要。李嘉诚曾说，任何事业的成功都弥补不了教育子女失败的缺憾。在此意义上，家庭教育至关重要！在教育内容和导向上，要注重以德—智教育双线展开。改变重智轻德现象，改变家庭过于偏重"成才"教育而忽视"成人"的教育。

其次，家庭教育和家风息息相关。家风是一种无言教育，悄无声息地影响家庭成员。"家风"是一个家庭或家族在长期生活中，逐步形成的共同遵循的生活方式、生活习惯、价值观念的总和。中华传统注重家风建设，积累了厚重的传统家庭美德和家训文化，其中的精华都是我们进行家风建设的资源。古代家训中有许多名作，如诸葛亮的《诫子书》、司马光的《训俭示康》、颜之推的《颜氏家训》、朱柏庐的《朱子家训》等，都有丰富的价值和内涵。西方家族文化中有"三代培养一个贵族"的说法。贵族爵位生而有之，但真正的贵族——有优良素质的人需要"三代培养"，这里强调的就是家庭家族的家风教养的重要性。

传统家风在道德人格涵养方面作用极大，"有家教"往往是人格和道德素质底线的代名词，"缺家教"等于没教养。古人强调"积善之家，必有余庆，积不善之家，必有余殃"，民间俗语"传儿金银，不如教儿做人"，说的都是良好家风的重要性。积善之德和余庆之幸的问题，在伦理学上可归为德福关系问题。中国传统文化讲究行善积德，讲福报。事实上这个福报不是简单的因果报应，而是善善相循的结果。家有成才成事业的儿女，大多家教很好。好的家教家风传统，可以培养一代又一代人的优良素质。习近平在接见第一届全国文明家庭代表时说："家风好，就能家道兴盛、和顺美满；家风差，难免殃及子孙、贻害社会。"家风是家族子孙代代恪守家训、家规而长期形成的具有鲜明家族特征的家庭文化，是一个家族最宝贵的财产。对于领导干部这样一些重点群体来讲，家风建设尤其重要。

（三）领导干部群体尤要注重家风建设

领导干部是运行公共权力的主体群体，党性素质和独特职责素质是领导干部应有的底线素质。公共权力大于天。公共权力的特殊性在于，它承载的是公共权力、公共利益、公共服务和公共责任，因而公共权力在运用过程中，具有强烈的公共性质，绝不能运用公共权力为权力个人或权力集团牟取利益。所以习近平总书记才反复强调要“把权力关进制度的笼子里”，反复强调领导干部的家风建设。执政党的公权力规约靠制度，更要靠权力主体的本色自律，即“修身慎行、怀德自重、清廉自守”，永葆共产党人政治本色。这一点对于运行公共权力的领导干部来讲尤为重要。

公共权力的职业道德要求普遍比较高。而共产党不同于一般政党的地方，就在于除了政治信仰之外，还必须有较高的品德素质要求，即德性素质的要求。所以领导干部在有坚定明确的政治信仰和职业素质的同时还要有很高的道德要求、自律要求。他们拥有公共权力，是关键少数。全面从严治党，既需要全方位发力，也需要重点发力。

习近平强调家风重要，更强调要重点抓好领导干部家风建设。他在十八届中央纪委六次全会上强调：“每一位领导干部都要把家风建设摆在重要位置，廉洁修身、廉洁齐家，在管好自己的同时，严格要求配偶、子女和身边工作人员。”我们党历来重视从严治家。毛泽东、周恩来等作为国家领导人，对自己的家庭历来从严治理；陈毅同志在《七古・手莫伸》中，告诫后人“手莫伸，伸手必被捉”；习仲勋也反复教诲子女要艰苦朴素，平等待人，权为民用，不谋私利。这些都是领导干部的表率。领导干部是群众的表率，也是家庭成员和身边工作人员的表率。领导干部作为公共权力运行者，必须要处理好“八小时”内外的关系，把从严治家当作从严治权的一部分来抓。

在会见第一届全国文明家庭代表时习近平强调，“广大家庭都要弘扬优良家风，以千千万万家庭的好家风支撑起全社会的好风气。特别是各级领导干部要带头抓好家风”，“继承和弘扬革命前辈的红色家风，向焦裕禄、谷文昌、杨善洲等同志学习，做家风建设的表率”。各级领导干部要教育亲属子女树立遵纪守法、艰苦朴素、自食其力的良好观念，明白见利忘义、贪赃枉法都是不道德的事情，要为全社会做表率。总之，家风可以聚为民风、世风，净化优化社会环境。

在今天我们建设现代中国、幸福中国，除了好的政治制度和好的社会法制外，我们还要诉诸中国特有的“家庭建设”和“家”文化取向。“家和万事兴”，家庭和谐不仅在传统社会而且在今天也是构建中国特色社会主义和谐社会的重要基点和资源。一般来讲，家庭和睦则社会安定，家庭文明则社会文明，家庭幸福则社会祥和。家庭为本的生活方式及家文化，在血亲情感取向基础上，会培养出辐射到社会人际“波纹”中的仁爱情感文化；在培育起家庭责任取向的同时，也培育了中国人和中国文化中对他人和对国家、民族、社会的责任感。这些东西已成为凝聚中华民族的重要文化元素。

四、家庭与家庭文化建设的着力点①

立足新时代社会背景，注重家风、家教和家庭建设，是国家治理体系和治理能力现代化的一项重要任务举措，也是落细落实中国特色社会主义核心价值观的具体抓手。全社会上下要注重创新、落实，把家庭建设作为一项系统工程全面推进。

（一）抓认识：提高全社会对家风家教家庭建设的认知自觉

“思想先行”是一种建设规律。推动中国文明家庭建设，推动社会主义核心价值观的落细落实，建构现代性的社会治理体系，必须提高对中国家庭的社会结构地位的深刻认知。

要引导社会上下深入理解家庭在中国社会中的独特地位，理解家庭建设对于幸福生活、社会和谐的重要性，切实推动家庭教育宣传实践与家庭建设行动。家庭是由社会经济关系所决定的，是家庭成员之间感情、生活、文化和价值观诸方面因素的综合。家庭具有生育、教育、休养生息、心灵归属、养老等功能，家庭功能的正常发挥离不开家庭建设。家风家教具有的教育、调解、导向、舆论监督功能，不仅是维系家庭和睦幸福的重要因素，也是社会公德和职业道德形成发展的基础，是社会风气与民风世风的重要影响源。中国社会从古至今高度重视加强家庭建设和家庭美德建设，倡导“孝老爱亲”“慈孝”“勤俭”“家和万事兴”“家齐天下平”“老吾老以及人之老，幼吾幼以及人之幼”等传统家庭美德，这和家庭在社会和谐、生活幸福中的重要作用是分不开的。

---

① 本部分参见葛晨虹负责的首都文明办课题“弘扬培育社会主义核心价值观，发扬光大中华民族传统家庭美德的思考”相关内容。

要引导家庭和家庭建设工作者学习了解中国传统家庭美德思想内容，推进家庭文化建设和家庭教育宣传实践。中华民族传统美德是在漫长历史进程中，随着社会演变与变迁以及文明的不断推进积累并发展的，家和万事兴、孝老爱亲、修齐治平的思路，孝悌忠恕的仁爱精神，谦和好礼的价值取向，为人处世的诚信品质，克己奉公、先义后利的家国情怀，律己修身、身体力行的修为精神，艰苦奋斗、勤劳节俭的治家传统，笃实宽厚、推己及人的致和思想，威武不能屈的民族气节和立志报国的爱国主义民族精神，等等，都是中华民族传统家庭美德的瑰宝，值得后人不断学习。相关社会部门应着力挖掘整理和精选家庭美德文化内容，编辑成册，或通过各种媒体渠道广为传播，使其对家庭和家庭建设工作者产生影响。中国传统道德中，人们把重要的人际关系视为“五伦”，把亲、义、别、信、序视为“五伦”关系准则，其中所含的积极成分，如家和万事兴、孝老爱亲、贤妻良母、勤俭持家等，都是构成中华传统家庭美德和良好家风建设的文化因素。

中华民族传统家庭美德博大精深，不仅包括日常家庭生活行为规范，也是维护家庭和谐幸福的道德基础。哪个家庭保有传统孝老爱亲的家庭责任感和道德家风，哪个家庭就会和谐幸福。所以应切实发挥文明办、妇联、教委、共青团等职能部门的协同联动作用，注重家庭文化建设，引导家庭以及家庭建设工作者深刻认知中华传统家庭美德在家庭建设中的历史根基和现代意义，这是现代家庭建设的动力基点，是中国特色社会主义核心价值观落细落实的重要途径，也是社会治理体系与能力现代化建设的重要一维。

（二）抓文化：传承中国传统家风家教文化，创建新时代中国特色家庭文化

传统家庭文化在转型期存在某些被解构祛魅的现象，新时期中国特色家庭文化的相对缺位也是当下家庭建设不够到位的原因之一，要想真正做好家风家教家庭建设，就必须创建与之相应的家庭文化。转型期文化及其价值观带来的变化，既对传统文化产生某种冲击，也对传统文化的更新创新提出呼唤，传统家庭文化在这个时期需要和现代家庭观念结合并创新出既有传统特色又有现代精神的中国特色家庭文化。

挖掘传承中国传统家风家教文化的美德内涵。中华民族历来重视家庭教育，家书、家信、家教、规训等更是林林总总。经过数千年实践和总结，形成了中国特有的家教文化。中国传统家教文化的内涵与特点具体表现在：一是中国传统家风家教文化始终以爱国主义民族精神为主题。多层面对子弟进行立报国之志、成忠义之才的爱国尽忠教育。传统爱国家训以及仁人志士以生命铸就的忠义之举，对家庭和子

女的爱国情愫培养产生了深刻影响。二是中国传统家教文化多以仁义、和睦、亲邻、善邦为核心内容。中国文化主张的“和合”及其衍生出的“以和为贵”的价值观，一直是中国家庭对子弟进行家族观、群己观、国家观教育的核心内容。三是中国传统家风家教文化特别弘扬志高存远、自强不息的人格精神。传统家教重视立志勤学自强不息的教育，在培养塑造识体务实、努力学习、积极上进、自强自立的理想人格和民族栋梁之材方面起了巨大推动作用。四是中国传统家风家教文化非常重视俭德教育。许多家训典籍都有“勤俭”专论，许多治家言论已成古代乃至现代人们关于勤俭节约、艰苦奋斗的座右铭，也是涵育今天家教家训文化的丰富资源。

创新现代家教理念。创新现代家庭教育理念，要克服家庭教育功能弱化的现象，注重把家庭教育作为与学校教育同等重要的事情来做。一是在教育定位上，要坚持家庭教育、学校教育和社会教育并重。要在全社会形成家庭教育、学校教育、社会教育“三位一体”的格局，把家庭教育摆在与学校教育同等重要的位置，不能使家庭教育仅成为学校教育的延伸和附庸。对于儿童、青少年而言，家庭是人生的第一所学校，父母是人生的第一任老师，儿童社会化的最初阶段或者说“黄金期”都是在家庭中完成的，即便在进入学校和社会后，家庭仍然发挥着不可替代的教育功能。二是在教育内容和导向上，要以素质教育为主线，树立正确育人观。要重视花大力气改变重智轻德、重知轻能、过分宠爱、过高要求等现象；同时要改变家庭过于偏重成才教育而忽视成人的教育，还有过多偏向个体发展，而忽视社会责任等单向度、不全面、短视的、失谐的内容和模式。三是要强调家长在家庭建设中的主体地位和榜样作用。“父以学为教。”父母家长是否以身作则、言传身教，给孩子树立良好榜样，为孩子提供良好生活教育环境，对孩子成长极其重要。要教育家长学会使用合理的教育方法。因材施教是家庭教育的理论基础和养成教育规律，古人强调通过言传身教、因人而异等方法进行家庭道德教育。各地文明办、妇联、教委、共青团等职能组织要注重多举措提高家长素质。利用多种媒体，使家长掌握家庭教育基本理念和方法，在家长中普及家庭教育知识，实施家教队伍辅导等举措，开办家长成长课堂；开展调研，对家庭教育中的问题以及经验进行研究，解决问题，推广经验。四是积极发挥社区作用，办好家长学校、家教指导中心，定期对家长进行培训，宣传家庭教育成功经验，更新家庭教育观念，使家长获得具体有效的家教知识，借鉴学习国内外家教和家庭建设经验，使家庭、学校、社区教育有机结合起来。

坚持以德立家，以德育人，涵育优良家风。家风是一种无言的教育，悄然无声地影响家庭成员。坚持以德立家，涵育优良家风，是构建中国特色社会主义家庭文化与和谐家庭的重要途径。传统家风在人格涵养方面作用极大，“有家教”往往是人格和道德素质底线的代名词。要注重家庭美德教育和社会公民教育相结合，培育家庭成员认同遵守传统美德与社会共同价值观，不仅有利于个体自身成长，也有利于家庭和谐与社会和谐。

（三）各职能部门组织要协同联手推动家风家教与家庭建设

发挥妇联职能优势，引领妇女和家庭自觉加强家风家教家庭建设。应根据《中共中央关于加强和改进党的群团工作的意见》要求，充分发挥妇联组织优势，引领妇女在家庭建设中发挥应有功能。“注重发挥妇女在弘扬中华民族家庭美德、树立良好家风方面的独特作用，这关系到家庭和睦，关系到社会和谐，关系到下一代健康成长。广大妇女要自觉肩负起尊老爱幼、教育子女的责任，在家庭美德建设中发挥作用，帮助孩子形成美好心灵，促使他们健康成长，长大后成为对国家和人民有用的人。广大妇女要发扬中华民族吃苦耐劳、自强不息的优良传统，追求积极向上、文明高尚的生活，促进形成良好社会风尚。”[①] 一要以“妇女之家”为阵地，搭建平台，创新载体形式，引领妇女和家庭学习、传承和践行中华民族传统家庭美德。二应常态化开展评选“最美家庭”活动，切实使广大妇女和家庭在全过程参与中，深化对中华民族传统家庭美德的认识和把握。三要发动妇女群体的家庭建设优势，发挥家庭主妇在和谐家庭建设中的功能。妇女在家庭生活方式和家风形成中的作用至关重要，母亲对子女的教育更是影响终身。要培养引导妇女群体家庭建设的能力。

发挥文明办职能优势，以文明家庭建设为抓手，带动家庭建设行动计划实施。文明办作为文明家庭建设的核心职能部门，可有效调动成员单位职能优势和积极性，找准工作结合点和着力点，促推相关领导小组体制和协同工作机制的完善和实效力量，力推形成合力谋事、共同成事的社会化工作格局。此外，要注重把家庭文明建设纳入城市文明创评和相关工作的考评机制，如建立家庭文明建设相关评价指标，拓展利于领导重视的工作规导和利于群众参与的争创渠道，使家庭文明创建成为工作创新、工作成效、领导重视、群众认同的重要工作评价激励的过程。

注重启动家风、家训、家族荣耀史的挖掘，共同推进家庭美德传播行动。各相关部门、组织要组织引导千万家庭注重挖掘本家族历史或历史人物的典型事迹，激发现代人对家族荣誉的认可和自豪感，激发培养个人道德的原发性。重视挖掘家庭

---

① 坚持男女平等基本国策　发挥我国妇女伟大作用. 人民日报，2013-11-01（1）.

传统资源既有利于良好家风、家训和家教的传递，也是社会主义核心价值观落细、落小、落实的方式途径。

注重“家”对个人成长的原发功能的引导，共同推进家庭教育阵地建设。不管时代怎么变，家庭作为个人生活、成人教育的功能并未发生根本改变。家庭是人生成长中的一个最重要的教育阵地，也是社会治理中完成培育有现代文明素质公民的一种重要基地。

（四）延展构建学校－家庭一体化教育机制

扩展学校指导服务责任内容。各中小学和幼儿园要坚持立德树人根本任务，将社会主义核心价值观及传统家庭美德融入未成年人的大教育机制中，和家庭、家长形成联动教育机制，营造良好家校关系和共同育人氛围。

发挥好家长委员会的教育协调功能。学校以及各级教育部门要采取有效措施加快推进中小学、幼儿园普遍建立“家长委员会”机制。中小学、幼儿园要将“家长委员会”纳入学校日常管理，制订相关章程，将家庭教育指导服务作为重要任务。家长委员会要邀请有关专家、学校校长和相关教师、优秀父母组成家教指导队伍，面向广大家长定期宣传国家教育方针、相关法律法规和政策，传播科学的家庭教育理念、知识和方法，组织开展形式多样的家庭教育指导服务和实践活动。

要健全家庭教育工作格局和工作机制。各级教育部门要切实加强行政区域内中小学、幼儿园家庭教育工作的指导，推动形成政府主导、部门协作、家长参与、学校组织、社会支持的家庭教育工作格局。要统筹家长委员会、家长学校、家长会、家长开放日、家长接待日等各种学校沟通渠道，逐步形成以分管德育工作的校长、幼儿园园长、中小学德育主任、年级长、班主任、德育课老师为主体，专家学者和优秀家长共同参与，专职、兼职相结合的家庭教育队伍。将家庭教育工作纳入中小学、幼儿园工作总体部署。

要构建家庭教育社区支持体系。各地教育部门和中小学、幼儿园要与相关部门密切配合，推动建立街道、社区（村）家庭教育指导机构，利用节假日和业余时间开展工作，每年定期组织开展家庭教育指导和家庭教育实践活动，将街道、社区（村）家庭教育指导服务纳入社区教育体系。有条件的中小学、幼儿园可以派教师到街道、社区（村）挂职，为家长提供公益性家庭教育指导服务。如常规举办育人咨询服务和亲子实践活动，开展先进教育理念和科学育人知识指导。定期开展家长和学生共同参与的参观体验、专题调查、研学旅行、红色旅游、志愿服务和社会公益活动。以重大纪念日、民族传统节日为契机，通过丰富多彩、生动活泼的文艺、体育等活动增进亲子沟通和交流。举办经验交流会，通过优秀家长现身说法、案例教学发挥优秀家庭示范带动作用。

共同办好家长学校。各地教育部门和中小学、幼儿园要配合妇联、关心下一代工作委员会（关工委）等相关组织，在队伍、场所、教学计划、活动开展等方面给予协助，共同办好家长学校。中小学、幼儿园要把家长学校、家教队伍建设纳入学校、幼儿园的工作部署中。中小学家长学校每学期至少组织一次家庭教育指导和一次家庭教育实践活动。幼儿园家长学校每学期至少组织一次家庭教育指导和两次亲子实践活动，将学校安排的家庭教育指导服务计入工作量。

强化家教专职、兼职队伍建设。学校和社会要通过制订切实可行的计划和措施开展家庭教育知识普及活动，鼓励带动各类家庭教育社会组织发展。针对家教队伍不够专业化和规范化方面的问题，要常态设立或引入家庭教育公益项目，引入专业社工服务，共同推进家庭教育工作进一步规范化、专家化、职业化。借助社会资源，开展“家庭教育公益大讲堂”“家庭教育进乡村”“家庭教育校园行”等系列活动，根据社区、学校和家庭的需求，定期举办健康讲堂、心理咨询、热线咨询、家教面询等服务。针对远郊区县和贫困家庭以及流动儿童等特殊儿童群体的家庭教育资源较为匮乏等问题，促进优质家庭教育资源、产品、服务惠及更广泛人群，有效推进家庭教育指导和家庭服务的规范发展。

（五）加强对不文明尤其缺乏孝道的家庭问题的纠错规导管理

构建家庭建设体系，必须考虑把建立健全针对家庭不文明行为尤其是缺乏孝道行为的纠错与规导机制作为重要内容。只有全社会都积极参与到对家庭不文明行为尤其是缺乏孝道行为的纠错与规导中来，现代家庭文明建设才能更有成效、更加和谐。

一要严格要求父母依法履行家庭教育职责。关键在于提高父母的素质和他们实施积极家庭教育的能力，“养不教，父之过”，“孩子有问题，父母来‘吃药’”，当前这已经成为全社会的共识。为此，千千万万个家庭的父母应始终坚持以子女为本，不断认识自我、认识孩子，不断强化把培养孩子作为一种崇高事业的理念，加强学习，尊重子女的合理需要和个性特点，把握家庭教育的规律和要求，始终把教育、抚养子女作为自身的法定职责，依法履行对子女的教育、抚养职责；同时要注重提升自身素质和家庭教育能力，积极发挥言传身教、榜样示范作用，重视与学校、社会共同形成教育合力，避免教而不当，切实增强家庭教育的实效性。

二要不断提高市民和农村居民的法律素质。城市社区和地方乡村政府应加强法律法规的宣传和教育，深入到社区、乡村向广大市民和农村居民宣讲《中华人民共和国婚姻法》及《中华人民共和国老年人权益保障法》，宣讲家庭暴力和虐待老人是违法行为以及给家庭成员带来的危害。要发挥舆论监督作用，在报刊、电视、广播等社会媒介上及时地曝光和谴责残害、虐待老人的暴力行径，从而使虐待过老人的子女从思想上转变观念，自觉树立尊重老人的意识；让受过虐待的老人懂得子女虐待自己是违法行为，可以通过法律手段来维护自己的正当权益，提高自我保护意识。

三要动员全社会的力量，为中国特色家庭文化建设创造良好的社会环境。执法部门要认真履行受虐老人的投诉接待工作，根据投诉、举报，主动深入调查分析，该调解的调解，该出警的出警，该批捕的批捕，该处罚的处罚，最大限度维护老年人的合法权益。有关部门要建立预防青少年违法犯罪的联席会议制度，研究制订青少年法制教育计划，指导学校法制副校长队伍建设，加大青少年法制教育力度。同时要加强对学校周边环境的治理，学校附近的游戏厅、录像室、网吧等不健康场所要坚决关闭，其他青少年娱乐场所要从严管理，规范运作。政府部门要主动干预。要建立社区、农村预防家庭暴力组织体系，尤其是反虐待工作机构，积极发挥政府及其相关部门在预防和制止虐待老人事件中所起的主导作用，做到及早介入于预虐待老人事件。充分发挥群团组织协调功能，妇联组织要充分利用自身密切联系群众的优势，积极救助受虐老人，帮助他们维护自身的合法权益。

四要坚持以法助德的家庭建设制度规导思路。中国古代注重制度、政策和财力导向对家庭建设的保证作用。《礼记·内则》记载，“凡养老，五帝宪”，表明自五帝始就为社会养老制定了制度和宪令。《王杖诏书令》记载，年龄七十以上老人，朝廷赐王杖，享优待权力，其社会地位相当于俸禄六百石的官吏。古代朝廷的“举孝廉”“孝悌力田”“孝廉方正”等选官入仕政策，是对人们做孝子、守孝行的政治和财政支持与鼓励，可看作我国古代的社会养老保障机制，也是现代家庭建设中需关注和运用的原则。当前家庭建设方面的制度规导，在注重强化家庭教育、家风建设环节的认知和家庭成员的自觉努力的同时，要注重从家庭外部社会环境的影响和制度方面进行导向。要充分利用法制力量和政府行政力量，给出有利于和谐家庭、文明家庭建设的政策规导，如，台湾在住房、购房政策方面，就制度性鼓励孝老爱亲的家庭选择，如果子女在购买住房时为父母购买同一小区住房，为父母所购的这第二套住房将享受政府补贴的政策优惠。我们也应在政策规导方面积极创新思路，使孝老爱亲等传统家庭美德的落地获得政策支撑，既维护家庭建设软环境，也提供家庭建设的良性制度保障环境，把推进依法治家与以德立家结合起来，引导社会各界共同参与，逐步培育形成家庭建设社会支持体系，真正推动家庭建设。

（六）构建家庭建设的社会支持和保障机制

家庭建设是全社会的事，需要合力聚力构建家庭建设的社会机制。尤其是相关部门，应当将其当作工作重心之一来力抓力推。相对而言，妇联、文明办、学校、关工委等部门应该对家风、家教、家庭建设以及核心价值观的家庭落实负有更多工作责任。齐抓共管的协同工作格局，必须在核心职能部门牵动促进下才能真正有效发力和全面推进。要建立各级党组织领导、行政支持，人大、政协、文明办、工会、共青团、妇联、企事业单位协同，社区居民积极参与的社会化开放式保障体系，形成社会各方齐抓共管的工作格局和机制。

发挥好组织的领导和指导作用，把家庭建设纳入工作规划和布局中。各级组织要依据各地、各单位、各民族精神文明建设规划，结合培养践行社会主义核心价值观的要求，把家庭建设纳入本地、本单位精神文明建设、文化建设、党建工作中，制订规划、目标、实施方案和考核标准、机制，明确责任、奖惩措施，狠抓落实，以实证能力推进家庭建设。要加强顶层设计，合理安排部署家风、家教、家庭建设工作，改变理念宏大叙事、实施缺少细则的落空现象。有了工作建设目标理念，有了文件精神和主体工作原则，各级组织部门和社会平台就必须跟进实施细则进行“顶层设计”。奥斯特罗姆说，缺少制度细则的制度等于“无制度”。各级组织要结合各单位、各部门、各地区正在推进的家庭建设工作思路，对培育和践行社会主义核心价值观、做好家风家教家庭建设做出具体安排部署，确保顶层设计完善可行、层层落实至“0 公里处”、成果预设可见可测。

结合百姓生活所需与工作实际，逐步形成家庭建设社会支持体系。家庭建设工作中一定要急家庭之所急，做面上工作的同时不忘深入家庭解决百姓的生活困难，树立做锦上添花工作的同时也注重做雪中送炭工作的思路。比如，在寻找“最美家庭”的同时，也寻找“最困难家庭”而给予帮扶解困，且这种解决“最困难家庭”的工作应成为有关家庭建设工作的常态思路，因为帮困解忧最困难家庭，不仅是社会主义扶贫开发工作的一部分，也是帮扶困难家庭走出困境，走向和谐家庭、文明家庭的基础性建设。核心价值观和传统美德的宣传教育有多种形式，其中开发开展家庭服务，急群众之所急，提供群众所需服务，是对党和国家倡导的社会主义核心价值观以及传统美德的最好诠释和“宣讲”。要及时给予困难家庭、问题家庭尤其是孤寡老人、问题儿童等更多关爱、帮扶、救助。各地教育部门和中小学、幼儿园要与家长签订责任状等形式的文件，指导、支持、监督家庭切实履行家庭教育职责；要特别关心流动儿童、留守儿童、残疾儿童和贫困儿童，鼓励和支持各类社会组织发挥自身优势，以城乡儿童活动场所为载体，广泛开展适合困境儿童特点和需求的家庭教育指导服务和关爱帮扶；要求主管部门履行社会责任，解决困难家庭尤其是孤寡老人困难，力保家庭建设中的底线管理原则。

总之，要跟进举措细节，多方开发家风、家教、家庭建设的方法途径，形成顶层设计、主管力抓、政策规导、宣传引导、活动实践、社会支持的家风、家教、家庭建设格局。

（七）抓氛围：将家风、家教、家庭建设行动纳入社会媒体传播系统

现代信息社会是一个“媒介化社会”，各类传媒要立足各地精神文明建设需求，设置必要议题，发挥应有功能。相关部门要对相关媒体提出家庭建设宣传教育的“规定动作”，推进家庭美德传播行动、家教知识普及和宣传实践活动。要注意强化大众传媒的主体责任意识，媒体作为社会宣传的重要工具和平台，“承担着十分重要的职责，必须守土有责、守土负责、守土尽责”①。

发挥主流媒体与新兴媒体作用，统筹运用宣传舆论资源，汇聚传递文明家庭建设正能量。电视台、广播台、平面媒体等主流媒体应与家庭建设主题相配合，开设富有特色、群众喜闻乐见的专题、专栏等宣传平台，用好各地文明办、妇联等网络阵地，用好各类论坛博客、微信、微博、微视频、微电影、手机报以及城市大屏、楼宇电视、地铁公交广告等传播渠道，播放家风、家教、家庭建设相关公益广告，开设家庭文明专栏，扩大家庭建设的感染力、影响力。

社会宣传中要注重发挥典型家庭的引领示范作用。媒体应对选树出的具有良好家风、家教和家庭文明的典型家庭大力宣传，加强榜样引领。榜样的力量无穷且巨大，通过榜样引领示范，引导人们“见贤思齐”。大力选树宣传好和谐与文明家庭典型，加强示范引导，传播和谐文明家庭理念，推动良好家风培育，让典型家庭的榜样力量引领社会主义核心价值观在家庭建设中落地生根。

---

① 2013年8月19日习近平在全国宣传思想工作会议上发表的重要讲话。

报告二：当前我国家风建设现状调研分析

家庭作为构成社会的单元细胞，是人们生活的基本单位，也是培育下一代、践行社会主义核心价值观以及涵养良好党风、民风、世风的重要基地。在新时代，家庭还是国家社会治理体系和能力现代化要求的一个资源领域。中国素有重视家庭建设的传统，《大学》曰："古之欲明明德于天下者，先治其国；欲治其国者，先齐其家；欲齐其家者，先修其身；欲修其身者，先正其心；欲正其心者，先诚其意；欲诚其意者，先致其知，致知在格物。物格而后知至，知至而后意诚，意诚而后心正，心正而后身修，身修而后家齐，家齐而后国治，国治而后天下平。"

中华人民共和国成立后，党和政府十分重视家庭文明建设工作，并卓有成效，如起源于 20 世纪 50 年代"五好文明家庭"的评选活动，这项家庭文明创建活动已在全国范围内较普遍地纳入了各地精神文明建设总体规划。近年来，在中央精神文明建设指导委员会的指导下，各级家庭文明创建活动相关单位统筹合作，在全社会形成了弘扬好家风、践行社会主义核心价值观的强大正能量，通过文明家庭建设工作，极大地促进了文明村镇、文明城市、文明行业的创建，也对党风与民风、世风建设发挥了积极推进作用。习近平总书记在 2015 年春节团拜会上指出，"不论时代发生多大变化，不论生活格局发生多大变化，我们都要重视家庭建设，注重家庭、注重家教、注重家风，紧密结合培育和弘扬社会主义核心价值观，发扬光大中华民族传统家庭美德"①。2016 年 12 月习近平在会见第一届全国文明家庭代表时，进一步对新时期的家庭文明建设工作做出了重要指示："家庭是社会的细胞。家庭和睦则社会安定，家庭幸福则社会祥和，家庭文明则社会文明。……我们要认识到，千家万

① 习近平．在 2015 年春节团拜会上的讲话（2015 年 2 月 17 日）．人民日报，2015-02-18（2）．

户都好，国家才能好，民族才能好。国家富强，民族复兴，人民幸福，不是抽象的，最终要体现在千千万万个家庭都幸福美满上，体现在亿万人民生活不断改善上。”十九大报告中也明确指出，要把社会主义核心价值观融入社会发展各方面，转化为人们的情感认同和行为习惯。坚持全民行动、干部带头，从家庭做起，从娃娃抓起。在新时代，家庭作为社会的基本细胞，是国家发展、民族进步、社会和谐的重要基点。家风、家教、家庭建设不断加强与创新实践，已成为新时代中国特色社会主义发展与治理的一种重要力量。

一、优良家风对涵育社会主义核心价值观具有重要价值①

家风熏陶对一个人的价值观具有巨大影响。培育社会主义核心价值观是一项长期的、需要细化落实的系统工程，需要贴近百姓生活，从小事、小处抓起，使人们在潜移默化中接受教育，积淀为素质。挖掘利用家风中所包含的有利于时代进步的价值追求，弘扬优秀家风虽然不能对应社会主义核心价值观的全部内容，但对引导人们认同和践行社会主义核心价值观有重要价值，尤其对个人层面的核心价值观的培育和践行方面起着直接的促进作用。

（一）优良家风是培育社会主义核心价值观的重要载体

习近平总书记2014年在北京大学师生座谈会上指出，社会主义核心价值观是一种德，既是个人之德，也是国家之大德。家风是一个家庭的生活方式、文化氛围，作为传统道德教育最基本的方式，优良家风是中华优秀文化的积淀，包含了中华民族内在的道德文化，体现着中华民族丰富的精神内涵和价值追求，是中华民族生生不息、发展壮大的丰厚滋养。良好的家风对社会而言，是一种重要的“德”化涵育的力量。优秀家风彰显优秀传统文化的基本精神，无疑也是涵养社会主义核心价值观“小德”与“大德”的重要思想源泉。家风使抽象的核心价值观变成具体而鲜活的家训家规，易于在日常家庭生活中习染成德。

包括家文化在内的优秀传统价值观是中国特色社会主义核心价值观的重要来源，“三个倡导”所蕴含的社会共识不少也根植于中国优秀家风文化之中。如，“富强”“公正”“文明”“和谐”与家风体现出的勤劳节俭、正身率下、憎爱不偏、亲睦家齐、和待乡亲等思想相协调，而“敬业”“诚信”“友善”也继承和弘扬了我们

① 张琳，陈延斌．传承优秀家风：涵育社会主义核心价值观的有效路径．探索，2016（1）．

民族修身为本、诚实守信、仁民爱物、乐善好施的优良家风传统。

习近平总书记在中共中央政治局第十三次集体学习时提出：“一种价值观要真正发挥作用，必须融入社会生活，让人们在实践中感知它、领悟它。要注意把我们所提倡的与人们日常生活紧密联系起来，在落细、落小、落实上下功夫。”核心价值观是较为抽象、深邃的价值理念，易于被知识分子、领导干部接受和理解，但要为广大普通民众认同，就必须贴近民众，融入他们的日常生活、家庭生活。当前我国正处于社会转型时期，人们的价值观念呈现出多元、多样、多变的特点，迫切需要与社会主义核心价值观相一致的精神引领和行为规范导向。家庭是人生第一所学校，也是价值观塑造的起点。传统的家训、家风、家文化，作为中华民族优秀文化遗产的重要组成部分，不但有父母培育子女的社会积极价值观的经验之谈，也有卓有成效的思想品德教育的路径方法。而社会主义核心价值观尤其是个人层面的价值观恰是对传统家训教化和优秀家风中治家、睦亲、教子、处世价值和标准的承接、升华，这为社会主义核心价值观落细、落小、落实提供了良好的共识基础。传承优秀家风可以使社会主义核心价值观在精神层面上“深入”，具体行动上“浅出”，增进人们对社会主义核心价值观的认知、认同、践行。因此坚持古为今用、批判继承原则，挖掘和利用传统家风文化这一宝贵财富，取其精华，弃其糟粕，有利于社会主义核心价值观接地气、贴民心，融入百姓日常工作生活之中。

（二）传承优良家风有利于促进社会主义核心价值观的大众认同

“培育和践行核心价值观，一定要在增强认知认同上下功夫”（刘云山）。思想是行动的先导，内心认同才能自觉践行。对社会主义核心价值观的认知、认同，是践行的前提和基础。家庭作为社会的细胞，作为人生最初的学校也是对人生影响最为深远的学校，它所进行的是最基本、最直接、最经常的教育，因而成为培育和践行社会主义核心价值观的初始场所和基本阵地。

《大学》有言“一家仁，一国兴仁；一家让，一国兴让。”一个文明进步、健康向上、欣欣向荣的社会，必定依赖民众良好的思想道德素质和文明行为，而家庭建设则是塑造人的价值观，培育人的思想品德、行为习惯的关键。《史记·循吏列传》说：“施教导民，上下和合。”与社会自上而下的社会主义核心价值观宣传教育相比，家风家教具有深入人心的无形力量，它用最贴近生活的方式，使得我们社会所倡导的核心价值观念变得更加具体、鲜活，通过言传身教渗透于人们成长的日常生活，教会人们基本的价值认知和价值判断，影响人的价值观的形成和变化。优秀家风植根于人们的日常生活世界，蕴藏了人们崇德向善的道德意愿和积极价值追求，这种发挥价值观“正能量”的家风既需要培育，也需要弘扬和传承。同时，家风正则民风淳，民风淳则党风廉，党风廉则政风清。通过传承优良家风、实施正确的家庭教育，符合社会主义核心价值观要求的思想道德观念、价值理念就能更好地被人们接受和认同，进而转化为行为指南，带动整个社会风气向善向好。

当然，我们也要警惕不良家风的消极影响，现实生活中不少“官二代”“富二代”走上违法犯罪道路，与其不良家风家教具有密切关系。因此以传承优秀家风作为切入点，可以充分调动广大群众参与社会主义核心价值观教育的积极性和自觉性，增强人们对社会主义核心价值观的认知感和认同感，营造和优化良好社会环境，促进人们对社会主义核心价值观的认同。

（三）优良家风是培育下一代正确价值观的重要根源

家庭作为构成社会的基本单位，是人生最初的学校和最长久的学校，父母是孩子的第一任老师。家风通过一家一户体现，但它是一个社会文化的缩影。没有好的家风，就难有好的家庭教育，也就难有好的成人成才教育。事实上就每个家庭来说，优良家风对子女成人的教育是在日常生活、具体家事中形成的，是在父母、家人的生活方式以及交流沟通中形成的，是在父母家人的言传身教中得以耳濡目染传承下来的。但丁曾说：“要是白松的种子掉在英国的石头缝里，它只会长成一棵很矮的小树；但是，要是它被种在南方肥沃的土地里，它就能长成一棵大树。”好家风才能带出好的家教环境，孩子在好的家风家教环境中，才能成人成才。

家风是指家庭成员在长期的家庭生活中逐渐形成并传承下来的价值观念、生活方式、行为规范、生活习惯及道德品格的总和。家风特征是代际传承，没有一代代的积累和相沿成习，就不可能形成一个家庭或家族特有的“家风”。良好家风中蕴含的也一定是健康、文明和优良的家庭美德和社会道德内容。这些文明家教和美德在子女成人过程中，具有潜移默化的巨大教育作用。同时，家风在受社会风气影响体现世风的同时，又反作用于民风世风。优良家风是一个人素质全面成长的重要源头，也是党风、社会风气的重要建设资源。家庭教育作为社会教育体系中不可或缺的一部分，对塑造一个人的人生观、价值观、世界观起着至关重要的作用，对铸造民族品格、传承民族精神、培育社会主义核心价值观也具有深远影响。中国历史和文化有重视家风和家教、家庭建设的传统积淀。当代中国也很重视家庭建设，强调要注重家庭、注重家教、注重家风，注重发扬光大中华民族传统家庭美德。十八大以后，习近平曾多次在不同场合强调家风家教的作用。2013年10月在同全国妇联新一届领导班子成员集体谈话时，习近平就强调，发挥妇女在弘扬中华民族家庭美德、树立良好家风方面的独特作用，这关系到家庭和睦，关系到社会和谐，关系到下一代健康成长。千千万万个家庭的家风好，子女教育得好，社会风气好才有基础。2015年的春节团拜会上习近平又强调说："家庭是社会的基本细胞，是人生的第一所学校。不论时代发生多大变化，不论生活格局发生多大变化，我们都要重视家庭建设，注重家庭、注重家教、注重家风……使千千万万个家庭成为国家发展、民族进步、社会和谐的重要基点。"执政党对领导干部的家风，更是同干部作风联系在一起提要求，要求领导干部"廉洁修身、廉洁齐家"。总之，营造优良家风在家庭教育乃至公民核心价值观培育中至关重要。

二、当前我国家庭教育与家风建设的现状与成就[①]

家教和家风作为家庭建设的重要组成部分，加强家庭教育、营造优秀家风在家庭建设中十分重要。考察和分析我国家庭教育和家风建设现状，有助于我们采用更加科学有效的对策传承和培育优秀家风，有助于提高利用传统家风中所包含的有利于时代进步的价值追求和文化基因的实效性。为此，课题组[②]采用抽样与随机调查相结合的方法，对苏、鲁、豫、皖、京、浙、桂、川、陕、辽10省（自治区、直辖市）进行了问卷调查。发放问卷6 000份，回收有效问卷5 642份，其中城市的有3 462份，农村的有2 180份，分别占总数的61.36%和38.64%。调查对象涵盖了国家机关工作人员、教育工作者、教育以外事业单位职工、各级国企负责人、企业员工、民营企业家和个体工商户、农民、学生、军人等群体。被调查对象的年龄从30岁以下到60岁以上。调查对象侧重小学（27.26%）、初中（26.55%）、高中（24.67%）、大学（含研究生）(21.34%）各阶段的孩子家长，因此30岁到50岁的被调查者居多，占总数的86.35%。在选取调查样本时，我们还尽可能考虑到被调查对象的城乡差别、家庭状况等因素，东、中、西部和东北地区调查地域和样本数量大致相当。在问卷调查基础上，我们还辅以电话访谈等方式，以求更真实地了解我国家庭教育和家风建设的状况。

① 张琳，陈延斌．当前我国家风家教现状的实证调查与思考．中州学刊，2016（8）．

② 国家社科基金重大项目"中国传统家训文献资料整理与优秀家风研究"（14ZDB007），项目负责人：陈延斌。

（一）对家风家庭在社会建设中的地位作用给予充分肯定

“今天的家庭仍然是社会的细胞，应重视家庭建设，将家庭建设作为社会建设的基点”，对这一观点，55.19%的被调查者“充分赞成”，38.89%的被调查者“部分赞成”。家庭是国家、社会中的最小单元，《大学》有言“一家仁，一国兴仁；一家让，一国兴让”。在“重视家庭建设，注重家庭家教家风对国家、民族和社会的意义”的调查中，30.28%的被调查者认为家庭和谐，社会才能和谐；25.65%的被调查者认为促进社会风气改善；23.53%的被调查者认为注重家庭家教家风，有利于增强家庭观念，促进家庭和谐；19.89%的被调查者认为促进社会道德领域存在问题的解决；仅有0.53%的调查者认为重视家庭建设“没有什么意义”（见图2-1）。由此可见，绝大部分成员充分肯定家庭建设的重要性，认同注重家庭建设，传承良好家风不仅仅能够给家庭带来和谐幸福，也能够促进社会风气的改善。

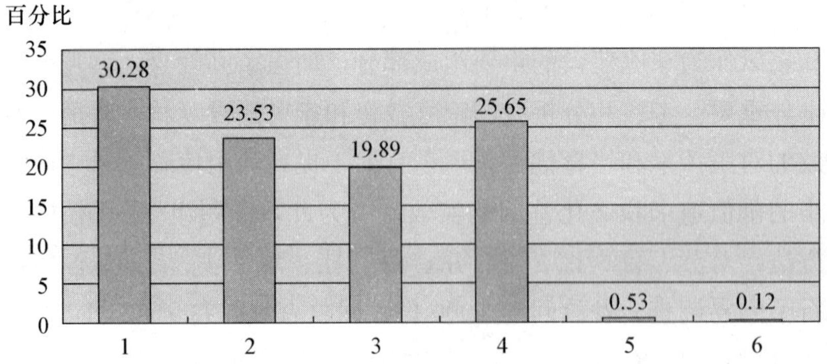

图2-1　家庭建设的意义

说明：1. 家庭和谐，社会才能和谐；2. 增强家庭观念，促进家庭和谐；3. 促进社会道德领域存在问题的解决；4. 促进社会风气改善；5. 没有什么意义；6. 其他。

对于“家风建设在促进当代中国家庭教育中发挥什么样的作用”问题，调查发现，25.68%的人认为家风建设“对家庭成员加强道德修养有导向作用”；24.43%的人认为发挥着“传承中国优秀传统文化”的作用；20.70%的人认为家风建设发挥着“促进家庭凝聚力的提升”的作用；15.74%的人认为家风建设在促进当代中国家庭教育中发挥着“改进、提高家庭教育的方法和效果”的作用；12.29%的人认为家风建设在当代中国家庭教育中“有助于构建新型家庭成员关系”；只有0.97%的人认为“没有太大的作用”。数据表明，98.84%的持积极评价者，从不同方面肯定了家风建设对于促进我国当前家庭教育的意义。

家风，也称“门风”“父风”等，是一个家庭或家族在世代繁衍发展的过程中，逐步形成的传统习惯、生活方式、行为准则与处世之道的综合体，其主要内容是其独特而稳定的思想观念和情操、作风。[①] 在我国传统社会中，传承优良家风对家庭关系的维系、社会稳定、国家治理发挥着举足轻重的作用。优良家风、家规作为一种伦理道德文化，其蕴含的内在品行规范和伦理教化内容既是一种日常生活道德评价标准和行为伦理准则，又是一种优化社会风气、提升国民道德素养的精神助推力，在当代社会有着重要的伦理价值。[②] 调查发现，民众对家风家训作用的认可度较高，有 45.23%的被调查者认为有必要明确自己家的家风家训的具体内容，25.56%认为没有必要明确自己家的家风家训的具体内容，27.90%的被调查者说不清楚。重视家庭和谐的家文化是中华文化的核心，家风家训对人的教育作用很大，良好的家风家训能够更好地发挥家庭教育的功能。调查中 57.96%的被调查者对自己长大的家庭的家风是“满意”的，“不太满意”和“不满意”的约占总数的 31.39%，10.05%的被调查者“说不清”。另外，61.10%的被调查者对自己组建的小家庭为孩子营造的家风是“满意”的，“不太满意”和“不满意”的占 28.71%，“说不清”的约占 8.74%。这两项调查数据也表明，良好的家教、家庭生活规范，可以使孩子在耳濡目染之中传承和弘扬父、祖辈的好家风。

（二）对家风家教与个人发展、社会风气关系较为认同

研究家风家教与个人发展、社会风气的关系，对创立具有时代精神、时代内涵的优秀家风，发挥伦理教化与社会治理等功能具有重大现实意义。

今天的家庭仍是社会的基本细胞，承担着抚养、教育子女，赡养老人的责任。国家由千千万万个家庭组成，良好的社会风气也是由千千万万个家庭的优良家风汇聚而成的。家风与民风、国风互促并进，这是被调查者的共识。在被调查者中，高达 85.67%的人认为家风对社会风气影响很大（30.18%）或较大（55.49%）；认为家风对社会风气影响不大或没有影响的人，仅占总数的 8.29%和 0.92%；另外有 5.12%的人表示“说不清”。

同样，调查结果显示，良好的社会风尚、社会环境对家风也产生着重大的影响。28.45%的被调查者认为社会风气对家风影响很大，54.75%的被调查者认为社会风气对家风影响较大，两者的人数共达到 83.20%。选择其他的有 4.92%。认为社会风气对家风影响不大或没有影响的只占总数的 11.88%。这表明，以家庭建设

---

① 张琳，陈延斌．传承优秀家风：涵育社会主义核心价值观的有效路径．探索，2016（1）．

② 田旭明．家正国清：优良家风家规的伦理价值探索．武陵学刊，2014（5）．

推进社会建设，既要以良好的家风影响和濡染社会风气，又要注意通过净化社会环境、营造文明风尚来促进优秀家风建设。针对当前社会存在的各种问题，希望只从家风入手加以解决，是不现实的，无法根治的。因此应该世风、家风齐抓共建，而且抓好社会风气是关键。

对于家风与家教的关系，29.81%的被调查者认为“家风建设有利于提高家庭教育效果”；22.54%的人认为“家风建设引领家庭教育方向”；19.14%的人认为“家庭教育是家风建设的具体体现”；22.94%的人认为“家庭教育对家风建设具有促进作用”；选择其他的有3.60%；仅有1.61%的人认为“家风建设与家庭教育没有太大的关系”。由此看来，大部分被调查者认为，家庭教育与家风建设相辅相成，彼此促进，应该以加强家庭教育促进家风建设，以优良家风提升家教效果。

一个文明进步、健康向上、欣欣向荣的社会，必定依赖民众良好的思想道德素质和文明行为，而家风又在很大程度上影响着人们思想品德、行为习惯、价值观念的形成和发展。在被调查者中31.46%的人认为家风在“奠定人生观、价值观、道德观的基础”上影响较大，21.80%的人认为家风在“为人处世的基本依据”方面影响较大，20.11%的人认为家风在“家庭的和谐幸福”方面影响较大，25.80%的人认为家风对人“良好行为习惯与性格的培养”方面影响较大（见图2-2）。综合分析这些数据，说明广大家长普遍认为，优良“家风”对于促进家庭和谐幸福，塑造孩子的人生观、价值观、道德观，培养其良好行为习惯与性格方面起着重要的作用。

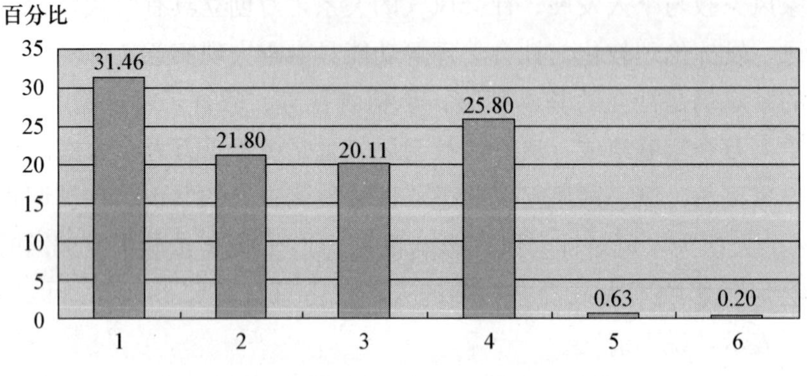

图2-2　优良家风对人的哪些方面影响较大

说明：1. 奠定人生观、价值观、道德观的基础；2. 为人处世的基本依据；3. 家庭的和谐幸福；4. 良好行为习惯与性格的培养；5. 没有影响；6. 其他。

（三）父母仍是家庭教育主要角色但其知识来源发生变化

中华人民共和国成立以来，特别是实施计划生育政策以来，我国的家庭结构、家庭模式发生了根本的改变。随着子女减少，目前我国家庭规模也在逐渐变小，被调查家庭中，独生子女家庭占到56.15%，非独生子女家庭占38.85%。“单独二孩”和“二孩”政策的全面放开，应该会使这种状况得到一定的改变。我们调查的40岁以下育龄阶段的人群中，计划二胎的为49.20%。就家庭结构类型来看，核心家庭（子女与父母两代同住）较多，约占总数的57.14%，主干家庭（三世同堂）约占总数的27.53%。

调查显示，“父母共同承担”孩子平时的教育任务的家庭为38.36%，由“母亲”承担孩子教育任务的则高达32.43%，“父亲”承担孩子教育任务的占16.56%，“爷爷奶奶”或“外公外婆”承担孩子教育任务的占11.24%，选择“其他”的有1.41%。在“孩子的爷爷奶奶、外公外婆是否参与孩子的教养”的调查中，“参与”孩子教养的，约占总数的17.26%；“不参与”的占总数的38.23%；“部分参与”的占总数的41.65%；“不适用（家中没有健在老人）”占总数的2.86%。这两组数据说明绝大多数的孩子的教育任务是由父母双方或者父母一方承担的。父母的价值观念、言行举止、教育方法会在更大程度上影响孩子的品质，决定家庭教育的质量。

家庭是孩子人生的第一所学校，家长是孩子人生的第一任教师。与传统社会家庭教育知识靠家族传承相比，现在的家长非常重视获取家庭教育的科学知识，知识来源也更加多元化。获取家庭教育知识和方法来源的调查数据依高低顺序排列如下：咨询专业人士（专家、家庭教育导师等）（16.62%）、家庭教育讲座或培训（16.27%）、家族经验（14.49%）、电视网络等新媒体信息（10.04%）、家长之间的交流（9.59%）、书籍报刊等平面媒体信息（8.80%）、自我成长感悟（5.89%）（见图2－3）。尽管如此，调查也发现，只有不到三分之一的家长接受过较为专业的家庭教育知识的学习培训。

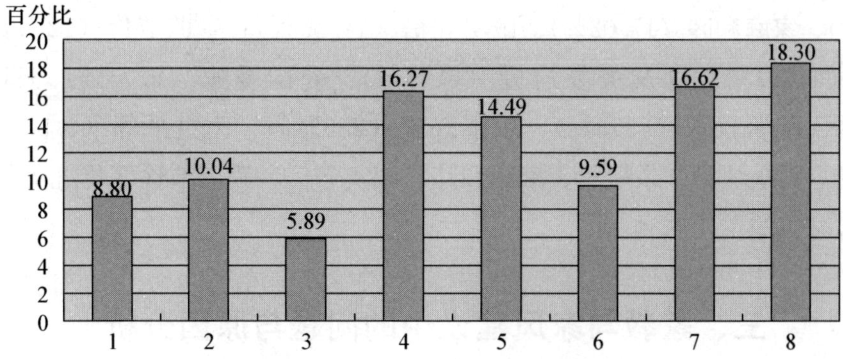

图2－3　家庭教育知识和方法来源

说明：1. 书籍报刊等平面媒体信息；2. 电视网络等新媒体信息；3. 自我成长感悟；4. 家庭教育讲座或培训；5. 家族经验；6. 家长之间的交流；7. 咨询专业人士（专家、家庭教育导师等）；8. 其他。

（四）传统美德仍是当代优秀家风的基本内涵

家训文化是中华传统文化的重要组成部分，也是当代人不可割断的文化血脉，我们的调查充分证明了这一点。近几年来，随着党和政府积极倡导弘扬传统文化，加强家庭家风建设，越来越多的社会成员了解和关注到家训文化。数据显示，近95%的被调查者不同程度地接触和了解到家训文化。其中，通过网络、电视等新媒体了解到的占36.33%；通过书籍、报刊渠道了解到的占26.19%；通过“听身边人讲”了解到的占15.71%；通过“家谱中的家规族训”了解到家训文化的占9.65%；而通过“专题讲座或报告会”了解到的占6.94%；完全“没了解过”的仅占5.19%。

谱牒是家教、家训的重要载体，谱牒文化是家训文化的主要组成部分，对一个家族、家庭优良家风的培育和传承有着重要的价值。然而，经过“文化大革命”，谱牒文化遭到了毁灭性的破坏。但这次调查的结果令人欣慰。在被调查者中，对于近年来是否新修家谱、族谱的问题，回答“以前有，近年来重新修订了”的，约占21.45%，“以前没有，近年来新修了”的，约占总数的9.22%，“以前没有，打算今后修订”，约占总数的29.16%，这些加起来近60%。这个数据反映出民众对传承家族、家训文化的重视程度不断提高。

作为家庭教育最基本的方式，优良家风是中华优秀文化尤其是道德文化的积淀，体现着中华民族丰富的精神内涵和价值追求，是中华民族生生不息、发展壮大的丰厚滋养。为了了解民众对优良家风的内涵的理解，我们设计了“现代优良家风的内涵”的问题，依照调查数据的高低，被调查者认为优良家风的内涵包括孝亲敬长(18.13%)、家庭和睦（17.02%)、诚实守信（14.53%)、勤劳节俭（12.69%)、自强自立（11.91%）以及夫妻恩爱（6.96%)、爱国爱家（6.75%)、邻里友善(5.53%)、科学教子（3.18%)、乐善好施（2.69%)、民主平等（0.58%）等内容。可见，民众认为孝亲敬长、家庭和睦、诚实守信、勤劳节俭等传统美德仍然是现代优秀家风的重要内涵。

三、家教与家风建设中的问题与原因分析[①]

调研中我们也发现在家教与家风建设中存在如下一些问题：

① 张琳，陈延斌．当前我国家风家教现状的实证调查与思考．中州学刊，2016（8）．

（一）成才教育重于成人教育是家教与家风建设中的突出问题

调查发现，目前绝大多数家长对子女的学业期望值很高，“望子成龙，望女成凤”，仍是教育孩子的主要目标。虽然选择为了孩子“将来能够生活幸福”的人数比例占了接近1/3（32.34%），但选择“将来成为优秀人才”“能在激烈竞争中不被淘汰”“考上好大学”“为父母增光”的人数加起来则达到63.69%。过度关注孩子“成才”而非“成人”的家庭教育目标，使不少家长落入重生理轻心理、重智育轻德育、重物质满足轻精神需求、重智力因素轻非智力因素的误区。另外，对于“当前中国的家庭教育主要存在哪些问题”的回答，也佐证了这一点。调查显示这些问题主要有：“家长与孩子沟通少”（15.05%），“过度保护”（14.42%），“重视知识轻视能力培养”（13.55%），“重智轻德”（12.07%），“重视身体健康忽视心理健康”（9.60%），“家长忽视自身学习与发展”（8.23%），“家庭教育以辅导课程为主”（7.15%），“重视言教忽视身教”（6.62%），“过度严厉”（5.95%），“忽视家风建设”（5.09%），“重视营养忽视保健”（2.70%）。（见图2-4）导致重生理轻心理、重智轻德、重成才轻成人的原因中固然应试教育难辞其咎，但市场经济的负面影响、竞争压力加大等也是不容忽视的因素。

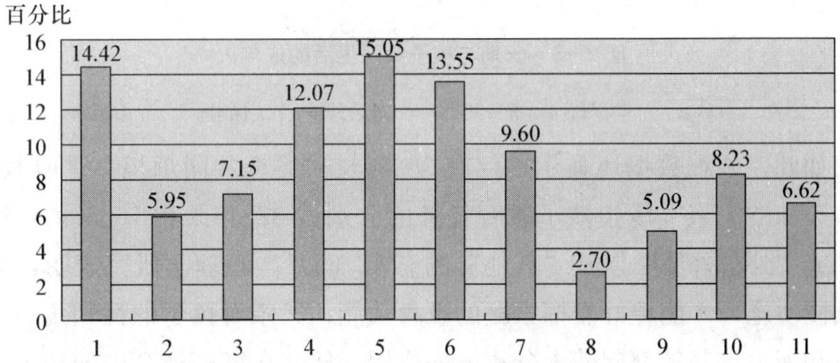

图2-4　当前中国的家庭教育存在的问题

说明：1. 过度保护；2. 过度严厉；3. 家庭教育以辅导课程为主；4. 重智轻德；5. 家长与孩子沟通少；6. 重视知识轻视能力培养；7. 重视身体健康忽视心理健康；8. 重视营养忽视保健；9. 忽视家风建设；10. 家长忽视自身学习与发展；11. 重视言教忽视身教。

（二）家教与家风建设中父母一方或双方缺失现象较为严重

受我国市场经济体制改革和城市化进程的不断推进、流动人口不断增长、父母外出谋生或离异等因素的影响，留守儿童和单亲家庭的数量也在不断增加。父母一方或双方的缺位，使正常的家庭生活出现很多问题，家教与家风建设就更成问题。

我们调查发现，单亲家庭和重组家庭、流动人口（子女不与父母同住）占到被调查总数的13.72%。“长期与孩子共同生活的成年人”中，与“父母”双方共同生活的仅占22.39%，而和“父亲”或者“母亲”一方生活的分别占20.46%和25.77%，而与“爷爷奶奶”或“外公外婆”共同生活的也占到四分之一多，此外还有5.73%的孩子与“保姆”“兄弟姐妹”共同生活。（见图2-5）在与“爷爷奶奶”或“外公外婆”共同生活的孩子中，农村比例比城市高一倍多。从现代教育学、心理学理论看，孩子与父母生活在一起，更有利于健康成长，可以受到更健全的教育。而与祖父母、外祖父母生活的孩子，很难受到科学合理的家庭教育，在对农村和城市祖父辈承担孩子教育任务进行横向比较时发现其比例分别为16.40%和10.30%。

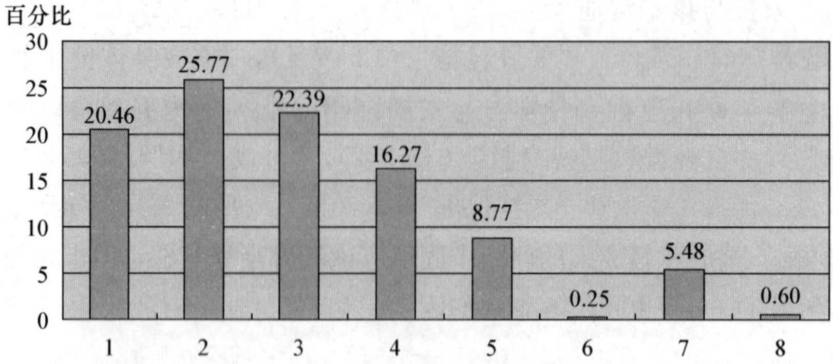

图2-5　长期与孩子共同生活的成年人

说明：1. 父亲；2. 母亲；3. 父母；4. 爷爷奶奶；5. 外公外婆；6. 保姆；7. 兄弟姐妹；8. 其他。

不仅如此，调查数据还显示，仅有38.36%“父母共同承担”平时教育任务，由“母亲”和“父亲”承担孩子教育任务的分别占32.43%和16.56%，选择“爷爷奶奶”或“外公外婆”以及“其他”的有12.65%。心理学研究表明，家庭教育由父母共同实施，才能更好发挥家庭的教育功能；父亲对孩子的性别角色、性格形成、智慧和能力培养等都起着十分重要的作用。父亲在家庭教育中的缺失，影响孩子的成长，需要引起家长注意。据我们分析，导致父教缺失问题的原因主要有二：一是受“男主外，女主内”的传统思想的影响；二是男性家长尤其是农村的男性家长，离家外出工作无法顾及教育孩子。无论哪种原因造成的父教缺位都不利于孩子的教育成长。另外，有些全职太太或主动承担孩子教养的母亲，也在一定程度上削弱了父亲在家教以及家风建设中的作用。

（三）传统家风家训文献在现代家庭中的传承不够

虽然被调查者普遍认同家风的重要作用，但我们也要看到，优秀家风需要家庭、家族几代人的积淀才能形成。随着现代人生活节奏的变快，家庭结构和职能也发生了很大的变化，许多父母过度依赖学校教育和社会教育，还有些家长在外地经商、打工，把孩子留给祖辈，故而家风、家规的传承也正面临衰落甚至中断的危险。对于“您家有传承下来的家规、家训吗”这一问题，认为“有，且有文字记载”的仅占被调查对象的5.49％，“有，但无文字记载”的也只占26.76％，而“没有”和“不知道”的则占54.43％和13.32％。在被问及是否与孩子“讨论过”家风家训的相关问题时，谈论过的家长只占34.12％；而“没讨论过”家风家训相关问题的接近一半（49.49％）；另有13.91％的人表示，对于是否与孩子讨论过家风家训的相关问题“说不清楚”；选择“其他”的有2.48％。在讨论过的家长中，39.60％的城市孩子的家长表示讨论过，而农村只有27.70％。从家长文化水平看，与孩子讨论过家风家训的家长学历越高，比例越高。这种情况的出现也反映了家长对家风家训教育的意识还不够强，没有将传承家风家训作为家庭建设的重点。

（四）世风影响家风：优良家风亟待培育和弘扬

对“当前中国的家风状况评价”的统计数据显示，被调查者认为当前中国的家风状况“很好”(4.22％）和“比较好”(26.94％）的不足1/3；而评价当前中国的家风状况“不太好”(45.52％）和“很不好”(7.59％）的则超过半数，为53.11％；选择“其他”的有15.73％。调查表明，社会的政治、经济、文化等方面的变革都会影响家风。在向评价当前中国家风状况“不太好”或者“很不好”的被调查者询问原因时发现，认为“社会道德风气不良严重影响优良家风培育”居于首位，占到26.85％；第二位是“传统孝道衰落，亲子矛盾凸显”，为20.30％；第三位的原因是“家庭观念弱化破坏了家风传承的纽带”，占16.04％。此外，还有一些原因被选择，依次是“传统家风难以适应时代要求”(13.12％)、“大家庭成员分居各地影响家风传承”(11.33％)、“市场经济的消极影响”(11.60％)。家风家训作为每个家庭的行为规范和习惯约束，从小处讲，直接影响个人的品行，从大处讲，影响整个社会的风气。因此，如何适应时代需要，在社会道德问题凸显、价值观多元的背景下，培育优良家风就显得尤为重要。

四、各地家风建设促党风政风民风建设实践经验及其借鉴[①]

家风熏陶是人生观、价值观、道德观养成的“第一粒扣子”，也是民风世风和

① 此部分调研内容可参见万安伦负责的首都文明办课题“推进新时期首都家庭文明建设的思考与研究”，及陈延斌负责的国家社科基金重大项目“中国传统家训文献资料整理与优秀家风研究”(14ZDB007）系列成果。

党风政风的源头。习近平总书记在2015年的春节团拜会上提出“注重家庭、注重家教、注重家风”，此后多次强调领导干部要把家风建设摆在重要位置，廉洁修身、廉洁齐家。在会见全国文明家庭代表讲话时，他又再次重申家庭建设是社会建设的“重要基点”，号召“广大家庭都要弘扬优良家风，以千千万万家庭的好家风支撑起全社会的好风气”[①]。这些论述都特别强调了在党风廉政建设中，家庭、家风建设的重要作用。培育和弘扬党政机关干部的清廉家风，尤其要注重传承和培育优秀家风，充分利用优秀家风中所包含的有利于时代进步的价值追求和文化基因，这也是弘扬社会主义核心价值观的必然要求。

近年来，我国各领域以及各地以社会主义核心价值观为引领，全力推进家风、家教、家庭建设，以主题创建活动为载体，不断涌现最美家庭、好家风好家教的先进典型，发挥了引领示范作用，营造了重家庭、重家教、重家风建设的优良风尚，探索积累了许多好的做法。

（一）中央文明委“文明家庭评选表彰”及“我们的节日”活动

为贯彻十八大以来中央精神以及习近平总书记关于“注重家庭、注重家教、注重家风”重要指示精神，中央文明委2016年发布了《关于深化家庭文明建设的意见》，印发了《关于做好第一届全国文明家庭推荐评选表彰工作的通知》，根据《全国文明家庭评选标准和评选办法》，开展了第一届全国文明家庭评选表彰活动。第一届全国文明家庭表彰大会于2016年12月12日在京举行，习近平总书记出席大会亲切会见全国文明家庭代表并发表重要讲话，他强调说，我们要重视家庭文明建设，努力使千千万万个家庭成为国家发展、民族进步、社会和谐的重要基点，成为人们梦想启航的地方。要动员社会各界广泛参与家庭文明建设，推动形成爱国爱家、相亲相爱、向上向善、共建共享的社会主义家庭文明新风尚。广大家庭都要重言传、重身教，教知识、育品德，身体力行、耳濡目染，帮助孩子扣好人生的第一粒扣子，迈好人生的第一个台阶。要在家庭中培育和践行社会主义核心价值观，引导家庭成员特别是下一代热爱党、热爱祖国、热爱人民、热爱中华民族。要积极传播中华民族传统美德，传递尊老爱幼、男女平等、夫妻和睦、勤俭持家、邻里团结的观念，倡导忠诚、责任、亲情、学习、公益的理念，推动人们在为家庭谋幸福、为他人送温暖、为社会做贡献的过程中提高精神境界、培育文明风尚。

---

① 习近平．在会见第一届全国文明家庭代表时的讲话（2016年12月12日）．人民日报，2016-12-16（2）．

这次活动以爱国守法、遵德守礼、平等和谐、敬业诚信、家教良好、家风淳朴、绿色节俭、热心公益8个方面为评选标准，从全国范围评选出了300户在长期生活实践中事迹突出、具有典型示范作用的文明家庭。把培育和践行社会主义核心价值观结合融入文明家庭推选之中，这对于发扬中华民族传统家庭美德，培育核心价值观，建设新时代家风文化，以好家风撑起社会风气，发挥了巨大的社会推进作用。

结合节日和传统文化进行家庭文明建设，也是家庭文明建设的有效举措之一。它有助于大力弘扬中华优秀传统文化，发挥传统节日的思想熏陶和文化教育普及功能，积极培育和践行社会主义核心价值观。全国各地“我们的节日”活动按照中央文明办的统一部署，在春节、元宵节期间，围绕春节、元宵节民俗，广泛开展送春联、弘扬家训等活动；清明节期间，围绕纪念先人主题，进行感怀先人、孝敬老人的家庭文明教育；七夕节期间，围绕爱情忠贞、家庭幸福主题，举办七夕民俗展、鹊桥会、集体婚礼等活动，引导人们追求爱情美满、家庭和睦的幸福生活；中秋节期间，围绕团结团圆、喜庆丰收的主题，举办民俗文化庙会、灯会、中秋赏月等活动，营造阖家团圆、民族团结、国家统一、社会和谐的节日氛围；重阳节期间，围绕尊老敬老、孝老爱亲主题，举办登高、赏菊、敬老等活动，不断加强家庭美德文化传承教育工作。传统节日既是中华优秀传统文化，也是推动家庭文明建设的重要平台，“我们的节日”活动对我国家风、家教、家庭建设起到了积极的推动作用。

（二）全国妇联“我演我家——家庭情景剧推选展播”活动

“我演我家——家庭情景剧推选展播”活动是全国妇联儿童工作部与文化部全国公共文化发展中心在2014年家庭教育宣传实践月期间联合开展的家庭文明建设的重要工作，活动以组织编创、展播推广家庭教育情景剧的形式，集中宣传社会主义核心价值观和文明向上的家庭道德风尚，生动、形象地引导家长和儿童自觉传承家庭美德，携手共创文明家风，提升家庭教育宣传实践活动的鲜活性和感染力，同时为基层文化活动中心、妇女（儿童）之家等提供一批优秀文化产品，促进儿童健康成长，用艺术的形式、美育的方法来开展家庭文明教育，通过广大家长儿童自编、自演，用自己的故事诠释为人、孝道、劝学、向善、励志、修养、习惯养成等核心要义，使社会主义核心价值观生动形象地融入家庭文明教育中。该家庭文明教育的创新之举收到了较好的活动效果，自活动开展以来，有20多个省区市参与推选，近百部作品入围全国家庭情景剧推选展播。活动采用网上投票的形式，各地相关部门还积极通过报纸、网站、微博、微信等方式，组织动员广大家长儿童观看剧目、参与投票，累计参与投票达 4 225 万人次，其中两部作品得票超过千万。情景剧的家庭文明教育形式生动活泼、易于为公众所接受，提供了可供借鉴的家庭文明教育方法。相关评委会专家认为“以情景剧的形式传播社会主义核心价值观，宣传家庭教育新理念，诠释良好家风传承对未成年人的健康成长具有重要意义。虽然家庭情景剧推选展播活动尚属首次，有些作品并不专业，但这些来源于真实家庭生活的作品，却有着根植社会细胞原汁原味的美”。此外，“我演我家——家庭情景剧推选展播”活动入选剧目还在国家数字文化网、全国网上家长学校网站、中国未成年人网进行专题展播，并将专题链接到中国网、人民网、中国文明网、各地网校及其他支持媒体网站；通过全国文化信息资源共享工程网络电视系统等途径，将情景剧作品送入千家万户；将获选作品制作成光盘，免费发放给部分妇联组织、家长学校、妇女（儿童）之家、全国文化信息资源共享工程基层网点等，供基层组织家长儿童观看和排练演出。活动较好地发挥了文化育人、网络育人的功能，促进了良好家风的培育，将家庭教育宣传有机融入公共文化服务体系，实现了优质家庭教育资源的全民共享。

（三）央视“孝心少年”暑期入住普通家庭传递孝文化

同伴教育是进行家庭文明教育的有效方式。“寻找最美孝心少年”大型公益活动由中央电视台主办，面向全国 18 岁以下的少年儿童，通过寻找、发掘、宣传新时期“孝心少年”的典型代表，展现他们孝敬长辈、自强不息、阳光向上、自立自强的感人事迹和美好情操，在全社会大力弘扬社会主义核心价值观，讴歌具有时代感的中华民族传统家庭伦理道德，积极营造尊老、爱老、敬老的浓厚氛围，引导少年儿童树立正确的道德观和价值观，为我国家庭文明建设事业贡献力量。从“寻找最美孝心少年”大型公益活动中选出的“孝心少年”，与北京志愿者家庭的同龄人共同生活一周的时间，通过同伴教育，零距离向广大少年儿童弘扬中华民族的优秀文化和传统美德，倡导尊老、爱老、敬老的社会风尚。良好家风的养成、传统美德的传承，离不开榜样的感召与引领，广大青少年与孝心少年们进行零距离交流接触，切实起到了用榜样的力量带动家庭文明建设的作用。

（四）常州成立“最美家庭讲好家训”工作联盟

建立良好的工作运行机制来整合政府各部门力量进行家庭文明建设工作，有助于形成合力，加快推动家庭文明工作的有效开展。常州妇联、常州市纪委、常州市文明办、常州市级机关工委、常州市文广新局等单位联合成立“最美家庭讲好家训”工作联盟，整合社会各界力量共同“讲好家训、传好家风”。工作联盟的主要工作如表 2－1 所示。

表 2－1　常州“最美家庭讲好家训”工作联盟主要工作介绍

序号	主要工作	具体内容
1	成立“最美家庭讲好家训”巡讲团	在全市推选各级“最美家庭”代表及推荐人成立巡讲团，走进乡村、社区、学校、企业、机关、军营、道德讲堂、女子学堂等场所，由市妇联公布巡讲“菜单”，采取“点菜”和“配菜”相结合的方式，推动巡讲活动深入千家万户
2	成立“最美家庭讲好家训”专家团	依托高校社科研究机构和相关社会组织成立专家团，开展常州历史文化名人家规家训、廉洁箴言整理工作并编撰成册向社会发放；联合开展相关课题研究，通过现代家规家训征集等形式，推动课题研究落到实处
3	成立“最美家庭讲好家训”志愿服务团	招募热心社会公益的文化志愿者，采写“最美家庭”故事，拍摄“最美家庭”照片，创作以“最美家庭”为原型的小品、诗词、歌舞剧等文艺作品；招募关爱他人的巾帼志愿服务团队，走进“最美家庭”家中，为他们提供健康医疗、心理调适、家教指导等各类服务
4	成立“最美家庭讲好家训”媒体宣传团	在《莫愁》、《常州日报》、常州电视台、无线常州、中吴网、中国常州网等媒体开辟“最美家庭”专栏，讲述最美家庭故事，传播最美家风家训；在“常州女性”微信公众号开设“最美家庭故事屋”专栏，邀请电视、电台主播等每周讲述一个最美家庭故事
5	建立“家庭文化基地”	在常州妇儿活动中心、常州大剧院、中华孝道园、“三益书屋”等场所建立“家庭文化基地”，通过展示档案、举办展览、宣传事迹等方式，营造浓郁的家风家训传播氛围
6	举办家训家规作品征集活动	联合举办常州市“龙城清韵·和美家庭”家训家规暨书画作品征集活动

（五）长沙海选和动态管理“五好文明家庭”

20 世纪 50 年代起，中华全国妇女联合会在城乡开展评选“五好家庭”活动。通过开展丰富多彩的家庭文化活动，在全社会倡导尊老爱幼、男女平等、夫妻和睦、勤俭持家、邻里团结的文明风气。“五好家庭”评选活动后来发展为全国“五好文明家庭”创建活动。“五好文明家庭”创建活动是家庭文明工作的“拳头”项目，但历经多年也面临着品牌影响力不够、群众参与度下降的窘境。为了让“五好文明家庭”创建工作焕发新彩，长沙市妇联组织率先创新评选机制，在自下而上的“海选”中发动群众自评、互评、大家评，让更多家庭亲历其中，进一步扩大评选的覆盖面。海选的形式改变了传统的组织推荐模式，以自荐参与为主，发动群众自评、互评、大家评，层层评、层层推，进一步扩大了文明和谐家庭的参与度与覆盖面。“五好文明家庭”“和谐家庭”不搞“终身制”，实行动态管理和定期回访检查，也是进一步优化家庭文明建设工作的创新性举措。所有“和谐家庭”建立档案，每年进行复评，第一次被评上的为一星级“和谐家庭”，第二次被评上的为二星级“和谐家庭”……以此类推，每评上一次，在“和谐家庭”档案册里贴一颗星。根据“星级”不同，设置不同奖项：一星级奖金1 000元、二星级奖金1 200元……五星级奖金2 000元。对经评选验收不再符合标准的进行“摘牌”处理，动态管理的机制促使获评者更加严格要求自己，在各个方面充分发挥示范带头作用。

（六）沧州家庭文明教育指导的个性化定制

开展讲座是普及家庭教育知识最有效的渠道之一，如何确保讲座内容切实符合家庭文明教育的实际需要至关重要。沧州市妇联在全市范围内开展“创建和谐家庭培养合格人才”百场家庭教育公益讲座活动，为充分调动家长的积极性，沧州市妇联在全市范围内对家长需求进行调研摸底，调研显示，家长对家庭教育指导服务有着强烈的需求，在早期教育、培养孩子良好习惯等六个方面存在亟待解决的问题，为开展培训列出了需求“订单”。市妇联根据“订单”内容，科学划分六类对象，分门别类开展专题讲座：面向在校大学生、未婚适婚青年，开展生命教育讲座；面向新婚夫妇、准祖父母，开展优生优育讲座；面向0～3岁孩子的父母、祖父母，开展早期教育讲座；面向小学生的父母、祖父母，开展培养孩子良好习惯的家庭教育讲座；面向初中、高中生的父母、祖父母，开展青春期家庭教育讲座；面向留守、流动儿童的父母、祖父母，开展代理父母关爱孩子家庭教育讲座。

（七）佛山打造“远程家庭教育微课堂”

佛山市妇联、市委组织部联合启动“佛山市远程家庭教育微课堂”课程视频录制工作，“远程家庭教育微课堂”是佛山市推进家庭教育普及普惠的创新举措，一方面是借力新媒体在市的层面对习近平总书记在2015年春节团拜会上强调的“不论时代发生多大变化，不论生活格局发生多大变化，我们都要重视家庭建设，注重家庭、注重家教、注重家风”讲话精神的贯彻落实，另一方面是对快节奏的网络文化时代和广大家长学习、阅读方式发生新变化的宣传教育模式的适应和转型。“远程家庭教育微课堂”利用市党员远程教育平台把家庭教育微课程输送到各镇（街）、村（社区），为家长们创造了便捷的学习条件，将有利于进一步提高全市家长的科学教子能力，营造全社会关怀未成年人、关注未成年人教育的良好氛围。“远程家庭教育微课堂”共录制 21 课，每节课时长约 20 分钟。课程内容主要针对当前家庭教育中比较突出的问题，如青春期叛逆行为、上网成瘾、家长作风、特殊家庭儿童心理问题、隔代教育以及家庭教育误区等，通过问题或个案的剖析，直接带出针对此类家庭教育问题的解决方法、技巧及理念。这种案例式“微课堂”教学，授课形式生动、内容精炼、重点突出且实用，将更直观地帮助到有家庭教育方面困惑的家长们。已录制完成的远程家庭教育微课程将通过市党员教育平台，向全市村（社区）开放。市妇联也将通过“佛山女性”网站、“市家庭教育指导中心微信公众平台”等新媒体渠道发布。

（八）金华出台“好家风信用贷”

中国人民银行金华市中心支行、金华市文明办、市妇联专门下发了《关于开展“八婺好家风”信用贷款工作的意见》，好家风信用贷在金华全市推广。村（社区）级、乡镇（街道）级、县（市、区）级、市级及以上文明家庭和各类先进人物，可分别给予 10 万元、15 万元、20 万元、30 万元贷款，如追加成年子女或夫妻作为共同还款人，还可增加 20 万元额度。好家风信用贷款相对于普通贷款，利率更低，额度也要高一些。好家风信用贷专项贷款可以将“无形”的信用资产转化为“有形”的信贷资金，缓解贷款抵押、担保难问题，也有利于促进良好家风民风，推进社会信用体系建设和文明创建工作。经过严格程序评选出来的文明家庭、道德模范，也是银行寻求的诚实守信的优质客户群体。好家风信用贷，是对文明家庭和道德模范身上所蕴含的社会主义核心价值观的弘扬和鼓励，有利于弘扬社会正气，滋长向上向善的力量。客观上也是对不讲信誉、不讲道德的行为的遏制。在好家风信用贷的带动下，金华市各地都在大力推进家风创建活动。在武义县履坦镇坛头村，126 户农户都总结出各自的家规家训，并制作成牌匾“晒”在家门口，在展示风采的同时，也定下自我约束、相互监督的“规矩”，家家争做文明守信家庭，社会反响很好。

（九）郴州、十堰礼遇尊崇有德之人

近年来，帮扶生活困难的道德模范，礼遇尊崇有德之人，已经成为一种社会风尚。湖南郴州颁发了首批郴州好人典型“礼遇卡”，持卡者可在市内享有免费乘坐公交车、免费游览国家 3A 级以上景区（点）、免费体检等礼遇；湖北十堰教育局出台了《教育系统道德模范帮扶礼遇制度》，礼遇内容包括帮助解决生活或工作困难、邀请出席重大节庆庆典活动、优先考虑晋升提拔等。“好人有好报”是我国传统文化的重要价值追求和主流道德实践，影响着一代又一代人的价值行为。通过搭建礼

遇道德模范的平台载体，建立“公益有价、好人好报”的运作机制和实践模式，不仅是对有德之人的温情呵护，体现全社会对好人的价值认同和人文关怀，也将不断滋长社会文明进步的正能量。

（十）洪泽以优良家风正党风促政风带民风①

淮安是周总理的故乡，洪泽县②由周总理提议设置。洪泽县把家风建设作为党建和精神文明建设的一项基础工程来抓，广泛开展了“传承好家训，培育好家风”主题教育实践活动。该县先后被淮安市和江苏省纪委列为党员干部立家规活动试点县。活动开展以来，不仅催生了一批崇德教家、修身守正的模范党员干部，更促进了睦亲齐家、仁爱和美社会风尚的形成。洪泽开展的“传承好家训，培育好家风”活动，潜移默化地提高了广大干部群众的文明素养，好家风渗入千家万户，滋润了洪泽德善和美、文明向上的民风乡风。活动开展以来，勤劳致富、诚实守信、见义勇为、孝老爱亲的“洪泽好人”不断涌现，荣获国家和省市县道德模范及提名、最美人物、“美德少年”、优秀志愿者等380多人，县镇村三级好家风家庭1 200多户，全县建设素质过硬党员干部队伍实效显著，526名党员干部受到县以上表彰，形成了干部廉洁齐家、担当尽责、引领群众的良好风尚。在淮安市纪委委托第三方调查机构“零点研究咨询集团上海分公司”，进行的全市8个县区廉政情况民意调查中，洪泽县的群众满意度名列各县区首位，在淮安市跨越发展目标考核中，洪泽综合排名第一。在2016年中宣部、全国妇联召开的全国“最美家庭讲好家训”巡讲工作经验交流会上，洪泽县委领导被推荐在会上介绍了以家风建设改善党风政风和民风的经验。

（十一）福建省设立十大家庭建设示范基地

福建省妇联为推动家庭文明建设、促进社会文明和谐进步，设立了十大省级家庭建设示范基地，基地的设立对福建省的家庭文明建设发挥了较好的示范带动作用，有助于弘扬中华民族家庭美德、树立良好家风、促进家庭和睦。被称为“福州名片”“明清建筑博物馆”的三坊七巷，以名人“孝文化”为突破口，用多种形式

① 2015年5月，中共洪泽县委下发了《关于开展“传承好家训·建设好家风”活动实施意见》，国家社科基金重大项目“中国传统家训文献资料整理与优秀家风研究”课题组首席专家、江苏师范大学陈延斌教授的团队受聘跟踪指导，在全县倡导重家教、立家规、正家风、守正做人、踏实干事的风尚。洪泽实例参见：陈延斌，陈玉林，张琳. 以家风建设促进党风政风民风建设. 中州学刊，2017（3）；叶顺亮，龚建军，钱海盈. 领导干部带头立家规亮家规　洪泽：传承好家训 建设好家风. 新华日报，2015-08-31（02）.

② 洪泽县已经于2016年10月8日改为淮安市洪泽区。

向海内外游客介绍三坊七巷名人家风家训，达到了传播良好文明家风、树立家庭美德观念、培育和践行社会主义核心价值观的效果。“孝”自古以来就是中华民族的传统美德，基地将“孝文化”家风家训融入游客体验中，游客游览林则徐故居时可打开微信扫描“林则徐纪念馆”二维码，关注“林则徐纪念馆”微信公众账号后便可以看到林则徐生前事迹及其家风家训。林则徐的“十无益”里面提到“存心不善，风水无益；父母不孝，奉神无益”，意在提醒世人要心存善念，孝顺父母。导游讲解时自然而然地融入其家风家训。三坊七巷中的每一位名人都是在“孝义”的熏陶下成长的，“林则徐纪念馆”微信公众号还会定期推出“名人家风家训”板块，供海内外游客学习，以此更好地发挥名人家风家训在传承社会文明、弘扬家庭美德、引领社会风尚、促进家庭和谐中的作用。福州市三坊七巷保护开发有限公司旅游部组建了家风宣讲员队伍。讲解员将三坊七巷名人家风家训融入日常解说中，让广大游客在参观游览的过程中，充分领略三坊七巷名人家风家训背后的故事以及历史传承。三坊七巷安民巷50号的厅堂是三坊七巷名人家风家训展示厅，墙上悬挂着林则徐、冰心、林觉民、严复、沈葆桢、陈宝琛等三坊七巷名人的家风家训，厅堂外展示有立足“小家庭”，成就“大作为”——福州市妇联开展“家庭建设年”各种活动的剪影，馆内电子触摸屏的桌面上保存有福州市妇联开展“孝文化”家庭工作的活动图片、视频宣传片等，只要用手指轻轻触摸，即可打开并观看。三坊七巷名人家风家训馆内的案台上摆放着福州市妇联印制的《三坊七巷名人家风家训》宣传册，打开首页就可以看到目录，收录了林则徐、林纾、严复、谢銮恩、林觉民等名人的家训，册子里面的每一则家训旁均附有各名人的简介。小巧精致的册子吸引众多游客翻阅，不少游客看完后随手揣进了包里并称“回去后再慢慢品读”。除了专业家风讲解员队伍，福州市妇联有效整合了政府资源和民间资源，发动和引导广大群众参与到向游客讲解三坊七巷名人家风家训的传播活动中，积极发动民间力量传播和践行“孝文化”。除了把名人家风家训融入三坊七巷的历史文化中讲解，以便游客从家风的角度来了解三坊七巷，福州市妇联还依托三坊七巷社区学习促进会等社会组织，组织开展了一系列孝老爱亲、家庭教育、道德讲堂等系列活动，如每月邀请专家老师进社区开展传统国学中的“孝文化”系列讲座，开展“礼数大家学”等相关活动。三坊七巷名人家风家训教育基地是福州市妇联开展家庭建设工作并在全市打造家庭建设示范基地的一个缩影。据了解，福州市各级妇联已在全市各区、县建立了鼓东街道庆城社区、梅花镇梅东村等13个家庭建设示范基地，通过定期开展“孝文化”道德讲堂，引领广大居民积极践行家庭美德、弘扬孝文化。下表2-2为福建省十大家庭建设示范基地名单。

表 2-2　　福建省十大家庭建设示范基地名单

所在地	基地名称
福州	三坊七巷名人家风家训教育基地
厦门	思明区莲前街道前埔北社区家庭关爱中心
漳州	漳浦县蔡新纪念馆（故居）家庭建设示范基地
泉州	泉港区界山镇东张村和谐家庭文化示范基地
三明永安	燕西街道新安社区家庭关爱服务中心
莆田	荔城区西天尾镇后黄社区“幸福家园”家庭建设示范基地
南平	武夷山市五夫镇
龙岩	永定客家土楼家庭美德馆
宁德	福鼎市硖门乡柏洋村
平潭	综合实验区平潭县中楼乡大坪村

五、以家风建设促进党风政风民风建设路径探索①

从中央文明委到各地家风、家教、家庭建设主题实践活动的调研经验看，已初步探索出一条以家风促进党的建设、党风廉政建设和精神文明工作的新路径。各种实践探索和成功经验证明，“传承好家训，建设好家风”对于端正党风、政风，淳化民风，对于推进社会主义核心价值观认同践行工作“接地气”、贴百姓、进生活和落细、落小、落实，都具有很强的可操作性和可学可鉴性，各种实践活动给我们诸多启迪。

（一）美好家风是涵养党风政风民风的源头活水

经验证明，家风熏陶根植于每个人的生活之中，优良家风是形成优良党风政风、民风世风的前提和基础。

首先，好家风促进民风淳、世风清。习近平总书记指出：“家风是社会风气的重要组成部分。家庭不只是人们身体的住处，更是人们心灵的归宿。家风好，就能家道兴盛、和顺美满；家风差，难免殃及子孙、贻害社会。”②家风作为传统道德教育最基本的方式，其内容包含了中华民族内在道德文化，体现着中华民族丰富的精神内涵和价值追求，是中华民族生生不息、发展壮大的丰厚滋养。中央和各地相关部门用好家风推进文明新风，把家庭和、家风好、邻里亲、德行美作为最美家庭、

① 陈延斌，陈玉林，张琳. 以家风建设促进党风政风民风建设. 中州学刊，2017（3）.

② 习近平. 在会见第一届全国文明家庭代表时的讲话（2016年12月12日）. 人民日报，2016-12-16（2）.

好家风家庭等评选的重要标准，将时代优秀家风家训融入村规民约，纳入文明单位、文明镇村、文明社区评选条件和创新创优评价体系，出台好家风家庭优惠政策和措施，融入美丽乡村建设。这正是将优秀家风植根于人们的日常生活世界，蕴藏了人们崇德向善的道德意愿和积极价值追求，大大激发了文明向上的正能量，推动了整个社会风气持续向善向好。

其次，好家风带动党风正、政风廉。中国传统文化讲“修身、齐家、治国、平天下”。党风清、政风廉是对广大党员特别是党员领导干部提出的政治要求和道德要求。正如习近平总书记多次谈到的，领导干部的家风，不是个人小事、家庭私事，而是领导干部作风的重要表现。家风正则民风淳，民风淳则党风清、政风廉。我们必须着眼于以优良党风带动民风社风，把家风建设作为领导干部作风建设重要内容，弘扬真善美、抑制假恶丑，营造崇德向善、见贤思齐的社会氛围，推动社会风气的好转。我国老一辈革命家的家教家风，体现了革命传统、不搞特权、清廉自守、生活俭朴、严格要求子女的良好家风，为我们留下了宝贵的精神财富。同样，不良家风也会产生严重的消极影响，现实生活中不少贪腐落马官员、“官二代”违法犯罪，与其家风败坏有着密切关系。党员干部的家风是衡量党风政风的风向标，党员干部廉洁护家、遵规守矩、乐业兴家、甘于奉献，就会带动党风正、政风廉的局面的形成。从中央部门到各地都要求领导干部带头树立和践行优良家风，深入联系点讲家风党课；组织干部“谈家风议政风”、青年干部家风演讲比赛、老干部家风座谈会；实行干部廉洁家风备案制、干部家风“家访”制；将党员干部家风负面清单纳入干部德育考核和年度述职内容；推行领导干部民主生活会“述家风”等。这些举措引领党员干部科学教家、严谨治家、勤廉理政，把家庭建成崇德尚廉、拒腐防变的幸福港湾，为广大普通党员群众做出示范。在我们进行的相关调查中，90%的被调查者认为传承好家训、培育好家风活动开展以来，家风、党风和社会风气变化“非常明显”或“已在好转”。

（二）抓好“关键少数”和典型选树

“所谓治国必先齐其家者，其家不可教而能教人者，无之。”（《大学》）习近平总书记强调，领导干部的家风关系党风政风，各级领导干部要带头抓好家风，家风败坏是领导干部走向严重违纪违法的重要原因。[①] 党员干部是营造美好家风主题教育实践活动的引领者，有利于感染和带动广大社会成员积极传播和践行家训家风文

① 习近平．在第十八届中央纪律检查委员会第六次全体会议上的讲话（2016年1月12日）．人民日报，2016-05-03（2）．

化，发挥他们的典范作用对于促进群众进行家风建设至关重要。实践经验表明，在家风建设中要注重抓好领导干部的“关键少数”，将家风教育纳入干部教育培训、党委中心组理论学习、基层组织建设内容，融入“两学一做”活动。同时，也要注重开展“最美家庭”“党员好家风”“党员模范典型”选树等评选活动，并跟进培育，积极宣传推介，引领广大干群效法看齐。党员干部也应结合个人实际、家庭实情，着重从治家、教子、修身、处世上订立好家规，树立好家风，涵养好作风，成为遵纪守规、廉能担当、实干争先的努力践行者和典型示范者。

（三）注重宣传和引领家风建设，传承和创新优秀家风文化

在家风建设中应根据社会主义核心价值观的时代特点和培育要求，传承和创新传统家风文化中蕴含的昂扬向上的精神追求和积极价值取向。一方面，要注意挖掘整理我国德风可钦的世家大族、名人志士以及老一辈革命家留下的优秀家训家风文化，加以传承弘扬；另一方面，应该更多关注普通家庭的家教家风。洪泽经验证明，千千万万普通群众各有自己的家风传承，有形式不同的家教家训经验，应该注意征集和挖掘提炼，将其可学可鉴的心得精华和积极价值取向，与社会主义核心价值观相对接，在树立好家规、讲好家庭美德故事、营造优良家风中不断传承和创新优秀家训家风文化，促进广大民众接受、认同和身体力行。

良好的家风传承是社会风气健康发展的前提，营造优良家风需要每个家庭的培育和传承，也要党和政府相关部门的宣传引领和积极推动。我们的调查结果也证明了宣传引领对于家风建设的重要性。在对“传承优良家风的有效途径（最多选3项)”的问题上，排在前三位的分别为“长辈言传身教”（70%）、“政府倡导推动”（55%）和“媒体宣传”（31%）。另外，对于“形成良好家风起关键作用的有哪些因素”问题的回答，接近50%被调查者选择“报刊、网络等媒体宣传”。

（四）加强廉洁家风建设监管工作和考核机制

家风正则民风淳，民风淳则党风清、政风廉。通过传承优良家风、实施正确的家庭教化是形成廉洁家风的关键。各地党员干部带头立家规、正家风的同时，注意从严从实督考，广泛开展“创建廉洁家庭，树立清廉家风”活动，组织干部配偶、子女接受“三警一线”教育，签订助廉承诺书，使廉洁家风真正产生作用。此外，各地大都很注重常态化监管机制建设，如以上述及的建立科级干部廉洁家风备案制，将党员干部家庭情况和家规家风作为党员民主评议、干部考评内容，融入干部培养、管理、选任数据系统，建档备案。这些都有效提升了活动的实效性。

家风建设中应创新考核和保障机制，以引导、激励、推动家风建设规范化、长效化，这也是各地实践经验的比较有共性的内容。各地实践中，在以家风促党风政风民风的过程中，将家风建设作为年度目标任务，纳入基层党建、精神文明、干部教育、选拔任用的考量要素，列入党风廉政建设“季度工单”，实行月例会、季督查、半年考、年总评，考核结果作为干部评先评优、部门奖惩兑现的重要参考。把家风工作考核结果作为单位和党员干部评先评优、选拔任用的重要依据，对出现家风负面清单问题、群众不满意的干部，以及部门作风散漫、纪律松弛、家风严重不良的单位领导，实行诫勉谈话、问责，甚至给予党纪处分。有效的考核机制着力督促干部守家规、诚做人、干实事、做好官，这对于党员干部树立好家风、涵养好作风、促进全社会文明风尚的提高起到了重要的保障作用。

总之，中国的历史道路和文化积淀，使中华民族历来重视家庭建设。中华民族传统家庭美德已融入中国人的血脉中，是家庭文明建设的宝贵精神财富，也是支撑中华民族生生不息、薪火相传的重要精神力量。无论时代如何变化，无论经济社会如何发展，对一个社会尤其是中国特色的社会发展来说，家庭的生活依托都不可替代，家庭的社会功能都不可替代，家风、家教、家庭建设的功能都不可替代。家风建设是教育下一代以及党风、民风建设必不可少的重要基础。

报告三：当代中国家庭教育状况的考察与分析

习近平总书记在不同时期、不同场合，就注重家庭、家教与家风建设问题做了多次重申，强调家庭是社会的细胞，家庭和睦则社会安定，家庭幸福则社会祥和，家庭文明则社会文明。毋庸置疑，一个民族之所以拥有光辉灿烂的文明并持续发展影响深远，教育在其中发挥着重要作用。教育是文明传播和延续的载体，也是整个文化体系的一个重要组成部分，而家庭教育作为整个教育体系中不可或缺的一部分，对塑造一个人的人生观、价值观、世界观起着至关重要的作用，对铸造民族品格、传承民族精神也具有深远影响。因此在人类文明史上，家庭教育在推动人类社会文明发展与进步的事业上做出了突出贡献。

一、家庭教育的内涵与意义

家庭教育、学校教育和社会教育都是国民教育的重要组成部分，三者各有特色且相互关联。而家庭教育，顾名思义，是以家庭为主体开展的教育类型，也是我国开展得最早、内容最广泛、方法最灵活的教育类型。家庭教育一是从“0 岁”开始并相伴整个成人过程；二是以亲情养育为特点伴随日常生活而进行。“家庭是第一所学校”“父母是第一任老师”，家庭教育具有不同于其他教育途径的重要的影响力。家庭教育从自发地在家庭中发生，到人们普遍将其作为自觉的、有目的的教育行为，社会将其作为整个教育系统的组成部分，并逐渐建立起一整套相对系统的理论和方法，经历了一个相当长的历史过程。家庭教育作为一个独立学科，有其自身的内容、方式、特点与规律。

（一）家庭教育及教育目标

《辞海》对家庭教育的解释是："父母或其他年长者在家庭中对儿童和青少年进行的教育。"① 不同社会有不同性质的家庭教育。社会主义国家的教育任务虽然主要由学校承担，但也明确家庭是教育后一代的重要阵地。家庭与学校密切配合，统一教育影响，使儿童、青少年在德育、智育、体育几方面都获得发展。也有研究者认为家庭教育不仅包括长辈对孩子的教育，也包括家庭成员间相互的影响教育。如赵忠心在《家庭教育学》中指出：家庭教育是指在家庭生活中，由家长，即由家庭里的长者（其中主要是父母）对其子女及其他年幼者实施的教育和影响。这是狭义的家庭教育。广义的家庭教育，应当包含家庭成员之间相互实施的一种教育。在家庭里，不论是父母对子女，子女对父母，还是长者对幼者，幼者对长者，一切有目的、有意识施加的影响，都是家庭教育。②台湾学者黄乃毓认为：家庭教育强调在家庭里，家人彼此的互动关系，也就是说父母和子女是互相教育的，家庭里发生的许多事情都直接或间接地让我们学到一些东西，我们也在日常生活里接受最基础的教育。③

这些关于家庭教育的不同界定中有一点是共同的，即主要是指父母长辈对下一代的教育。但随着社会发展，对家庭教育的理解不再仅是狭义所指的家中长辈对晚辈的教育行为，也包括家庭中每个成员对其他成员所施加的具有教育意义的行为以及该行为带来的影响，包括同代人之间和异代人之间的互相影响。而在共同的家庭生活中，人们通过指导和帮助、学习和互动等方式促进家庭成员素质的提高，进而实现个体社会化和再社会化的过程。

家庭教育的目标在于通过日常共同的家庭生活实现人的成长和社会化的过程。成人不仅在于身心健康成长、个人心智成熟，更是人格素养与公民德育的完成，这也是家庭教育不同于学校教育的最大特点。家庭在成人教育中具有特殊的作用与意义，儿童个性的形成始于家庭，其全面发展始于家庭，家庭是生活和教育合二为一的单位。家庭教育中有比学校教育更多更重要的生活细节，而许多细节在塑造孩子个性、人格和价值观方面至关重要。

从社会层面看，家庭教育更是具有促进个体社会化的基本功能。家庭教育作为一定阶级传递他们在社会生活中积累起来的知识经验、价值取向的最简捷、最重要的方式，规范着未成年人社会化的方向，加快其社会化程度，提高其社会化水平。

① 辞海编辑委员会．辞海．上海：上海辞书出版社，2010：868.

② 赵忠心．家庭教育学．北京：人民教育出版社，1994：5.

③ 黄乃毓．家庭教育．台北：五南图书出版股份有限公司，1988：37.

为维护家庭和睦，促进社会稳定，国家的教育工作更提倡以素质教育为本，培养高水平人才，这同样对家庭教育提出了更为具体的要求——为孩子培养终身受益的素质，贯彻素质教育的思想与理念，家庭教育的主要任务在于“以德育人”。

（二）家庭教育方式及其特点

“没有教不好的子女，只有不会教的父母”，这句话说明了科学有效的家庭教育方式方法的重要性。许多研究表明，不良的家庭生活方式和教育方式很容易在青少年身心健康上产生不良影响。家庭生活方式以及家长的一言一行，对子女都起着至关重要的作用。正是由于家庭成员长期生活在一起，家长的言行举止都成为子女早期学习的对象，因此在塑造个人人格与自我意识觉醒的关键时期中，父母家人的影响显得尤为重要。家长应当以身作则，自觉作为子女的榜样，在日常生活中自觉规范自身，真正起到示范作用。

中国传统家庭教育主张严慈相济，循序渐进，强调“为人父，止于慈”“严父莫大于配天”。事实上在家庭教育中，严慈相济，爱教结合，才能在规范中实现子女自由自主地健康成长。因材施教，环境熏陶，也是中国传统家庭教育所注重的原则。针对不同的教育对象，教育方式应灵活多样。龙生九子各有不同，即使在同一个家庭中成长起来，每个个体仍会具有相对的特殊性与独立性，因此针对性地发展孩子的兴趣爱好、纠正不良习惯更有利于孩子的健康成长。此外，外部环境的塑造同样重要，孟母三迁告诉我们家庭传统以及家风建设等家庭整体环境对子女成长具有深刻的影响。家风是家庭的一面镜子，良好的家风虽不是成文的教科书，但它却在潜移默化中陶冶孩子的情操、影响着孩子的成长和价值观的形成。

早期性和长期性是家庭教育的特点之一。家庭是儿童生命的摇篮，是人出生后接受教育的第一个场所、第一个课堂，而家长是儿童的第一任教师。从人出生到3岁的婴幼儿期，是个体神经系统结构和心智发展的“黄金”期；5岁以前的幼儿期是个体身心迅速发展也是进行早期智力开发的最佳时期，家长在这个时期实施的家庭教育将是孩子早期心智发展的关键所在。个人的成长离不开家庭生活，自出生起，人便在接受家庭教育和家庭影响，这种教育是在生活养育中有意和无意、自觉和不自觉地进行的。家庭生活方式、家人言行、为人处事态度都潜移默化地对孩子的生活习惯、道德品行、为人处世态度给出了示范，因此父母是孩子的第一任老师，更是终身教师。父母家人与孩子之间的血缘关系和亲情关系，使父母家人的说教和引导更具权威性，孩子很容易接受和学习模仿。而在亲密的日常生活中，父母家人也才易通过孩子的一举一动、一言一行及时掌握他们的心态和品行习惯，及时发现孩子身上存在的问题，及时教育，使不良品行消灭在萌芽状态。同时，父母家人在与孩子的相处和互动中，也应积极反思自身不足，及时纠偏。所以，家庭教育也包括对父母的再教育，这是家庭教育实现家庭成员再社会化的另一层积极意义。

（三）家庭教育的意义

习近平强调，我们要重视家庭文明建设，努力使千千万万个家庭成为国家发展、民族进步、社会和谐的重要基点，成为人们梦想启航的地方。要动员社会各界广泛参与家庭文明建设，推动形成爱国爱家、相亲相爱、向上向善、共建共享的社会主义家庭文明新风尚。要把美好的道德观念从小就传递给孩子，引导他们有做人的气节和骨气，帮助他们形成美好心灵，促使他们健康成长，长大后成为对国家和人民有用的人。“广大家庭都要重言传、重身教，教知识、育品德，身体力行，耳濡目染，帮助孩子扣好人生的第一粒扣子，迈好人生的第一个台阶。”①

家庭教育是一切教育的基础。家庭教育作为教育的三大支柱（社会教育、学校教育、家庭教育）之一，是教育这个系统工程的基础工程，它对于每个人儿童时期的健康成长以及人格塑造具有不可估量的作用。《国家中长期教育改革和发展规划纲要（2010—2020 年）》也明确指出“充分发挥家庭教育在儿童少年成长过程中的重要作用，家长要树立正确的教育观念，掌握科学的教育方法，尊重子女的健康情趣，培养子女的良好习惯，加强与学校的沟通配合”。家庭是孩子的第一所学校，家长作为孩子的第一任老师，要让孩子在活动中、游戏中提高文化素养和综合素质，完成自我意识的觉醒与良好品格的塑造。因此，家庭教育是学校教育、社会教育的先决条件，没有家庭教育对个体灵魂的良好的初步塑造，一个人就会变成不能教、不可教的人，学校教育和社会教育也无从开展。据中国青少年犯罪研究会统计资料表明，近年来青少年犯罪总数已经占到了全国暴力犯罪总数的 70%以上，其中 14 至 18 岁未成年人犯罪案件又占到了青少年犯罪案件总数的 70%以上。专家对 135 名违法犯罪青少年调查，发现他们中父母和家庭成员中有劣迹行为的占 76%，父母离异的占 34%，父母教育不当的占 91%，其中溺爱型的占 48%，放任型的占 34%，粗暴型的占 13%。家庭教育作为整个教育系统大厦的基石，它的成败将制约着学校教育和社会教育的成败，也因而影响着整个教育体系的成败。

家庭教育是中华民族优秀传统文化的重要体现。中华民族历史悠久，中华文化源远流长。滋养于这片土地的中华民族优秀传统文化，自然也受中华民族独特的家

---

① 习近平．在会见第一届全国文明家庭代表时的讲话（2016 年 12 月 12 日）．人民日报，2016-12-16（2）．

国同构这一宗法社会传统伦理结构影响。家是最小国，国是千万家，家庭是国家发展、民族进步、社会和谐的基点，而家庭教育不仅是成人教育的基础，更是中华民族优秀传统文化的基础与重要体现。习近平也指出，“中国古代历来讲格物致知、诚意正心、修身齐家、治国平天下。从某种角度看，格物致知、诚意正心、修身是个人层面的要求，齐家是社会层面的要求，治国平天下是国家层面的要求”①。

传统中国家庭注重门楣家风，重视庭训家教，讲究“国有国法，家有家规”，遵循“没有规矩，不成方圆”。不同家庭中的家庭教育更是可以从家风的呈现中窥见一二，据统计，中国古代公开出版的“家训”就有一百二十多种。从古至今，为世人尊崇而广为流传的有：孔子对孔鲤的庭训、诸葛亮的《诫子书》、陶渊明的《责子》、颜之推的《颜氏家训》、朱柏庐的《朱子家训》（又名《朱子治家格言》）等，以及被誉为20世纪中国“三大家书”的《梁启超家书》《曾国藩家书》及陈毅《示儿女》等，这些训示无不体现良好家风对于个人修身、治家、立世的积极关怀。细品中国传统家风，其思想渊源主要来自儒家思想的精髓，其核心内容归结起来不外乎“五常”思想主张，即“仁、义、礼、智、信”。因此，好家风浓缩着中华民族几千年来的价值取向和精神追求，是中华民族世代相传的精神瑰宝。家风是传承道德的重要载体，家庭教育是对良好家风的传承，更是对中华民族的传统文化和传统美德的传承。

家庭教育是当前中国道德建设的重要载体。党的十九大报告提出“优先发展教育事业。建设教育强国是中华民族伟大复兴的基础工程，必须把教育事业放在优先位置，加快教育现代化，办好人民满意的教育。要全面贯彻党的教育方针，落实立德树人根本任务，发展素质教育，推进教育公平，培养德智体美全面发展的社会主义建设者和接班人”。提高公民的道德素质并非一朝一夕所能完成的，这项系统工程需要全社会共同完成，其中也需要依托社会基本单元的家庭以及家庭教育。

家庭教育对于个人的塑造不仅仅在于身心的健康成长与知识水平的提高，它对于个体价值观、世界观的影响更证明了家庭作为塑造灵魂、引导精神发展的核心地位，这也决定了家庭教育与国家的精神文明建设具有源与流的关系。家庭教育的意义根本上不是狭义的家庭命运所能体现的，而是与整个人类社会文明的精神发展内在相连的。在家庭教育中，应当始终坚持以“立德树人”为本，如习近平总书记所提出的，应当旗帜鲜明地加强思想政治教育、品德教育，让社会主义核心价值观的种子在少年儿童心中生根发芽，把国家、人民、民族装在心中，养成健康、乐观、向上的品格。②

① 习近平总书记2014年5月4日在北京大学师生座谈会上的讲话。

② 习近平总书记2016年9月9日在北京八一学校考察时讲话：《全面贯彻落实党的教育方针，努力把我国基础教育越办越好》。

二、中国当前家庭教育状况

家庭教育如此重要，在中国特色社会主义事业进入新时期之际，家庭教育所承载的任务更加多样，地位更加凸显，我们更需要对当今中国家庭教育的基本经验和主要问题做更加自觉的梳理、总结和研究。

(一) 改革开放以来中国家庭教育工作的重大举措

中华人民共和国成立后，中央从培养社会主义事业接班人的需要出发号召搞好家庭教育，毛泽东、朱德等领导人身体力行地培养子女的思想品德，周恩来等领导在一些会议上要求干部带头教育好子女。但是，由于整个社会的大背景是政治运动接连不断，对中国传统家庭教育有一定的误解和批判，相当多的家庭对子女的教育处于自发状态，教育思想与学生成长需求不适应。改革开放以来，我国家庭教育工作登上一个新的台阶，中共中央、全国人大和国务院先后多次发布加强和改进我国家庭教育和家庭教育工作的政策法规，对家庭教育的重要功能和家庭教育工作的基本原则做出规范，使家庭教育工作者有了开展工作的方向。全国妇联、教育部联合中央文明办等部委多次下发全国家长学校工作指导意见、家庭教育工作五年规划、家庭教育评估指标等文件，使得家庭教育工作逐步迈上正轨。[①]

1. 制定出台各类相关文件，形成家庭教育工作制度规范体系

改革开放以来，中央逐步提高对家庭教育工作的重视程度，相关职能部门相继出台了一系列法律规章和规范指导文件（见表 3－1），为家庭教育工作奠定了制度基础。

表 3－1　改革开放以来全国性家庭教育相关文件一览

文件名称	发文部门	发布时间	主要内容
《中华人民共和国婚姻法》（修改）《中华人民共和国义务教育法》《中华人民共和国未成年人保护法》	全国人大	1990 年左右	在部分条款中明确规定父母对子女负有教育义务。
《九十年代中国儿童发展规划纲要》	国务院	1992 年 2 月	“使 90％儿童（十四岁以下）的家长不同程度地掌握保育、教育儿童的知识。”将家庭教育明确作为国家教育工作的重点目标。

① 骆风，崔振邦．新中国家庭教育政策发展状况及思考．基础教育参考，2017（6）．

《中国教育改革和发展纲要》	中共中央、国务院	1993年3月	“家长应当对社会负责，对后代负责，讲究教育方法，培养子女具有良好的品德和行为习惯。”明确家庭教育的关键在于培养子女的道德品行。
《全国家庭教育工作“九五”计划》（以下简称“九五”规划）	全国妇联、国家教委	1996年9月	中华人民共和国成立后首份关于家庭教育的工作规划，提出了四方面规划：加强对家庭教育工作的领导；加强家庭教育宣传普及工作；加强家庭教育理论研究工作；继续办好各种类型的家长学校。
《家长教育行为规范（试行）》	国家教委、全国妇联	1997年3月	中华人民共和国成立以来我国第一个规范家长教育行为的指导条例，共包含树立为国教子思想、重在教子做人等十条要求。
《全国家长学校工作指导意见（试行）》	全国妇联、国家教委	1998年3月	中华人民共和国成立以来我国第一份规范家长学校建设工作的指导文件。提出三点意见：办好家长学校，提高家教水平；加强指导管理，提高办学质量；建立评估制度，巩固办学成果。
《全国家庭教育工作“十五”计划》（以下简称“十五”规划）	全国妇联、教育部	2002年5月	提出巩固并扩大家庭教育知识普及面、逐步建立健全家庭教育指导工作体系、继续办好各级各类家长学校、建设家庭教育工作示范区县等八条具体目标。
《家长教育行为规范》《关于全国家长学校工作的指导意见》	全国妇联、教育部	2004年10月	对之前的相关文件进行进一步修改，明确了家长学校的性质与任务，确定了家长学校的指导与管理主责部门，建立了家长学校的组织与领导体系，确定了家长学校的检查与评估内容及标准。
《关于进一步加强家庭教育工作的指导意见》	全国妇联、教育部	2005年10月	部署了落实工作规划、组织科学研究、发展家长学校等六项重点工作，提出构建家庭教育工作长效机制。
《全国家庭教育工作“十一五”规划》（以下简称“十一五”规划）	全国妇联、教育部、中央文明办等八部门	2007年5月	提出广泛宣传普及家庭教育及科学育儿知识，发展多元化、多类型、满足不同群体需求的家长学校，推进社区家庭教育指导，重视和加强农村留守、流动儿童的家庭教育，加强家庭教育调查研究等十条具体目标。
《全国家庭教育指导大纲》	全国妇联、教育部、中央文明办等七部门	2010年2月	首份国家层面的科学系统全面的家庭教育指导性文件，针对新婚期及孕期、0～3岁、4～6岁、7～12岁、13～15岁、16～18岁、特殊儿童、特殊家庭及灾害背景下的家庭教育提出具体指导意见，同时强调完善家庭教育工作的领导与指导。

《关于进一步加强家长学校工作的指导意见》	全国妇联、教育部、中央文明办	2011 年 1 月	适应家庭教育的新形势，进一步明确了家长学校工作的指导思想、主要任务、组织管理、保障措施等方面内容，规定了各类家长学校的负责人，提出建立家长学校督导评估制度。
《关于指导推进家庭教育的五年规划（2011— 2015 年）》（以下简称“十二五”规划）	全国妇联、教育部、中央文明办等七部门	2012 年 3 月	在进一步推进家庭教育工作社会化的同时，更重视家庭教育工作的法制化，强调制定完善家庭教育相关法律政策制度，更加关注家庭教育资源分布的地区差异问题和家庭教育指导服务市场、队伍的规范运营问题。
《教育部关于加强家庭教育工作的指导意见》	教育部	2015 年 10 月	适应党和国家对家庭教育的高度重视与新要求，提出充分认识加强家庭教育工作的重要意义。进一步明确家长在家庭教育中的主体责任、充分发挥学校在家庭教育中的重要作用、加快形成家庭教育社会支持网络、完善家庭教育工作保障措施等五点指导意见。
《关于指导推进家庭教育的五年规划（2016—2020 年）》（以下简称“十三五”规划）	全国妇联、教育部、中央文明办等九部门	2016 年 11 月	提出准确把握家庭教育核心内容、建立健全家庭教育公共服务网络、提升家庭教育指导服务专业化水平、大力拓展家庭教育新媒体服务平台、促进家庭教育均衡协调发展、深化家庭教育科学研究、加快家庭教育法制化建设等七点要求。

资料来源：吕慧，缪建东．改革开放以来我国家庭教育的法制化进程．南京师大学报（社会科学版），2015（2）．

2．建立各职能部门主抓，其他部门协同的家庭教育组织管理体系

组织管理体系是家庭教育工作有序开展的有力保障。家庭教育牵扯方方面面，不能仅仅依靠某个部门单打独斗，而是需要多个部门齐抓共管。经过改革开放以来近 40 年的家庭教育工作实践，已经基本明确了家庭教育工作的主要负责部门和相关职责，目前已大体上形成各级妇联、教育部门、文明办主抓，其他部门协同配合的组织管理体系。在已经发布的家庭教育工作各类相关文件中，大部分是由全国妇联和教育部（国家教委）以及其他相关职能部门联合发布的。在 2016 年 11 月全国妇联等多部门联合出台的《关于指导推进家庭教育的五年规划（2016—2020 年）》中，这一组织管理体系得到充分体现。该规划文件要求，要进一步落实部门职责任务，文明办负责将家庭教育纳入群众性精神文明创建活动和未成年人思想道德建设工作测评体系，作为评选文明城市、文明村镇、文明单位、文明家庭、文明校园和未成年人思想道德建设工作先进城市、先进单位等重要内容，推进构建学校、家庭、社会协调互动的教育网络；教育部门负责与妇联、关工委等共同办好中小学、幼儿园、中等职业学校家长学校，推动高等学校加强家庭教育学科建设和科学研

究；妇联、卫生计生、教育等部门负责推进0～3岁儿童早期家庭教育指导服务；文化、新闻出版广电部门负责推动公共文化机构积极开展家庭教育服务，开发相关公共文化服务产品；民政部门负责将完善家庭教育服务功能纳入城乡社区服务体系规划，与妇联、教育、卫生计生、关工委等部门共同做好城乡社区家庭教育指导服务工作，与妇联、教育等部门共同加强对家庭教育服务类社会组织的规范管理；中国科协负责协调推动各类科普教育基地开展家庭科普教育相关工作。在家庭教育工作中，各级妇联、教育部门、文明办、卫生计生部门、关工委、文化部门、新闻出版广电部门、民政部门、科协等各司其职、各尽其责，形成了一个既有分工又有合作、既有整体又有重点的组织管理格局。

3. *构建以家长学校为主阵地、以专业指导队伍为主体的家庭教育指导服务体系*

家庭教育的成功与否取决于家长是否掌握了正确的家庭教育观念、思想、方法、技能。构建家庭教育指导服务体系是有效提升家长家庭教育素质的主要途径，也是政府部门推进家庭教育工作的主要抓手。自改革开放以来，构建家庭教育指导服务体系就是开展家庭教育工作的重点环节。《家长教育行为规范（试行）》《全国家长学校工作指导意见（试行）》《全国家庭教育指导大纲》等一列文件的出台，逐步明确了家庭教育指导服务体系的功能和任务，形成了以家长学校为主要阵地、以专业指导队伍为主体的建设思路。1981年，我国第一所家长学校——上海市虹口区长治中学家长学校成立，开启了家长学校建设的大潮。在此后制定的家庭教育工作"九五""十五""十一五""十二五""十三五"规划中，建设家长学校都被作为一项重点工作内容，并且"十二五""十三五"规划中对家长学校的覆盖率提出明确要求，"十二五"规划中提出"80%的城市社区和60%的行政村建立家长学校或家庭教育指导服务点"，在"十三五"规划中，这一比率分别提高至90%和80%。可以预见的是，随着家庭教育工作的稳步推进，家长学校将有可能实现城市乡村全覆盖，这为有效开展家庭教育指导服务创造了有利条件。与此同时，家庭教育专业指导服务队伍建设也在稳步推进，"十五"规划中提出"重视家庭教育指导工作队伍建设"，"十一五"规划中提出要"加强家庭教育工作队伍建设，开展家庭教育指导者能力培训，5年内对万名县级以上家庭教育指导者进行培训"，"十二五"规划中提出"推进家庭教育工作队伍职业化建设，壮大专兼职家庭教育骨干力量"，"十三五"规划中提出要"进一步提高家庭教育指导专业化水平。逐步引入专业化的指导服务力量，提升家庭教育指导服务的质量和水平，增强指导服务的科学性和实效性，基本满足普惠性的家庭教育公共服务需求"，国家对家庭教育指导服务队伍建设的要求越来越高，一支职业化、专业化，基本满足普惠需求的家庭教育指导服务队伍正在形成。在家长学校等家庭教育指导服务机构和家庭教育指导服务队伍的支撑保障之下，家庭教育指导服务体系可以说是既搭起了舞台，又请到了演员，逐步向“成功演出”的目标迈进。

4. 开创家庭教育理论研究体系

理论研究是家庭教育工作不断深化、提升的强力助推。自家庭教育工作进入国家顶层制度设计以来，相关理论研究工作逐步得到政府的大力支持与鼓励。1980年，第一个家庭教育研究会——北京市家庭教育研究会成立；1989年，中华全国家庭教育学会成立；此后，各省、市、地、县、区家庭教育研究会陆续成立；2004年，中国家庭教育专业委员会成立，标志着我国家庭教育的研究上了一个新台阶。与此同时，相关研究理论刊物也如雨后春笋般不断出现。1981年第一本家庭教育专业杂志《父母必读》创刊。此后，《家庭育儿》《家庭教育》《幼儿教育》《早期教育》《中华家教》等由国家或省级妇联、教育部门创办的刊物相继创立[①]。家庭教育学科建设逐步成为推动相关理论研究的重要环节。我国教育工作者从20世纪80年代初开始对家庭教育进行科学研究，北师大教育系于1988年率先开设家庭教育选修课，并于1992年设立我国当时唯一的家庭教育硕士研究生点，使家庭教育走上了科学化、学科化发展的道路。此后，家庭教育成为教育学研究的一个新领域，并有越来越多的学者关注、参与研究[②]。专项课题研究也是推动家庭教育相关理论研究的重要引擎。“十三五”规划中明确提出，要确立“十三五”家庭教育重点研究课题，推动将家庭教育重点研究课题纳入国家和地方社会科学基金项目或哲学社会科学研究课题攻关项目。各级家庭教育学会（研究会）、教育学会家庭教育专业委员会、家庭教育指导中心等要加强对研究课题的跟踪指导和管理，提升研究质量和水平，形成一批高质量的研究成果。总体来看，改革开放以来，经过近40年的探索与提升，目前已经形成了“研究学会＋理论刊物＋学科建设＋专项课题”的四轮驱动式家庭教育理论研究体系。

（二）中国家庭教育工作取得的重要成果

自改革开放后党中央和国务院将家庭教育工作纳入法律制定和制度设计中以来，尤其是1996年开始系统制定家庭教育五年规划以来，中国的家庭教育工作稳步推进，有些偏失倾向得到了及时纠正，有些基本观念得到了夯实强化，有些重点

① 邹强．中国当代家庭教育变迁研究．天津：天津大学出版社，2011．

② 厉育纲．关于我国家庭教育学科体系构建与发展的思考．北京青年政治学院学报，2005（1）．

环节实现了重大突破，有些全新领域开展了有益探索，总体上是成功的，收获了许多重要成果。

1. 社会对家庭教育的功能定位和重视程度渐趋理性

梳理自20世纪80年代以来，党中央、全国人大、国务院以及相关职能部门颁布的各类与家庭教育相关的文件，从中可以发现两条主要线索。第一，社会对家庭教育的基本认知和功能定位逐步趋于理性。改革开放之前，受中国社会以政治为纲的大环境影响，家庭教育主要围绕着政治教育展开，家长最为关注的是子女在政治方面的思想动态，甚至出现了政治倾向冲破亲子关系的典型事件。改革开放所推动的思想解放大潮也带动了社会对家庭教育观念的转变，《中国教育改革和发展纲要》(1993) 提出家长要培养子女具有良好的品德和行为习惯，“九五”规划 (1996) 指出家庭教育与社会教育、学校教育密切结合是培养“四有”公民的有效途径，《家长教育行为规范（试行）》(1997) 提出家长要树立为国教子思想、重在教子做人，《关于进一步加强家庭教育工作的指导意见》(2005) 指出家庭教育在未成年人思想道德建设中具有特殊重要的作用，“十三五”规划 (2016) 中明确指出要始终把培育和践行社会主义核心价值观作为家庭教育的核心和根本，突出思想道德教育，在此发展过程中，越来越侧重强调家庭教育的“德育”功能，并且逐步确立了具体的“德育”目标——培育和践行社会主义核心价值观。第二，社会对家庭教育的重视程度越来越高，改革开放以前，受到当时社会政治形势和思想观念的影响，许多家长拼命参加社会主义建设，忽视了家庭生活质量，顾不上对子女进行基本的家庭教育，多数家庭的子女教育处于自发状态。改革开放以来，国家逐渐从社会精神文明建设、教育强国等重大战略层面关注家庭教育相关问题，《九十年代中国儿童发展规划纲要》(1992) 明确将家庭教育作为国家教育工作的重点目标，“十五”规划 (2002) 中提出家庭教育是社会主义精神文明建设的重要内容，《教育部关于加强家庭教育工作的指导意见》(2015) 中指出家庭教育工作的开展关系到孩子的终身发展、关系到千家万户的切身利益、关系到国家和民族的未来，由此可见，家庭教育已被纳入国家顶层制度设计层面的考虑之中，可以说，国家对家庭教育的重视程度已经达到了历史最高水平。

2. 家庭教育法制化进程加速，地方性立法工作率先开局

自家庭教育工作纳入国家教育工作和精神文明建设工作之中以来，制度建设始终作为推进家庭教育工作的重点环节。首先，适时出台《九十年代中国儿童发展规划纲要》、“家庭教育工作五年规划”等阶段性家庭教育工作相关规划，修订《家长

教育行为规范》、“家长学校工作指导意见”等家庭教育相关指导规范已经成为各级妇联、教育部门及其他相关职能部门的规定动作，而且每一份阶段性文件当中都详细规定了相关工作的阶段性目标，制定了严格的终期评估体系，确保了每一项工作都能够从纸面上落到行动上。与此同时，由于这些指导性文件的规范效力有限，因而制定法律条例成为进一步加强家庭教育工作的有力措施。早在“十一五”规划（2007）中就已经提出推进家庭教育朝着法制化方向发展的要求，“十二五”规划（2012）将制定完善家庭教育相关法律政策制度列为推进家庭教育工作的总目标，“十三五”规划（2016）明确将加快家庭教育法制化建设作为家庭教育工作的重点任务，提出推进家庭教育立法进程：全国层面，由全国妇联、教育部协同有关部门全面启动家庭教育法的研究工作，形成立法草案，推动立法进程；有条件的地方可先行先试，推动出台家庭教育地方性法规，为家庭教育事业发展提供法制保障。近年来，我国地方家庭教育立法已经率先起步，如 2016 年重庆市率先出台国内首部地方家庭教育促进条例，《河北省家庭教育条例》《贵州省家庭教育促进条例》分别列入河北省、贵州省人大 2017 年立法计划，《山西省家庭教育促进条例》被省人大常委会列入 2016 年立法预备项目，江苏、四川将家庭教育立法列入省人大立法调研计划，山东青岛市连续 3 年将家庭教育立法列入立法调研项目，辽宁省将《鞍山市家庭教育条例》列入市人大五年立法计划，大连市也计划将《大连市家庭教育条例》列入市人大下一个五年立法规划的备选项目等。地方的立法实践为全国立法积累了经验、奠定了基础。① 2018 年 3 月，“两会”召开期间，全国妇联向全国人大提交《关于将制定家庭教育法列入全国人大五年立法规划的议案》，标志着我国家庭教育工作法制化进程又迈出了坚实的一步。

3. 家庭教育指导服务体系日趋完整，家长学校建设成效突出

推进家庭教育指导服务体系建设也是政府在家庭教育工作方面的又一重要持续发力点。2005 年颁发的《关于进一步加强家庭教育工作的指导意见》中提出要大力发展家庭教育指导机构，2011 年颁布的《中国儿童发展纲要（2011—2020）》提出要将家庭教育指导服务纳入城乡公共服务体系，这一提法对政府在家庭教育工作中的角色有了更高的要求，使家庭教育指导服务体系建设有了持续发展的基础和动力。2012 年开始，中国儿童中心针对当前家庭教育指导服务体系建设状况做了专项调研。该研究指出，管理体制与机制方面，绝大多数省（自治区、直辖市）都建立了省一级家庭教育协调机构，大部分机构的领导由妇联系统领导担任；机构设置

① 贵州省妇联.《贵州省家庭教育促进条例》成功列入贵州省人大 2017 年立法计划. 中国妇运，2017（3）.

方面，形成了以学校家长为主体，多种类型指导服务机构共同参与的机构配置格局；人员队伍方面，基本形成了一支以机构内兼职为主、有较好学历背景的年轻队伍；人才培养方面，多数人员能够通过多种渠道接受培训；经费支持方面，家庭教育工作经费逐步落实，绝大多数省（自治区、直辖市）妇联家庭教育工作经费已纳入政府财政预算；指导服务发展情况方面，“个性化指导”成为家庭教育指导服务的趋势，家长互动、参与的需求增强。[①] 在家庭教育指导服务中，各类家长学校承担了十分重要的角色。改革开放以来，家长学校建设工作取得了突出的成果。1981年，我国第一所家长学校——上海市虹口区长治中学家长学校成立。自此，以中小学（幼儿园）为主体举办的家长学校迅速发展。许多省（自治区、直辖市）的市、县，普遍办起了家长学校。据全国妇联、教育部 2016 年 11 月 24 日在京召开的全国家庭教育工作电视电话会议，目前全国共建有依托幼儿园、小学、普通中学和中等职业学校的家长学校 338 240 所，建校率为 76%。全国共建有城乡社区家长学校和家庭教育指导服务站点 359 656 个，建设率为 59.7%。部分省份家长学校覆盖率已经超过了“十三五”规划中的要求，例如福建全省达到 90%以上，河北省家长学校覆盖率为 80%左右。[②]

4. 家长的家庭教育观念和行为整体逐渐趋好

家庭教育工作开展的成效最终要落实到每一位家长的家庭教育观念和行动上。改革开放以来，随着制定相关政策法律、建设指导服务体系等一系列有力措施的落地，家长的家庭教育观念普遍得到了更新，行为也逐渐趋于理性。全国妇联儿童工作部 2016 年发布的《第二次全国家庭教育现状调查报告》[③] 指出，大部分家长十分重视家庭教育，有 73.1%的家长认为“孩子出现问题总能从父母身上找到原因”，有 85.5%的家长认为“家长做什么比对孩子说什么更重要”。与此同时，家长的家庭教育观念和行为整体状况趋好，体现在：90%左右的父母对未成年人家庭保护的法律法规表示认同，在一定程度上反映了广大家长“知法”；90%以上的父母自我感觉家庭关系良好，感觉“很不好”和“不太好”的比例不足 4%，80%以上的父母觉得自己和孩子快乐，觉得“不太快乐”和“很不快乐”的比例不足 15%；父母对自身教育职责的认识趋于理性，除了认为“培养孩子特长”是“非常重要”的比

① 中国儿童中心. 我国家庭教育指导服务体系状况调查研究. 北京：中国人民大学出版社，2014.

② 教育部关心下一代工作委员会《新时期家庭教育的特点、理念、方法研究》课题组. 我国家庭教育的现状、问题和政策建议. 人民教育，2012 (1).

③ 韩湘景. 第二次全国家庭教育现状调查报告//中国女性生活状况报告 (2016). 北京：社会科学文献出版社，2016.

例不足50%以外，认为其余各项“非常重要”的比较均衡，大部分在70%到80%之间（见表3-2）；人们的生育目的更注重家庭生活充实和自身人生圆满，“传宗接代”“养儿防老”的传统观念已经不再是主流，并且生育孩子的主观、内在需求例如“有孩子家庭生活才充实”“让自己的人生更完美”“喜欢孩子，享受天伦之乐”明显大于为国家、为父母等客观、外部需求；培养目标上，各主要目标按比例高低排序依次为：“敬老爱幼、有家庭责任感”（78.3%）、“身心健康、阳光快乐”（76.1%）、“遵纪守法、诚实守信”（65.7%）、“团结有爱、助人为乐”（47.4%）、“有理想抱负”（46.9%）、“热爱祖国”（42.6%）、“自食其力不啃老”（36.8%）、“事业有所成就”（32.9%）、“勤奋好学的专业人才”（32.3%）、“挣大钱生活富裕”（6.5%）、“有权有势”（4.5%），这表明家长的家庭教育观念与社会倡导的主流价值观念大致是吻合的。

表3-2　　家庭教育中的行为评价　　单位：%

行为	很不重要	不太重要	比较重要	非常重要
培养良好行为习惯	0.8	0.6	17.7	80.9
教孩子明辨是非	0.9	0.9	18.0	80.2
教孩子学会自我保护	0.8	1.6	28.3	69.4
家长以身作则	0.9	1.6	21.2	76.4
创造温馨的家庭环境	0.8	1.4	22.7	75.0
依法履行对孩子的监护责任	1.1	1.3	23.9	73.6
提高孩子的抗压抗挫折能力	0.9	1.7	24.6	72.8
教孩子生活自理	0.8	1.6	28.3	69.4
督促孩子学习文化知识	0.9	1.7	28.8	68.6
培养孩子特长	1.4	7.7	45.6	45.3

（三）当前家庭教育存在的问题和隐忧

改革开放以来，随着社会对家庭教育的重视程度越来越高、政府推进家庭教育工作的决心和力度越来越大，家庭教育工作总体上取得了重大的突破。但是，改革开放后中国社会短时间内经历了飞速变革，近40年间大力发展经济的同时也积累了大量的社会问题。受此影响，我国当前的家庭教育也出现了一系列突出的问题和隐忧。

1. 家庭教育主体地位失落，家长成“助教”

人们所接受的教育主要有三类：家庭教育、学校教育和社会教育，每一种类型对于人的成长而言都是独一无二的，各自发挥着不可替代的作用，三者应该紧密结合、相辅相成。然而，当前社会上却流行着一种“学校教育至上”的风潮，一提到教育就首先想到学校，一提到成长就首先想到分数，在这种错误观念的迫使下，家庭教育放弃了自己的主阵地，转而成为学校教育的附庸和延伸，家长本应该在子女人格培养、品德养成过程中扮演主要角色，却转而成为监督孩子写作业（甚至代替孩子写作业）的“助教”。2017年10月，一条“陪孩子写作业得了心梗”的新闻引发了网友的热议，许多网友纷纷表示有相似经历，陪孩子写作业俨然已经成为当代家长的一大“难关”。《第二次全国家庭教育现状调查报告》显示，除了“和孩子一起吃饭”“和孩子一起聊天”这两项基本生活内容外，“陪孩子写作业”已经成为家长与子女相处的主要方式（见图3-1），经常陪孩子写作业的家长比例高达43.1%，大大高于和孩子一起做家务、游戏玩耍、锻炼身体、读课外书、旅游、娱乐、参与公益活动等选项，换言之，正是陪孩子写作业占据了大量时间而减少了其他活动，家庭已经演变为孩子的“第二所学校”。在此情境下，本应多头并举的教育逐步趋向于学校教育的单一类型，教育演变成了狭隘、片面的分数竞技运动，家长的目光也完全被吸引到“如何提高孩子分数”这一问题上，而忽视了对子女学习之外其他能力和素质的培养。家庭教育与学校教育相比，应该具有更大的灵活性和创造性的空间，但是当家长们纷纷当起了子女的“助教”，由此便造成了子女与家长的对立和子女的反感情绪，极大地阻碍了家长与子女之间的有效沟通，社会在把家长变成“助教”的同时也使其成了子女“最讨厌的人”。家庭教育的地盘一再被压缩，其低效甚至无效可想而知。有专家形容家庭教育的现状正是“种了别人的地，荒了自己的田”。

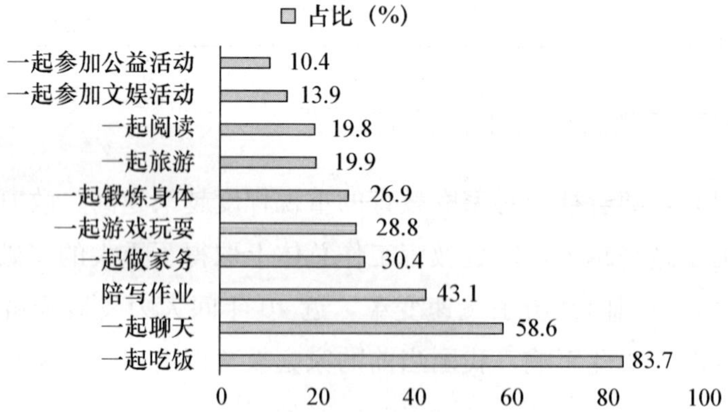

图3-1　家长与孩子经常一起做的事

2. 家庭教育价值目标偏失，焦虑心态普遍、功利色彩蔓延

“十三五”规划中明确提出，要始终把培育和践行社会主义核心价值观作为家

庭教育的核心和根本，突出思想道德教育，引导儿童树立正确的世界观、人生观、价值观，养成好思想、好品格、好习惯，努力成长为有知识、有品德、有作为的新一代社会主义合格建设者。我国传统的家庭教育也强调以德为本。然而，一段时期内以学习成绩为主要衡量标准的社会氛围极大地增加了家长对子女学习成绩的关注度，同时造成家长对子女品德的关注也逐渐失位，家庭教育的价值目标设定显然已经走偏。《第二次全国家庭教育现状调查报告》显示，家长对子女学习成绩的关注（50.4%）远高于对子女思想品德的关注（27.7%）（见图 3－2）。另有调查指出，目前绝大多数家长对子女的学业期望值很高，“望子成龙，望女成凤”仍然是教育孩子的主要目标。虽然选择为了孩子“将来能够生活幸福”的家长比例占了接近三分之一（32.34%），但选择“将来成为优秀人才”“能在激烈竞争中不被淘汰”“考上好大学”“为父母增光”的人数加起来则达到了 63.69%。过度关注孩子“成才”而非“成人”的家庭教育目标的偏离，使不少家长落入重生理轻心理、重智育轻德育、重物质满足轻精神需求、重智力因素轻非智力因素的误区。[①] 家长们由于选错了目标，再加上社会整体环境的熏染，一个自然而然的结果就是在家庭教育问题上失去了“定力”，而陷入持续焦虑的困境之中。据中国儿童少年基金会与北京师范大学教育学部家庭教育研究中心合作开展的 2014 年、2016 年两次全国性家庭教育调查统计，超过一半的家长在考虑孩子学习、成长的问题时，心理上呈现出中等以上焦虑情绪，这使得儿童的家庭教育环境变得紧张而敏感。于是，疯狂给孩子报各类补习班、兴趣班就成了缓解焦虑情绪的主要招数。孩子在结束紧张的学校学习后却要投身于更紧张的补习班、兴趣班学习之中，功利思想、焦躁情绪从家长传递给子女，最后导致了“5＋2≤0”的不良后果。更关键的是，家庭教育忽视了“德育”目标，使得本就乏力的道德教育状况“雪上加霜”。改革开放以来，我国的道德建设遭到愈加严峻的挑战，家庭由于在道德教育方面所具备的独特优势，理应帮助青少年树立道德信仰、铸牢道德防线，但是，在家长注意力已经被子女的学习成绩所吸引的情况下，家庭教育未能担负起孩子的思想品德教育的重任。

3. 家庭教育的内容设置失本，重学习轻素质、重知识轻品德倾向严重

由于家庭教育变成了学校教育的附庸，“德育”目标让位于家长对子女学习成绩的关注，因此在家庭教育的内容设置上，呈现出成绩提高压倒素质提升、知识教育压倒品德教育的倾向。上海社科院社会学研究所和苏州市教育局联合开展的“家

① 张琳，陈延斌．当前我国家风家教现状的实证调查与思考．中州学刊，2016（8）．

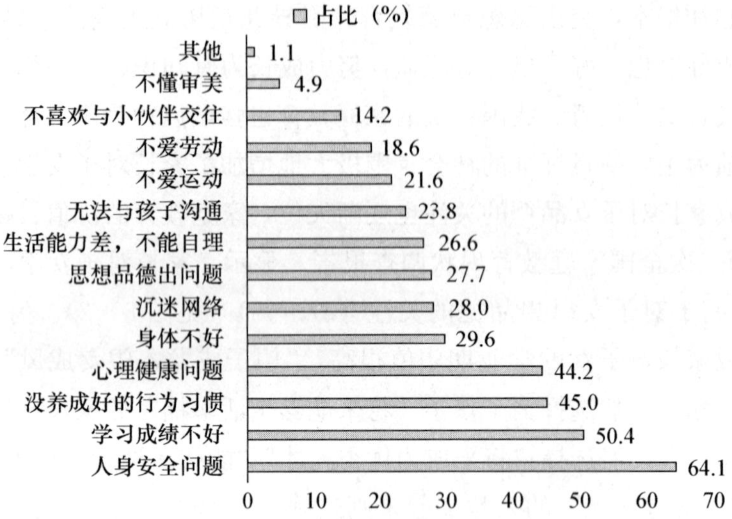

图 3-2　家长最担心的问题

庭教育态度与行为调查”显示，“学习和考试”依然是半数家长和孩子交流的主要内容，并在孩子进入初中后达到峰值，远超过其他话题；相比之下，代际之间交流其他内容如“做人和品行”“生活起居”“交友和情感”等比例要低很多（见表 3-3）。这一数据表明，相比于素质提升和品德教育，家长将更多的精力投入到对子女的成绩提高和知识教育中。另外一份《当前我国家风家教现状的实证调查与思考》也印证了这一结论。在被问到“当前中国的家庭教育主要存在哪些问题”时，各选项依照比例高低顺序依次为：“家长与孩子沟通少”（15.05%）、“过度保护”（14.42%）、“重视知识轻视能力培养”（13.55%）、“重智轻德”（12.07%）、“重视身体健康忽视心理健康”（9.60%）、“家长忽视自身学习与发展”（8.23%）、“家庭教育以辅导课程为主”（7.15%）、“重视言教忽视身教”（6.62%）、“过度严厉”（5.95%）、“忽视家风建设”（5.09%）、“重视营养忽视保健”（2.70%），其中“重视知识轻视能力培养”“重智轻德”“家庭教育以辅导课程为主”反映了相似的问题，加起来的比例超过了 30%，俨然已经成为大家广泛担忧的最主要问题。导致重生理轻心理、重智轻德、重成才轻成人的原因中固然应试教育难辞其咎，但市场经济的负面影响、竞争压力加大等也是不容忽视的因素。另外我们也可以发现，在家长的教育观念和教育行为之间也存在一定的张力：许多家长都已经意识到家庭教育中存在的重智轻德倾向，但是家庭教育的内容却仍然还是以知识教育为主，这映衬出当前我国教育事业的一个严峻现实：尽管全社会的教育观念已经出现了重大转折，但是在教育实践层面，“唯知识论”“唯分数论”的教育模式的惯性仍然强大，需要付出极大努力才能扭转方向。

表 3-3　　家长和孩子交流的主要内容　　单位：%

交流主体	交流时间（以孩子为基准）	交流内容						
		学习和考试	做人和品行	生活起居	交友和情感	人身安全	兴趣和特长	其他
家长	（1～3 年级）	49.3	18.1	13.3	9.3	7.1	2.5	0.3
家长	（4～6 年级）	49.6	22.8	11.1	7.3	6.2	2.4	0.4
家长	（初中）	58.3	17.7	9.2	4.8	7.5	1.7	0.8
家长	（高中）	47.5	18.7	14.4	9.1	7.3	1.7	1.3
孩子	（4～6 年级）	44.1	21.2	10.8	7.5	10.9	3.9	1.5
孩子	（初中）	51.3	18.9	12.5	5.9	7.1	2.3	1.9
孩子	（高中）	46.2	16.1	18.1	8.4	6.5	1.7	2.9

资料来源：杨雄，魏莉莉．家庭教育需求与理念的代际比较．青年探索，2017（4）．

4．家庭教育的方式方法失当，父亲参与率偏低、示范教育不够

给予子女以适当的家庭教育在当下看来是一道不折不扣的难题，这是因为家庭教育不仅需要家长充分的参与，而且需要家庭掌握合理的方式方法，这正是摆在当前大部分家长面前的主要挑战。由于中华人民共和国家庭教育事业发展历程较短，而且改革开放以来积累了大量社会问题，导致当前家庭教育工作陷入一个极大的困境之中——家长有着极高的参与热情，但是往往“好心办了坏事”。首先，一个突出的问题就是在家庭教育中，父亲参与率严重偏低。据《第二次全国家庭教育现状调查报告》显示，“母亲为主”“父亲为主”的比例分别为 40%和 12%（见图 3-3）。《当前我国家风家教现状的实证调查与思考》也显示，“父母共同承担”孩子平时教育任务的为 38.36%，由“母亲”承担孩子教育任务的占 32.43%，“父亲”承担孩子教育任务的占 16.56%，“爷爷奶奶”或“外公外婆”承担孩子教育任务的占 11.24%。这种“父亲缺席”的家庭教育模式一定程度上与中国传统社会“男主外，女主内”的家庭分工模式相契合，但应该看到，这一模式有其固有的弊端，而且已经很难适应当前的家庭教育需求。有研究指出，父亲对于孩子的发展，尤其是对于其自我认同具有重要的作用：父亲帮助孩子从心理上与母亲分离，教他们控制自己的冲动，学习各种规范和规则，同时还能中和母亲因过度情绪化而造成的教育失当。[①] 总而言之，父亲在家庭教育中的作用同样独特而不可或缺。因而，父亲参与率偏低是一个亟待解决的问题。其次，能够以身作则的家长仍旧偏少，家长的示范效应仍有待加强。《第二次全国家庭教育现状调查报告》显示，在父母认为家务劳动能力“很好”的孩子中，父母经常与孩子一起做家务的高达 61.4%，而没有一起

① 张亮，徐安琪．父亲参与研究：态度、贡献与效用．上海：上海社会科学出版社，2008．

做的只有 2.3%。与此同时，能够真正做到经常与孩子一起做家务的家长比例却不到 30%。“说教为主，示范为辅”的现象比较突出。再次，仍有部分家长崇尚权威式教育，忽视对子女权利的尊重和保护。2015 年 11 月，新浪网发起的一项“你认为自己受到的家庭教育主要有什么问题”网络调查显示，有 41.80%的网友认为对孩子权利的漠视和侵犯是主要问题（见图 3－4）。此外，家长对相关知识的学习和掌握程度不够也是一个突出问题。《第二次全国家庭教育现状调查报告》数据显示，70%左右的家长表示对各类儿童成长的相关法律“不知道”“只听过”，只有不到 10%的家长认真学习过。与此相对应，有 47.4%的家长表示，在教育孩子时经常遇到困难不知道采用什么方法解决。由此可见，家长自身的综合素质和教育能力是制约家庭教育发展的重要因素。

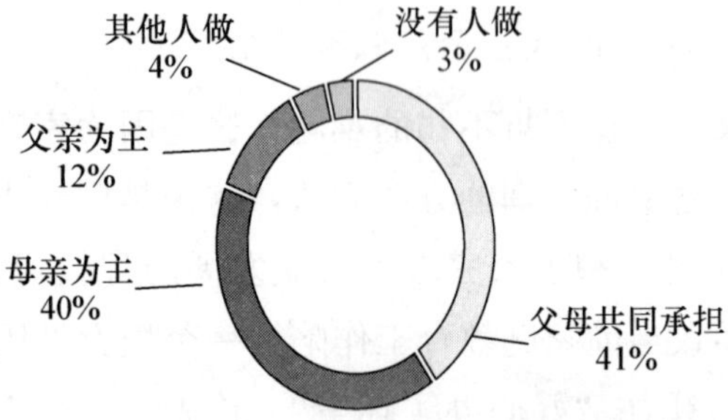

图 3－3　家庭教育分工情况

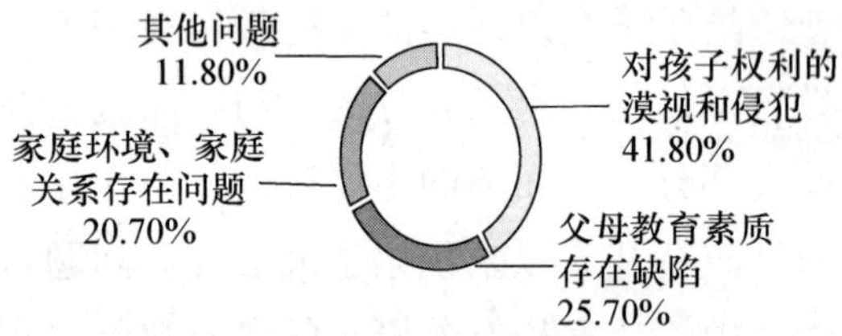

图 3－4　子女认为家庭教育的主要问题

5. 家庭教育的指导服务缺失，专业人员素养、指导服务水平有待提升

正是因为广大家长在家庭教育观念和行为上存在着许多误区，所以建设一个普遍可及、科学高效的家庭教育指导服务体系就显得尤为重要。如前所述，当前中国正在建设一个以家长学校为主阵地、以专业指导队伍为主体的家庭教育指导服务体系，然而，从现实情况来看，这一体系建设收效甚微。总体上，家庭教育指导服务搭了舞台、请了演员，但带来的精彩表演仍旧稀缺。首先，家庭教育指导服务的组织管理体系虽已基本建成，但是由于缺少经费等问题，人们常常“心有余而力不足”。中国家庭教育学会、全国妇联儿童工作部、中国儿童中心联合发布的《我国家庭教育指导服务现状调查报告》显示，90%以上的省（自治区、直辖市）妇联家庭教育工作经费纳入政府财政预算，多数省（自治区、直辖市）有专项经费和自筹经费，但是总体费用偏少，2011 年经费超百万元的只有 2 个省（自治区、直辖市），按各省（自治区、直辖市）未成年人口数平均计算，除上海外其他省（自治区、直辖市）人均皆不足 1 元；从基层经费来源看，经费需要自筹的占所有家庭教育指导服务经费的将近六成。据 12 个省（自治区、直辖市）的调查数据，各省（自治区、

直辖市）都建有家庭教育工作领导小组等协调机构，省级协调机构第一负责人是省政府或省委领导的有 4 个，是妇联领导的有 8 个，常务负责人是妇联领导的有 11 个，日常办事机构设在妇联的有 12 个。从目前妇联自身的情况来看，12 个省（自治区、直辖市）妇联中 11 个省（自治区、直辖市）没有独立的家庭教育工作机构，家庭教育工作只是儿童部的一部分职能，3 个省（自治区、直辖市）没有专职人员，最多只有 4 人，平均只有 1.6 人。由于缺乏财力和人力的支撑，看似完整的组织管理体系大多数时候都只是“花架子”“空壳子”。其次，缺乏专业的指导服务人员，相应的培训体系尚不健全。从指导服务实施机构来看，有 48.7%的机构无专职指导服务人员，人员队伍以“新手”居多，管理者承担家庭教育指导的组织管理工作年限不长，近 60%不超过 10 年，指导者从业时间不超过 6 年的达 71.3%。另有调查指出，指导服务人员大多以自学方式进行继续学习，仅有三分之一的指导服务人员可以接受外界提供的继续教育。从师资培训机构看，以“其他公办机构”为最多（31.9%），培训机构散落在机关、大学、科研机构、民办教育机构、学术团体、其他企事业单位，比例不足 10%。无论是妇联系统组织的培训还是民办社会机构提供的培训，基本都是短期培训，没有规定的教材和固定的师资队伍，缺乏系统的家庭教育理论培训。再次，从家长所接受道德专业指导服务来看，目前家庭教育指导服务的内容设计仍存在偏差。《3～6 岁幼儿家长接受家庭教育指导的现状研究》[①]显示，幼儿园对于指导家长教养儿童知识能力的方面均有涉及，但却有轻重之分：儿童营养健康相关知识占 82.75%，儿童学习与智力开发相关知识占 34.26%，关于如何帮助幼儿养成良好的行为习惯的知识只占到 8.73%。而在社会组织及政府提供的指导服务中，这三部分知识的比例依次为：60.61%、30.30%、9.09%。由此可见，无论是哪种指导服务机构，家庭教育道德教育指导服务在其中所占的比例都是最少的，这既反映了当前教育重知识轻品德的现状，又在一定程度上加深了家长对家庭教育的误解。

6. 家庭教育资源配置存在一定失衡，贫困地区、特殊家庭问题有待解决

家庭教育是国家整体教育事业的一个缩影，教育资源分布的城乡差异、地区差异问题在家庭教育领域尤为突出。受限于各地区的经济发展水平，家庭教育工作的推进力度表现出了明显的地区差异。以《我国家庭教育指导服务体系状况调查研究》中统计的家庭教育划拨经费为例，北京、上海等发达地区每年用于家庭教育的专项工作经费明显多于广西、贵州等欠发达地区（见表 3－4）。从未成年人平均经

① 许月．3～6 岁幼儿家长接受家庭教育指导的现状研究．石家庄：河北师范大学，2017.

费来看，上海市是黑龙江省、河南省的200多倍，差距之大令人震惊。此外，在同一地区的城市与乡村之间，家庭教育资源的分配也存在巨大差异。《我国家庭教育指导服务体系状况调查研究》指出，在经济欠发达地区和农村运作比较困难。广东和云南都反映了这种情况。云南由于受地理位置、经济条件的限制，城乡差别较大，家庭教育工作呈现出城镇好于农村的状况。城镇各学校之间、城镇与农村之间，存在家庭教育工作发展不平衡的现状。另外，目前我国的家庭教育工作仍处于"大水漫灌"的形态，对留守儿童、流动儿童、贫困儿童、重病儿童、重残儿童等特殊困境儿童家庭教育工作缺乏妥善的安排，政策制定和方案实施的针对性方面有待加强。以农村留守儿童为例，根据《中国2010年人口普查资料》样本数据推算，全国有农村留守儿童6 102.55万，占农村儿童37.7%，占全国儿童21.88%。与2005年全国1%抽样调查估算数据相比，五年间全国农村留守儿童增加约242万。① 调查研究显示，有80%的农村留守儿童被迫接受畸形的家庭教育，即单亲教育或隔代教育。目前来看，单亲教育是阻碍儿童正常人格形成的直接原因。隔代教育，则由于过度溺爱，过度放任孩子，代际及沟通困难等问题，造成许多农村留守儿童沾染恶习，难以养成良好的生活学习习惯，在交往中缺乏人际沟通能力，在行为举止上缺乏文明和礼貌。② 近几年来出现的关于农村留守儿童的恶性事件也引起了社会的广泛关注，但是针对这一"社会病"，到目前为止似乎还没有开出标本兼治的药方。

表3-4　　2011年省级家庭教育经费情况

省（自治区、直辖市）	未成年人数（万人）	地方财政预算（万元）	财政专项经费（万元）	妇联自筹经费（万元）	其他经费（万元）	合计（万元）	未成年人均（元）
江苏	1 500	156	52	76	0	284	0.19
广西	1 278	5	5	15	0	25	0.02
重庆	608	15	35	0	0	50	0.08
天津	190	50	50	15	0	115	0.61
上海	147	201	141	17.4	1.1	360.5	2.45
山东	1 700	20	20	98	0	138	0.08
贵州	1 300	10	10	0	0	20	0.02
广东	2 200	50	500	200	200	950	0.43
北京	300	65	65	80	0	210	0.7
云南	130	50	50	5	5	110	0.85

① 全国妇联．我国农村留守儿童状况研究报告．(2014-09-04)．http://gongyi.sohu.com/20140904/n404065868.shtml.

② 郭晓霞．农村留守儿童家庭教育缺失的社会学思考．教育探索，2012 (2).

山西	770	0	0	4	225	229	0.30
河南	2 389	20	0	0	0	20	0.01
四川	2 100	50	50	10	0	110	0.05
安徽	1 500	10	10	0	25	45	0.03
黑龙江	800	0	0	0	4	4	0.01

三、加强和改进家庭教育的对策与建议

2017 年中央文明委下发了《关于学习贯彻习近平总书记在会见第一届全国文明家庭代表时重要讲话精神的通知》，要求各级组织认真学习，准确把握习近平重要讲话精神深刻内涵并积极落到实处。同时，中央文明委印发了《关于深化家庭文明建设的意见》，指出了深化家庭文明建设的重要意义、指导思想和基本原则；提出以培育和践行社会主义核心价值观为根本，以文明家庭创建活动为载体，发挥家庭教育的基础作用等建设性的意见。家庭教育重在建设。

（一）深入推进教育改革，牢固确立立德树人的总目标

家庭教育具有非常明显的随附性：什么样的人能够在社会上发展得好，家长就会选择以此作为子女的成长目标。例如，当前互联网技术飞速发展，因而在子女的职业选择上，许多家长早已提前圈定了 IT 行业。由此而带来一个不可避免的问题，不健康的社会人才观和发展观也会直接导致家长不健康的家庭教育观。改革开放近 40 年来以经济建设为中心的发展历程大大激发了社会对人才的需求，但与此同时对精神文明建设的轻视甚至忽视也引发了一系列严重的后果。20 世纪 80 年代以来，分数至上的应试教育开始在中国社会大行其道，无数家长和子女受唯成绩论的裹挟。各类补习班、兴趣班闻风而起，大肆渲染“不要让孩子输在起跑线上”“再穷不能穷教育”的紧张氛围，增加家长的焦虑情绪，误使许多家长以为多给子女报几个辅导班就是尽到了教育子女的主要责任。在社会缺乏正确价值引导，学校推崇分数至上，家长焦虑不安、盲目行动，其他教育机构趁风而起、推波助澜等多方共同作用之下，高分低能、德不配才的现象逐渐凸显，人们逐渐意识到教育事业的整体危机，由应试教育到素质教育的转机随之出现。

家庭教育与社会教育、学校教育一道构成了完整的教育体系，社会教育、学校教育的观念、思路、行动作用于子女的同时也作用于家长，尤其是许多家长将学校教育奉为圭臬，常常自觉或者不自觉地向学校教育对标。这一客观存在的事实提醒我们，要彻底根除家庭教育的错误导向，促进家庭教育健康发展，就不能仅仅在家

庭教育上做文章，而是要统筹教育全局，深化教育改革，将正确的教育观念贯穿于教育的各个环节，促使家庭教育、学校教育、社会教育在正确思想的引导下，各自做好“分内之事”，密切配合形成统一战线。实践证明，由于学校教育的专门性和专业性，它常常充当整个教育事业的“牛鼻子”，只有学校教育选准、选对了“指挥棒”，家庭教育、社会教育才能稳步健康发展。因而，推行以学校教育改革为主的教育体制机制改革，是走出当前教育事业整体危机的根本措施。2017 年中央全面深化改革领导小组第三十五次会议审议通过了《关于深化教育体制机制改革的意见》。会议指出，深化教育体制机制改革，要全面贯彻党的教育方针，坚持社会主义办学方向，全面落实立德树人根本任务，构建以社会主义核心价值观为引领的大中小幼一体化德育体系，注重培养学生终身学习发展、创新性思维、适应时代要求的关键能力，统筹推进育人方式、办学模式、管理体制、保障机制改革，使各级各类教育更加符合教育规律和人才成长规律，更能促进人的全面发展，着力培养德智体美全面发展的社会主义事业建设者和接班人。根据《关于深化教育体制机制改革的意见》的要求，教育的根本任务是立德树人，这也就是我们强调的家庭教育、学校教育、社会教育这一统一战线所应秉持的根本目标。于学校教育而言，要把构建以社会主义核心价值观为引领的德育体系排在所有工作的首要位置。因此，学校教育应该把品德教育挺在最前面，扭转重智轻德的错误导向，当好教育战线的擎旗者。与之相应，家庭教育是品德教育的主战场，在全面落实立德树人根本任务、全面推行素质教育、全面深化教育改革的良好势头下，家庭教育更应当回归本位、尽好主责，充分认识自身定位和主要功能，充分发挥基础性、灵活性、持久性、深刻性等独特优势，充分担当为人民幸福、国家富强、民族复兴培育社会主义事业建设者和接班人的时代使命。

（二）优化组织管理体系，推动家庭教育工作加码升级

家庭教育工作是一项系统工程，需要有蓝图——家庭教育工作中短期规划，有工程师——家庭教育指导服务体系，有建筑材料——家庭教育资源保障体系，有施工队——家庭教育的主体即广大家长，当然，更重要的是要有一个高效的机制将蓝图、工程师、建筑材料、施工队捏合起来，统筹协调各个关节，这就需要建立一个结构完整、运行良好的组织管理体系。如果我们把家庭教育工作组织管理体系比作一辆汽车的话，那么目前这辆汽车的改进空间至少有以下几个方面。

首先是要配备强劲引擎。从现状来看，国家层面还没有建立起专门的家庭教育领导机构，家庭教育仅仅是全国妇联家庭和儿童工作部诸多职能当中的一项，教育

部并没有明确的主管家庭教育工作的机构；地方层面虽然普遍建立了省级家庭教育领导协调机构，但是这一机构的大部分负责人都是省级妇联的领导，日常办事机构都设置在省级妇联，而且只有极少数的省级妇联拥有家庭教育工作独立机构，许多省级妇联甚至没有负责家庭教育工作的专职人员。妇联作为一个群众团体，由于其职能和拥有的资源很难全面担当领导家庭教育的责任。教育部门没有家庭教育的内设机构，只在有关部门的职能中附带此项工作，实际工作处于可有可无、可多可少、可做可不做的状态。目前各地教育部门和学校的家庭教育工作的开展情况，基本上取决于领导者的认识和重视程度。现阶段我国的家庭教育工作是一项尚未成熟的社会公共事业，只有中央党政部门才能承担起推进全国家庭教育的重任，仅中央某一行政机构，尤其是社会团体性质的机构是无力负责的。因此建议在国家层面由中央牵头，统筹全国妇联、教育部及其他部门相关职能，成立全国家庭教育工作领导协调机构，办公室设在国务院办公厅或教育部，统一领导全国家庭教育工作。地方层面，各省级家庭教育工作领导协调机构的负责人建议由分管教育工作的副省长担任，办公室设在省级政府办公厅或省级教育部门，同时要向基层延伸，相应建立起市一级和县一级的家庭教育工作领导协调机构，从而保证家庭教育工作有人管、管得动、动得勤。

其次是要提供充足燃料。就各地家庭教育工作开展的现状来看，普遍存在经费投入过少的问题，许多地方甚至没有开展家庭教育工作的专项经费。如果没有充足的燃料供应，那么再强劲的引擎系统也只能是花架子、空壳子。因此，要着重从经费投入、资源倾斜方面解决“引擎空转”的问题。各级政府要将家庭教育工作经费纳入财政预算中，制定专项经费使用规范，确保专款专用。各家庭教育工作相关职能部门要探索“政企合作”的新模式，对部分优质家庭教育资源实行政府集中购买、统一提供、普遍受惠，同时为一些从事家庭教育工作的社会公益性组织提供政策支持。在确保家庭教育基础资源无偿开放，确保公益性的前提下，对部分非基础性的家庭教育资源实行有偿提供，营收所得用于进一步强化基础资源。在办好公益性质的家庭教育指导服务机构的基础上，允许部分私营教育培训机构拓展家庭教育功能。在设立和逐年增加家庭教育专项经费的基础上，多渠道筹措经费，鼓励社会力量捐资。要建立严格的经费使用管理考核制度，加强对经费使用的监督和指导，确保经费使用规范、安全、高效。

（三）完善指导服务体系，引导家庭教育逐步规范化、专业化

家庭教育指导服务体系建设是各级政府推进家庭教育工作最切实可行而又易于

见效的着力点，要牢固把握普遍可及、基本均等、规范专业的原则，推动家庭教育指导服务体系实现质的提升，满足广大家长的迫切需要。党的十九大报告做出重大论断，当前我国社会的主要矛盾已经由“人民日益增长的物质文化需要同落后的社会生产之间的矛盾”转化为“人民日益增长的美好生活需要和不平衡不充分的发展之间的矛盾”。将这一论断化用在家庭教育指导服务体系建设上，我们也可以做出一个基本判断，当前家庭教育指导服务体系的主要矛盾已经由“广大家长基本的家庭教育需要同滞后的家庭教育指导服务体系建设之间的矛盾”转化为“广大家长日益增长的家庭教育需要同家庭教育指导服务体系建设不充分不均衡之间的矛盾”。

目前，全国家长学校及其他家庭教育指导服务点的覆盖率尚不足70%，部分偏远地区的覆盖率更低，离实现家庭教育指导服务全覆盖还有一定距离，各级政府要加大对家长学校建设的支持力度，尤其要高度关注薄弱地区，以钉钉子的精神逐年推进，争取早日实现全覆盖。另外，目前我国的家庭教育指导服务机构类型比较单一，基本上以各中小幼学校里设立的家长学校为主，其辐射影响的人数毕竟有限。各级政府可以鼓励工厂企业等单位依托工会、妇联组织开设家长学校，满足本单位职工家庭教育需求。针对部分目前还无法建立固定家长学校、实现全覆盖的地区，可以设立流动家长学校，变“家长找学校”为“学校找家长”，开展主动送服务活动。重视网上电子学校建设，增加运营管理力度，及时了解家长需求，提高信息推送频率和精准度。

家庭教育指导服务工作具有较高的专业性，需要指导服务者掌握一定的教育学、心理学、管理学、法学、哲学等相关知识。就目前现状而言，大部分家庭教育指导服务机构从业人员还远未达到要求，其主要原因在于家庭教育指导服务行业还没有形成完整成熟的准入、培训、考核、上岗、淘汰全过程管理机制。因此，要依托各级相关职能部门和家庭教育学会（研究会），尽快建立家庭教育指导服务人员全过程管理机制，保证从业人员的基本素养。尤其是要加大力度建立培训体系、制定培训方案、编写培训教材，确保新从业者先培训再上岗、已上岗者规定时间内完成轮训。要吸纳一部分专家学者、道德模范、杰出青年、“五老”（老干部、老战士、老专家、老教师、老劳模）人员担任兼职培训师或一线指导者，切实提高从业人员的专业素养。

家长学校等家庭教育指导服务机构要克服工作的盲目性、随机性、被动性，统筹制定详细的预期目标、学期安排、课程设置、重点任务等指导服务方案，做到统一有序、稳步推进。相关职能部门要加强对家长学校的管理，不能“一唱了之”，要定期抽查工作质量，定期总结评优推优，重点扶持一批家长学校示范点，同时要设置红线，对于不合格的要及时整改。要积极拓展家庭和社会的教育资源，为家庭教育指导服务机构提供制度、设备、物资、条件等保障，不断提高家庭教育的指导和服务水平，满足不断增长的家庭教育需求。相关职能部门要对各种家庭教育的读物、音像制品和社会举办的各类市场化的家庭教育机构、活动及其产品，进行专业评估、鉴定和检查监督，会同政府有关部门进行标准化管理，引导家庭教育的消费市场健康发展。要尽快改变我国家庭教育理论研究滞后和学科建设薄弱的状况，动员和组织各方面的力量，开展国家级的家庭教育系列重点课题研究，加快构建具有中国特色的家庭教育学术理论体系、学科体系和实践指导理论体系。

（四）建立基本保障体系，着力保基本、建机制、补短板

家庭教育工作的开展始终遵循着一条基本原则，那就是要不断适应社会对家庭教育的新期待和新要求。随着我国家庭教育工作不断向纵深推进，一些过去被忽视的问题也逐渐凸显。在家庭教育需求不断趋向个体化的大背景下，留守儿童、流动儿童、贫困儿童、残障儿童、单亲家庭等特殊儿童和特殊家庭的家庭教育问题的解决愈发刻不容缓。例如，单亲家庭的子女由于家庭架构的不完整更容易出现性格问题和心理问题，这就要求家长的教育避开一定的雷区，增强针对性。再例如，对于残障儿童的生活照料和精神抚育，家长需要掌握一定的医学、心理学知识。对于这些特殊儿童、特殊家庭所催生出来的特殊家庭教育需要，必须采取特殊措施。各级政府要将特殊家庭教育纳入家庭教育整体工作规划之中，为其留出经费、留出人力、留出政策空间。

针对残障儿童、单亲家庭等家长有教育意愿和基本能力，但是却缺乏基本知识的情况，要建立一个特殊家庭教育指导服务体系，在特殊教育学校设立家长学校，逐步实现全国普遍覆盖，保证每个县级行政区至少有一所特殊家庭教育指导服务机构。要推进特殊家庭教育相关理论研究，推动建立一支特殊家庭教育指导服务专业队伍。针对留守儿童、流动儿童、贫困儿童等家长缺乏基本教育能力的情况，要实时关注这些儿童的成长状况，避免出现因“学前无人管、课后无人管”而导致的“烤火身亡”等悲惨事件；要快速建立基本的照看养护机制，组织专门力量定期开展陪护活动；要逐步建立留守儿童、流动儿童、贫困儿童看护中心，保证他们有专业人士看护；要引导社会当好他们的家长，大力支持社会公益团体举办各类爱心活动；最根本的是，要消除异地就学的重重障碍、加快脱贫攻坚和就地城镇化的进程，让这些特殊儿童回到家长身边。

（五）总结推广地方家庭教育工作的成功经验

在党中央、国务院的统一带领下，全国妇联、教育部连同其他相关职能部门，统筹推进我国的家庭教育工作。但是由于各地区在经济发展水平、公共服务水平、文化建设水平等多方面存在差距，因而家庭教育工作也表现出地区间的极大差异。部分省（自治区、直辖市）高度重视、积极探索，努力推动家庭教育工作取得了一系列成果。总结这些优秀的经验有助于后进地区获得启发，从而促成全国家庭教育工作整体迈上更高水平。

1. 积极推进家庭教育法制化建设

近年来，我国地方家庭教育立法已经起步，如 2016 年重庆市率先出台国内首部地方家庭教育促进条例，《河北省家庭教育条例》《贵州省家庭教育促进条例》分别列入河北省、贵州省人大 2017 年立法计划，《山西省家庭教育促进条例》被省人大常委会列入 2016 年立法预备项目，江苏、四川将家庭教育立法列入省人大立法调研计划，山东青岛市连续 3 年将家庭教育立法列入立法调研项目，辽宁省《鞍山市家庭教育条例》列入市人大五年立法计划，大连市也计划将《大连市家庭教育条例》列入市人大“十三五”规划立法备选项目等。[①] 这些地方的立法实践无疑为全国家庭教育立法积累了宝贵的经验、奠定了坚实的基础。

以《重庆市家庭教育促进条例》（以下简称《条例》）为例，该《条例》在市四届人大常委会第二十五次会议上通过，于 2016 年 9 月 1 日起实施，旨在为重庆市家庭教育提供法律规范。《条例》共七章四十四条，明确了家庭教育的定义、原则、目的与内容，规定了父母的主体责任，落实了政府的推进职责，明确了学校的指导责任和社会的参与责任，赋予了未成年人投诉、求助和报警的权利，规定了不当家庭教育行为需承担的法律责任。《条例》还明确了妇联和教育行政部门负责指导、推进，相关部门各司其职，共同做好家庭教育工作的职责。

政府应当积极推动家庭教育立法，促进家庭教育工作走上制度化、法治化建设轨道。唯有以完备的家庭教育政策法律体系作为解决家庭教育问题的重要保障和基础，以刚性的法规条款作为家庭教育工作开展的有效支持与指导，如此才更有益于解决家庭教育意识停滞不前、家庭教育落实无法可依、家庭教育管理相互推诿等工作乱象。

2. 优化组织管理体系，加大经费支持力度

自 20 世纪 90 年代以来，河北省教育厅连续下发河北省中小学《家长学校教学

---

① 贵州省妇联.《贵州省家庭教育促进条例》成功列入贵州省人大 2017 年立法计划. 中国妇运，2017（3）.

工作指导意见》《家长学校评估方案》《关于进一步加强中小学、幼儿园家长学校工作的意见》等文件，对全省家长学校的发展起到了重要的推动作用。2013年，广东中山市妇联、市教育局、市卫生和计划生育局联合制定了《中山市家庭教育指导服务体系试点工作实施方案》并认真实施，将家庭教育指导服务纳入城乡公共服务体系，纳入经济社会发展的总体规划。近年来，中山市以构建覆盖全市城乡的家庭教育指导服务体系为战略目标，以健全党政领导、妇联和教育部门主抓、多部门合作、社会力量共同参与的工作机制为着力点，以向城乡家庭提供普惠性、公益性的家庭教育指导服务为根本点，以提高家庭教育指导服务水平和提升家长教育素质为核心，结合家庭教育工作实际，积极实践，大胆探索，让中山市广大家庭普受惠、长受惠。中山市在“十二五”期间构建的家庭教育“中山模式”为全市的“十三五”家庭教育规划的制定提供保障、打下根基，提供良好的指引。① 结合河北省与广东中山市关于组织开展家庭教育的工作经验，在政府主导优化组织管理体系，加大经费支持的主要任务中，探索出如下三点宝贵经验：

（1）建立健全家庭教育工作组织管理机制。发挥政府主导作用，建立健全家庭教育组织管理机制，落实相关法律法规，支持与促进全国家庭教育工作的全面深入。

（2）设立家庭教育工作专项基金。将家庭教育工作经费和事业发展经费纳入中央和地方财政预算，用于开展培训、组织研究、建设阵地、表彰先进等多项工作，积极推动全国家庭教育建设与普及工作的进行。同时，政府通过公共财政补助农村背景等弱势家庭的学生。

（3）动员社会力量补充资金来源。教育部门和中小学、幼儿园积极引导多元社会主体参与家庭教育指导服务，利用各类社会资源开展家庭教育指导和实践活动，扩大活动覆盖面。依托青少年宫、儿童活动中心等公共服务阵地，为城乡不同年龄段孩子及其家庭提供家庭教育指导服务。发掘多渠道经费来源，鼓励和支持有条件的机关、社会团体、企事业单位为家长提供及时便利的公益性家庭教育指导服务，广泛号召社会力量为特殊弱势家庭提供资金投入以及必要的生活、教育等方面基础物资。

3. 拓展宣传普及渠道，开展特色实践活动

各地区灵活借助各类媒体资源，纷纷搭建家庭教育线上服务平台，开展各类特色家庭教育宣传普及活动。辽宁省妇联通过网上家长学校、官方网站、“巾帼秀辽宁”微信、微博等新媒体平台，开展“晒家风家训”“晒亲子活动美好瞬间”等活

① 2016年6月中山市代表在“我国家庭教育指导服务体系研究”研究成果发布会上所做的经验发言。

动。沈阳市开办“微信家长学校”，大连市开通“智慧家长微信公众平台”，鞍山市搭建“空中家长学校”和家庭教育“手心网”，抚顺、营口等地开办“晓然之声”“女性家园”专题广播节目，铁岭市创办“家教周报”。江苏省开设家庭教育微信平台“梦·享成长”公众订阅号，普及科学家教，并与家长、孩子形成互动参与模式的公共服务频道，同时面向全省开展家庭情景剧征集、展播、推介活动，以“最美孝心少年”“传承好家风的好妈好爸”，以及全省各地市的特色儿童工作作为“家庭教育情景剧”的好素材与好底稿，在全社会大力倡扬良好家风，鼓励积极开放的家庭教育，并以优良家风带动良好社会风气的形成。

此外，各类家庭教育特色实践活动也在各地如火如荼地开展，如辽宁营口市的实名制家庭教育志愿者活动及“家庭教育大讲堂”、河北省的“心系家庭微课堂”项目、重庆市的“父母学堂”、佛山市的“佛山市远程家庭教育微课堂”、沈阳市的“百万家长教育工程”、本溪市的“爱心妈妈”主题活动、丹东市的《生命健康教育》专题讲座、秦皇岛市的“家庭育才工程”大型家庭教育报告会以及上海市的“我和孩子共成长——《家庭教育精选百例》”赠书活动等。许多地方如北京、广东、上海、江西等地都开展了多种形式的家庭教育研究与指导活动。江苏还以徐州市为项目试点，深入开展“向日葵关爱培养行动”，专门以农村留守儿童、孤贫儿童为主要帮扶对象，开展“2+1”结对和“双十”行动，创办“向日葵关爱困境儿童读书点”，为困境儿童建立成长互助小组，用伴读模式解决学习互动、情感交流、游戏玩乐等问题。这些地区的成功经验可总结如下：

加强宣传普及家庭教育知识及相关活动，重视研究成果的推广与应用。办好家庭教育理论研究刊物、家庭教育指导报刊和栏目，在报纸、电台、电视台等各类媒体开办家庭教育知识栏目，增加家庭教育咨询热线，以多种形式扩大家庭教育指导的覆盖面。

宣传优秀的家庭教育模式，开展家庭教育国际交流。以不同的形式展现与宣传优秀的家庭教育模式与人才，如课堂、讲座、颁奖等。围绕《中华人民共和国未成年人保护法》以及优秀家庭教育模式与实际的宣传普及，指导和帮助其他家庭有针对性地学习家庭教育知识，营造良好、和睦的家庭环境，依法履行对未成年人的监护职责和抚养教育义务。

“以面向基层、服务家庭、因地制宜、突出特色为原则，开展丰富多彩的宣传实践活动”[①]，重视农村留守、流动儿童等社会弱势群体的家庭教育。大力开展关爱

① 全国妇联，教育部，中央文明办，等. 全国家庭教育工作“十一五”规划. 中国文明网，2007.

农村留守、流动儿童等社会弱势群体的家庭教育行动，通过多种形式和渠道，积极向留守、流动儿童和特殊家庭儿童及其监护人宣传监护人的义务和责任，普及科学的家庭教育观念、知识和方法，不断提高社会特殊弱势群体的家庭家长科学教养子女的能力与技巧。

4. 夯实家庭教育基础，完善家庭教育理论体系

自 1981 年我国第一所家长学校——上海市虹口区长治中学家长学校成立以来，30 多年来，以幼儿园、中小学以及职业学校为主体举办的家长学校迅速发展。家长学校作为群众性业余教育机构，是广大家长以提高家庭教育水平为目的自愿参加的。家长学校的工作主要包括：宣传正确教育思想，普及家庭教育科学知识，提高家长素质与教育能力；将学校、家庭、社会教育相结合，对青少年及儿童进行教育，促进社会主义精神文明建设。依托中小学、幼儿园、托儿所及社区开展家长工作和公民素质教育，家长学校的普遍建立和家长教育的开展，收到了良好效果。事实证明，在家长学校工作开展得好的地区，其地区义务教育入学率、合格率和巩固率就很高，辍学率和未成年人犯罪率就很低。反之则出现相反的局面。这些地区的成功经验表现在如下方面：

巩固和发展各类家长学校。大力发展多元化、多类型、满足不同群体需求的家长学校，规范对家长学校的管理，提高办学质量，给予教室、教师、教材、教学计划、教学评价等各方面的支持。倡导党政机关和企事业单位开办家长学校，大力发展社区、乡镇家长学校，鼓励开办网上家长学校，形成多元化的家长学校办学模式，提高办学质量。

加强家庭教育师资队伍建设。促进家校合作适应新时代发展要求，提升理论水平和实践能力，推动各地区家庭教育工作科学、全面发展，建好基层服务、信息交流等平台。帮助家长树立正确的家庭教育观念，掌握科学的教育方法；向家长介绍不同年龄儿童及青少年生理、心理发展特点及营养常识、教育方法；指导家长为儿童及青少年身心健康发展创造良好的家庭环境。

加强家庭教育基础理论建设。鼓励在条件允许的情况下，适当在各类综合及师范院校、中小学、幼儿园以及职业学校开展家庭教育基础理论研究。围绕理论研究，组织编写家长学校学习材料指导纲要，编写家庭教育培训资料，同时加强对编写家庭教育材料的指导和规范。根据各地区教育及其他具体情况的不同，各地可因地制宜编写适合本地实际的家长学校的学习材料。

报告四：中国家庭建设中的家训文化

中国文化博大精深，端蒙养、重家训是这一文化宝藏的鲜明特色之一。中国传统家训名称多样，如家诫（戒）、家范、家规、家约、家语、家箴、家矩、家法、家则、家劝、庭训、世范、宗训、户规、族规、族谕、庄规、条规、宗式、宗约、公约、祠规、祠约等。家训主要是指“父祖对子孙、家长对家人、族长对族人的直接训示、亲自教诲，也包括兄长对弟妹的劝勉，夫妻之间的嘱托。后辈贤达者对长辈、弟对兄的建议与要求，就其所寓的教育、启迪意义来说，也不可忽略”①。

中国传统家训内容虽十分庞杂，涉及领域极其广泛，但核心始终是围绕睦亲治家、教子立身、为人处世等方面展开。中国是“亚细亚”生产方式的典型，具有血缘氏族、家国同构文化传统，在人类文化中没有哪个民族比中华民族更加注重家庭、注重家教、注重家风。梁漱溟先生曾言：中国人的家是中国文化的要领所在。“家文化”是中国文化的核心，而家训又是“家文化”的核心。因此，家训自然成为中国人的家庭教科书。

一、家训文化的地位作用

习近平总书记在会见第一届全国文明家庭代表时强调：“家庭和睦则社会安定，家庭幸福则社会祥和，家庭文明则社会文明。”② 家庭是社会的细胞，是提高社会文明程度的基本单位和原初场域。尤其在东方国家，根植于“亚细亚”生产方式的文

---

① 徐少锦，陈延斌．中国家训史．北京：人民出版社，2011：1．

② 习近平．动员社会各界广泛参与家庭文明建设 推动形成社会主义家庭文明新风尚．人民日报，2016-12-13（1）．

化基因更加强调血缘氏族、家国同构，这就奠定了家庭在中国文明进程中的重要作用，正所谓“不论时代发生多大变化，不论生活格局发生多大变化，我们都要重视家庭建设，注重家庭、注重家教、注重家风”①。家训作为“教家立范”的生动教材，对家庭建设、家风培育、子弟教化等至关重要，家训在中国人的家风、家教、家庭建设中具有独特地位。

（一）家训文化是中华文化的特色标识与宝贵资源

中国文化博大精深，而家训文化是其核心内容和特色标识，是优秀传统文化和中华民族精神的集中体现。从根源上讲，这是由“亚细亚”生产方式的历史道路决定的。中国“亚细亚”历史道路决定了中国血缘氏族、家国同构的特点，也决定了家庭、家训、家风在中国社会治理中的独特地位，决定了传统文化在“家文化”“家训文化”方面的凸显。

2017 年中共中央办公厅、国务院办公厅印发了《关于实施中华优秀传统文化传承发展工程的意见》，将继承弘扬优良传统文化作为重大国策。《关于实施中华优秀传统文化传承发展工程的意见》指出：“中华文化源远流长、灿烂辉煌。在 5 000 多年文明发展中孕育的中华优秀传统文化，积淀着中华民族最深沉的精神追求，代表着中华民族独特的精神标识，是中华民族生生不息、发展壮大的丰厚滋养，是中国特色社会主义植根的文化沃土，是当代中国发展的突出优势，对延续和发展中华文明、促进人类文明进步，发挥着重要作用。”为建设社会主义文化强国，增强国家文化软实力，实现中华民族伟大复兴的中国梦，就要实施中华优秀传统文化传承发展工程，因为“文化是一个国家、一个民族的灵魂。文化兴国运兴，文化强民族强。没有高度的文化自信，没有文化的繁荣兴盛，就没有中华民族伟大复兴”。

国家将传承发展传统文化的课题提升到重大国策的高度，足显这一课题的重要性。传统文化的传承发展有很多工作要做，但从家训文化着手是一个重要途径，从根源上讲，这是由“亚细亚”生产方式的文明道路决定的，中国具有家国同构、血缘氏族的历史特征，家训思想是中国传统文化的特色标识。家庭是社会的细胞和基本单位。家庭和谐是社会和谐的重要基点，是实现中华民族伟大复兴的中国梦的原初场域。2017 年中央文明办为更好动员社会各界广泛参与家庭文明建设，推动形成爱国爱家、相亲相爱、向上向善、共建共享的社会主义家庭文明新风尚，在城乡基层广泛开展“传家训、立家规、扬家风”活动，引导广泛家庭大力弘扬中华优秀

① 中共中央国务院举行春节团拜会. 人民日报，2015-02-18 (1).

传统文化和社会主义家庭文明新风尚，积极投身家庭文明建设，努力使其成为国家发展、民族进步、社会和谐的重要基点。

（二）家庭建设是中国特色社会治理体系的重要一维

“血缘关系是人类社会共同的历史起点，血缘氏族的彻底解体与历史性地保存，使东西方走了不同的文明之路。而这一历史性的分界，终使‘血缘关系’成为中国特有的思想文化的逻辑起点。中国固有的这一同步于历史的逻辑起点，造就了中国古代独特的血缘宗法社会，以及与此相应的一整套宗法制度和以血缘人伦为基础的思想文化。”[①] 这样的社会历史基础和文化基因成就了中国家训文化的独特地位，不仅涉及教子治家、修身处世，更关乎社会和谐、国家治理、民族命运，正所谓“一家之教化，即朝廷之教化”（《寒松堂集・奏疏》），“一家仁，一国兴仁；一家让，一国兴让”（《大学》）。因为“亚细亚”道路下的中国文化是以血缘氏族为根基、以“家文化”为核心发展起来的，所谓“家和万事兴”，培育了中国人的家国情怀和爱国如家的心理情感。诸如《颜氏家训》中就论“禁童子之暴谑，则师友之诫，不如傅婢之指挥；止凡人之斗阋，则尧、舜之道，不如寡妻之诲谕”，这里充分阐明了家训家教的独特功能，这是由东方“亚细亚”历史道路造就的中国家族、家庭的独特地位决定的。

十八大以来，国家将治国体系和治理能力提高到了现代化目标任务的重要高度。习近平总书记在2013年11月十八届三中全会上指出：“坚持把完善和发展中国特色社会主义制度，推进国家治理体系和治理能力现代化作为全面深化改革的总目标。”治理与管理一字之差，体现的是系统治理、依法治理、源头治理、综合施策，彰显的是治理体系与治理能力的多元性、互动性、多维性。一般认为治理体系应包括政府、市场机制、社会第三方，但事实上家庭及个体也是主要的治理资源和动能。由于种种原因，我们往往忽视了家庭这一重要治理要素，至少对其重视力度不够。而20世纪90年代“国际家庭日”的设立，表明家庭问题已引起国际社会的普遍重视。家庭建设不单是一家一户的私事，更是社会治理的基点问题，千家万户好了，国家才能好，民族才能好。

另外，推进国家治理体系和治理能力现代化，文化软实力尤其公民素质也是一种重要“源动力”。一个国家公民的素质对于文化治理、道德治理及社会风气至关重要。而培育与现代国家相匹配的公民素养，家训教化这一基础工程不容忽视，家

① 葛晨虹．德化的视野：儒家德性思想研究．北京：同心出版社，1998：1.

庭建设这一原初场域至关重要。因为家庭日常生活的家风家教，在青少年成人过程中具有极强的影响力，家风家教是家庭成员尤其是青少年“三观”形成的起点，为培育推进治理体系与治理能力现代化的坚定信仰者、积极传播者和努力践行者提供人格基础。同时优良家训和家风与社会主义核心价值观具有共同之处，这为社会主义核心价值观落细、落小、落实提供了共识基础。此外，家庭作为社会细胞，家庭和谐与治理是亿万家庭的内需，也是推进社会和谐与治理能力现代化的前提基础，“家和万事兴”。因此，家训教化是推进国家治理体系和治理能力现代化的基础工程，“无论时代如何变化，无论经济社会如何发展，对一个社会来说，家庭的生活依托都不可替代，家庭的社会功能都不可替代，家庭的文明作用都不可替代”。就像习近平总书记在会见第一届全国文明家庭代表时强调的那样：“千家万户都好，国家才能好，民族才能好。”家庭是社会的细胞，是社会善治的原初基点，家训以及家庭治理是社会治理体系的重要一维。

（三）家训教化是青少年成人成才的重要路径

中国特色的历史发展道路造就了以家训等家文化为特色标识的中华传统文化。一个人自出生就处于特定的家风家教环境中。青少年由于其身心特点，价值观、人生观、道德观等具有极强的可塑性，而家训家教又是青少年道德启蒙、品性养成的最自然、最有效的形式，家风直接影响甚至决定着家庭成员尤其是青少年的道德观念和精神品质。家训是每个家庭成员“三观”的基石，青少年时期是“三观”形成的关键期。我们应以家风培育为抓手，结合青少年可塑性强的身心特点，积极引导青少年树立正确的价值观。我国本具“端蒙养、重家训”这一文化传统，历来重视青少年的早期教育，强调“端蒙养是家庭第一关系事”（明末清初孙奇逢：《孝友堂家训》），告诫“人生小幼，精神专利，长成已后，思虑散逸，固须早教，勿失机也”（《颜氏家训·勉学》）。虽然价值观会随着环境改变而改变，但儿时接受的教育具有持久的影响。正如习近平总书记在会见第一届全国文明家庭代表时所言：“广大家庭都要重言传、重身教，教知识、育品德，身体力行、耳濡目染，帮助孩子扣好人生的第一粒扣子，迈好人生的第一个台阶。”西方家族教育“三代培养一个贵族”，也佐证了家训家风对孩子的濡染熏陶，体现了家风对青少年的重大影响。因此，家庭是人生启蒙教育的第一课堂、第一所学校，是青少年价值观形成、人格品质和行为习惯养成的首要场域，是青少年全面成长的起点。

（四）家训是联结社会主义核心价值观与传统文化的纽带

2014 年 2 月 24 日，习近平在主持十八届中央政治局第十三次集体学习时强调：

“培育和弘扬社会主义核心价值观必须立足中华优秀传统文化。牢固的核心价值观，都有其固有的根本。抛弃传统、丢掉根本，就等于割断了自己的精神命脉。”中华民族千百年来积淀下来的优秀传统文化蕴含着中华民族特有的精神标识，是我们在世界文化激荡中站稳脚跟的根基，是涵养社会主义核心价值观的“营养源”。为此，要打通社会主义核心价值观与优秀传统文化的精神血脉，需要优良家训这一纽带。

一方面，优良家训是中华民族优秀传统文化的积淀与传承。梁漱溟先生认为中国是“伦理本位”的社会结构，上文已述的“亚细亚”历史道路造就了中国家庭、家文化的独特地位，这样的文化基因决定了“家”是中国人安身立命的基础，贵家声、兴家业、重家教是中国人家庭生活的特点和追求。古人基本把家训文化内涵概括为“五常”“八德”，“五常”即仁、义、礼、智、信，“八德”一般指孝、悌、忠、信、礼、义、廉、耻，这也正是中华民族优秀传统道德文化的核心内容，并通过家规、家礼等形式实现代际传递。毋庸置疑，只有通过家风家教才能使中国优秀传统文化得以落地、传承、升华。有学者指出：“传统家训伦理是中华传统文化在家庭层面的阐扬，在中华文化的传承中发挥了独特而重要的纽带作用。传统家训伦理是中国传统文化的通俗化，它以一种通俗易懂的传播形式，将博大精深、玄奥缜密的中国传统文化传递给全体社会成员。”①可以说，家训文化是一家或一族的精神内核和价值共识，是中华优秀传统文化的价值缩影，是传统文化在家庭或家族中的长久积淀，传承优良家风是弘扬优秀传统文化的重要途径。

另一方面，优良家训与社会主义核心价值观有颇多共通之处。譬如社会主义核心价值观国家层面所倡导的“富强”“民主”，分别与《钱氏家训》中的“务本节用则国富，进贤使能则国强，兴学育才则国盛，交邻有道则国安”“大智兴邦，不过集众思；大愚误国，只为好自用”有异曲同工之处。社会层面的“平等”“公正”，在多数家训中都有一定体现，如要求家长“持心公平”“正身率下”等。传统家风除了正面的道德操守引导外，还有硬性的家规训诫，严厉惩治贪污枉法家庭成员，这与社会主义核心价值观之法治理念有共通之处，如宋代包拯告诫子孙：“后世子孙仕宦，有犯赃滥者，不得放归本家；亡殁之后，不得葬于大茔之中；不从吾志，非吾子孙。”个人层面的“爱国”、“敬业”、“诚信”及“友善”的价值理念在优秀传统家训文化中有更多的体现。“爱国”是民族精神的核心，是国人普遍认同的道德标准，但在中国传统社会，“爱国”更多地表现为“忠君”，如《朱子家训》以“臣之所贵者，忠也”倡导臣民对君主的忠诚。岳母刺字“精忠报国”更是家喻户

① 戴素芳．传统家训的伦理之维．长沙：湖南人民出版社，2008：封面语．

晓，是“爱国”价值观的真实写照。在“学而优则仕”的传统社会，“敬业”更多指的是学业的勤谨，宋代学者家颐在《教子语》开篇就言：“人生至乐，无如读书；至要，无如教子。”表明读书教子是人生至乐至要之事。“诚信”与金缨《格言联璧》中的“内不欺己，外不欺人，上不欺天”一脉相承。《左宗棠家书》中“家庭之间，以和顺为贵”的“和合”睦邻思想就体现了“友善”。当然，传统社会的家礼、家规、家训文化毕竟是为宗法等级制度服务的，维护的是君权、族权、父权、夫权等，对此我们应区别对待，剔除愚忠、愚孝、守旧等与当今社会主义核心价值观倡导的基本理念相悖的家训文化。

可见，中国传统家训、家教、家礼等文献蕴含着“和合睦邻”“诚信友善”“勤俭持家”“忠于家国”等家德训诫，既生发于传统文化的沃土，又与社会主义核心价值观相贯通。中华文明是人类历史上少有的从未间断过的文明，“家文化”在中国传统文化中也得到了传承发展，成为连接古今、公私的关键点。传统家训是连接社会主义核心价值观与传统文化的纽带和桥梁，因此，弘扬和践行社会主义核心价值观，要特别注重发挥家风家教的独特作用。如果将社会主义核心价值观比作一座大厦，那么传统文化是这座大厦的根基，家训则是立足地基、支撑大厦的架构。

二、中国家训文化源远流长

以“整齐门内，提撕子孙”为宗旨的中国家训已有三千年之久，传统家训先后经历了先秦、两汉三国、两晋隋唐、宋元、明清中叶、晚清民国等时期，呈现了产生、定型、成熟、繁荣、鼎盛、转型这一脉络。经过几千年的立言沉积，传统家训资料卷帙浩繁，形成了丰厚的家训资源。

（一）产生：先秦家训

先秦时期自远古时代至公元前 221 年秦始皇统一中国，这是中国传统家训萌生期。五帝“禅让”中显现家训端倪。禅让制表明子孙或幼弟如果不遵循父祖、兄长之训，缺乏德行，是不能承续大位的。这种考察、训导，虽然具有君臣、上下的性质，但从氏族内部角度看，包含着长辈对幼辈训诫的含义。

五帝至西周出现世传“家学”。家学是家文化的一方面，世传家学也是家文化萌发的表现。中国古代家学在原始社会后期尤其是在黄帝时期，便以萌芽的形式出现。黄帝和元妃嫘祖是多种知识技术的创造发明者，这使得黄帝成为中原首领。一个氏族之所以能够世代相继与逐渐昌盛，一个重要原因是他们掌握了某种或几种知识技术，或多或少给人们带来了福利。

“五帝”禅让与家学世传虽孕育了传统家训萌芽，但到周初王室家训，尤其是周公训诫子侄、劝勉其弟，家训才真正开始。可以说周公开了中国传统家训之先河。文王、武王都很注重家训，周公更是继承与发挥了这一思想，从天人关系的角度吸取殷商败亡的教训，把训诫子、侄、弟等提到周王室兴衰存亡的高度，在帝王家训方面做出了新的宝贵贡献，成为中国传统家训的开创者。其家训思想主要反映在《尚书》《礼记》《史记》等古籍中。

孔门家训主要指孔子及其后代对子弟进行教导，也包括他的学生与他姓的父兄用孔子儒家思想对子弟所做的训诫。孔子家训的理论基础是性习论，其家教的显著特点是从做人的根本与基础入手。春秋时期家训的最基本内容是各种礼的教育，孔子家训非常重视礼。孔子以“诗礼传家”，正是这一背景的表现。孟子的母亲仉氏是实行先秦孔门家训的代表之一。孟母训子，始于胎教。她说：“吾怀妊是子，席不正不坐，割不正不食，胎教之也。”孟母三迁表明，她很重视环境对孩子思想道德的影响。孟母作为古代家庭道德教育的成功典范，其做法为后人提供了有益启示。

《国语》、《左传》和《战国策》中的家训。东周时期，大国争霸激烈，兼并战争频繁。《国语》《左传》反映了贵族自身或其子弟因骄满不谦、有失戒惧、怠于政事、违背礼法等因素，而致丧身、毁家、灭族、亡国之事不断发生。为了保身免祸，维持其世卿世禄地位，许多贵族十分注重家训。就其内容而言，体现在以礼敬、谦勤为主，臣忠于君，谦敬长老，敬戒贪求，勤劳俭朴等。就原则与方法来说，以表率作用和强迫命令为主。《战国策》增添了功利性的家训内容，表现在教子忠君，训导王子“有功于国”，教以兵事，读书学文“以取尊荣”，教女有媒而嫁等。

在先秦贤母家训已被明确重视。自古母亲对子女的教导都至关重要，如简狄对其子契天文地理知识的教育于商族的兴起，姜源对其子弃种植桑麻的教育于周族的兴起也是如此。而涂山对其子夏启的良好教育，影响更是远大。无论商代、西周还是春秋、战国时期，贤母教子的内容丰富，形式也多种多样。先秦时期的贤母训子，反映在《国语》《左传》《战国策》《韩诗外传》《列女传》等古籍中。

（二）定型：两汉三国家训

两汉三国时期是我国传统家训定型时期，儒学逐渐占据独尊地位，封建礼教得到重视，家训逐步发展起来，并相对定型化、伦理化。

西汉君臣对秦二世而亡进行了反思，吸取其经验教训，除了在政治上、经济上和思想上采取对策以救时弊外，还加强了对太子的教育。如汉高祖刘邦手敕太子读书练字；汉文帝刘恒遗诏薄葬；光武帝刘秀训诫太子刘庄重文勤政；汉明帝刘庄诫皇族任人唯贤；刘备遗诏太子泛览兵、法各家书；曹操教子任贤、用法等。鉴于“权族好倾，后门多毁”的教训，明智的后妃与外戚都训诫子孙谦俭克己，慎交远佞，修身远祸，以得善终。如明德马皇后家训，卞皇后与郭皇后家训，樊重樊宏父子家训，马援家训《诫兄子严敦书》，邓训与梁商家训，等等。从汉高祖到魏武帝，不仅传学子孙，且招生授徒，使经学世代相传。家训在经学等各种知识与技术的继承与传播中极为重要。如欧阳生、平当、桓荣以《尚书》教子传家，韦贤父子以《诗》荣身耀祖，司马谈嘱子修《史记》，杨震父子德业世传，西汉黄霸、尹赏、张汤、杜周以律令训子传家，东汉郭躬、陈宠世传法律，等等。

至三国时期，涌现出一批贤相名将、高才名士，有些人很重视家训。如诸葛亮勤于家训，在政事、军事之余，写下了《诫子书》等家训经典名篇；向朗家训《遗言诫子》留世，突出“和”字；陆逊：“子弟苟有才，不忧不用”；张纮：知进谏之难，三思而后行；嵇康家训思想突出立志处世，集中反映在《家诫》中；阮籍：不准子侄学己放达不饰；王昶诫子侄“屈以为伸，让以为得”等。

（三）成熟：两晋隋唐家训

东汉末年至两晋南北朝，官学兴废无时，对子弟的教育逐渐由家庭来承担。这一时期，家教中已积累起极丰富的正面经验与反面教训，对之加以概括、提炼、升华的条件已具备，于是产生了系统化、理论化的家训著作，中国传统家训趋于成熟。

两晋时期，家训呈现不同特点。如王祥平时注意对子弟教诫，训子“五德立身”，病危时又写了《遗令训子孙》。羊祜对子女、弟侄要求甚严，诫子“树私则背公，是大惑也”，有《诫子书》等留世。陶渊明教子“贫不失志”，他生有五子，很注意对他们的教导，其《与子俨等疏》是中国传统家训史上的经典名篇。

南北朝时期，一些贤明者之家训有可观之处。如宋文帝诫子弟：家国事艰，守成未易。颜延之作《庭诰》以训子。萧嶷训子：戒骄奢，笃和睦，供佛僧。王僧虔训子：“吾不能为汝荫，政应各自努力耳。”梁武帝教子：“汝等未达稼穑之艰，安知天下负重。”在传统家训史上，《颜氏家训》第一次全面系统地论述了仕宦家训的目的意义、主要内容、基本原则与方法，不仅在教导子孙如何读书治学、经世致用、立身处世、为官从政，做到父慈子孝、兄友弟恭、夫义妇顺方面有着重要价值，且对一般家训也具有参考意义。故清人王钺在其《读书丛残》中说，“凡为人子弟者可家置一册，奉为明训，不独颜氏”。

两晋至隋唐时期，社会动荡，如何在乱世中远祸避害、求生存、图发展，上至皇后仕女，下至平民妇女，其贤明者莫不精勤于对子孙的训导。

唐太宗李世民以隋亡为戒，隋亡教训与皇室的矛盾使他感到教育太子、诸王是十分重要的事情，于是写下《戒皇属》《帝范》等帝王家训经典名篇，把帝王家训推到新阶段，集中国前代帝王家训之大成，系统地论述了帝王如何修身、治家、理国、平天下，对后世帝王家训具有重要影响。

（四）繁荣：宋元家训

宋元时期，理学兴起、宗族组织发展迅速，日益完备、系统、成熟的儒家纲常伦理思想深入家庭、宗族，中国传统家训更为完善、定型并走向繁荣。宋代尤其是北宋名臣，许多都有家训传世。在仕宦家训发展中，如果就其影响而言，司马光家训堪称第一，其代表作有《家范》《居家杂仪》《训俭示康》等。范仲淹在家训教化史上最值得称道的是他设立的义庄和对族人的教化，还专门制定了范氏宗规族训《义庄规矩》。包拯家训较短，其作用之大和影响之久远是许多长篇家训不可比拟的。被誉为“《颜氏家训》之亚”的《袁氏世范》，一反前人家训意求“典正”和一家之教化传统，立意“训俗”，除供本家本族遵行之外，还求“厚人伦而美风俗”的社会教化。内容上发展了“治生”和“制用”家训，改变了古代家训主要重道德教育的传统，且全面给予治家、教子、修身、处世等训示，拓展了家训领域。

（五）鼎盛：明至清中叶家训

明至清中叶是中国传统家训的鼎盛时期，家训不仅数量繁多，且内容丰富，形式多样，领域扩大。如许相卿的《许云邨贻谋》，内容涉及子弟教育和家政管理。庞尚鹏的《庞氏家训》，创设了新颖的家族聚谈制度“家庭民主生活会”，是教化实践的一大创新。在明代官吏的家训中，至今仍在民间流传的莫过于袁黄的《训子言》。明清时期不少有作为或有远见的帝王、皇后对家训教化和家规建设更为重视。朱元璋特别重视对皇室子孙的教育训诫，还编写鉴戒读物要皇室成员借鉴取法，如《昭鉴录》。明成祖朱棣的《圣学心法序》，篇幅虽不太长，但将其看作全面系统论述为君之道的帝王家训并不为过，其涉及修身、勤政、爱民、任贤、纳谏等多方面。康熙作为文德与武功并举的杰出帝王，继承了祖上重视家训的优良传统，平时对皇子与其他皇室成员严加教诲，留下了《庭训格言》《庭训》《圣谕十六条》等名篇，达帝王家训顶峰。明清家训的繁荣还体现在女训，这种家训不仅有皇家的、达官贵族的，也有民间的、普通百姓的。明清时期，商贾为使其家业代有传人，防止不肖子孙破家败业，也留下了不少著述训言、诫语、楹联。如明末清初憺漪子编的《士商要览》，清代王秉元纂集的《生意世事初阶》，清代商人吴中孚编撰的《商贾便览》。在明清家训发展过程中，出现了格言、警句体裁家训，这种家训风格清新、富有哲理，受人喜爱，流传颇广。主要有朱柏庐的《治家格言》、陈继儒的《安得长者言》、吴麟征的《家诫要言》、陈龙正的《家矩》、彭端吾的《彭氏家训》以及冯班的《家戒》等。

明清交集之际，还产生了诸多崇尚气节的家训家书。朱之瑜、傅山、顾炎武、王夫之、史可法、瞿式耜、夏完淳就是这些思想的代表。朱之瑜在《与诸孙男书》中向子孙们讲述了朱家的清白家风。顾炎武一生念念不忘拯救民族沦亡，注重对晚辈的气节教育。王夫之一生坚持爱国主义，其家训思想体现在《耐园家训跋》《家世节录》和一些家书、诗文中。

清代是中国传统家训数量最多的一个时期，这其中，官吏兼学者的家训占了相当大部分。如张英的《聪训斋语》和《恒产琐言》，许汝霖的《德星堂家订》，郑板桥家书，汪辉祖的《双节堂庸训》等。清代家训中，有相当一部分是由专门治学的学者撰写，这种家训可以称为“学者家训”，这些家训中，以孙奇逢、张履祥、朱柏庐、申涵光等人的家训影响最大。家戒、家规和族规、族法的增多，是清代家训发展的一个新特点。如蒋伊“世守”家法——《蒋氏家训》，石成金“传家宝”训——《天基遗言》，刘德新戒律之训——《馀庆堂十二戒》等。

（六）转型：晚清民国家训

近代以来，伴随着封建帝国的日薄西山，具有悠久历史的传统家训也逐渐失去了往日辉煌。但是在传统家训总体上没落的同时，家训新芽也在孕育、成长。追寻近代家训教化发展轨迹，不难发现其中具有代表性的几条线索：林则徐、魏源为代表的中国早期开眼看世界的官僚士大夫家训；集中国传统家训之大成的，以曾国藩家训为标志的仕宦家训；在守旧中开新的洋务派家训；突破了传统藩篱的维新派家训；对传统家训做了批判和发展的革命派家训；以救国救民为己任的红色家训；等等。这些晚清民国家训促进了传统家训的近代转型，为中国传统家训教化带来一股“新风”，是中国家训文化的重大转型。所以，晚清民国是家训文化从顶峰滑向谷底又开拓转型的过渡期，呈现出整体衰落与局部开新的总体趋势。

三、当代家训文化建设结硕果

中国自古注重家训文化，传统家训经历先秦、两汉三国、两晋隋唐、宋元、明清中叶、晚清民国等时期的积淀与传承，形成了丰厚的传统家训资源。作为中华文化的特色基因，中国传统优秀家训思想为当今社会主义文化建设提供了丰富给养。中华民族血缘氏族、家国同构的文化传统塑造了中国人的家国情怀，“血浓于水”的家族观念已融入中华儿女的骨髓，成为凝聚族人的根脉。基于这样的文化基因，家训是中华文化的特色标识，上文已述及经几千年发展，中国形成了丰厚的家训文化资源。新时代，家风家训文化建设开始了新的气象。2014年中央电视台新春走基层的“家风是什么”特别节目引起了社会极大关注，全国各地通过多种方式开展“扬家风·重家规·寻家谱”主题系列活动，当代家训文化建设结硕果。

（一）广东肇庆：“好家风好家训”传承活动

家庭是社会的细胞，家风正则社风淳。广东省肇庆市在致力创建全国文明城市工作中，注重挖掘、传承和宣扬肇庆市优良家风家训。2016年，各县市区借助多方式引导广大群众继承和发扬传统好家风、好家训，取得了良好的社会反响。

肇庆市端州区的道德讲堂进校园传播优良家风。“孝”作为传统文化与家训家风的核心，是弘扬传统美德与传承优良家风的重要德目。肇庆市端州区以“尊老敬亲”为主题的道德讲堂走进肇庆端州校园，引导学生尊敬长辈、孝顺父母、感恩亲人。活动邀请了广东省最美志愿者李肇殷分享她一家四代同堂的和谐相处之道，让未成年人感受中华民族敬老、爱老、尊老的传统孝义美德。

四会市打造家教、家训、家风教育基地。传承家风家训需要承载平台，离不开教育基地的打造。四会市打造肇庆市首个县级家教、家训、家风教育基地，融入“古今家训长廊”“四会特色家训家风”“古今家庭教育理念”“和、孝、礼石刻”等系列元素。同时，四会市妇联还在东城街道玉城社区建设了首个社区家风家训教育基地，以中国古代经典家风家训为主题，大力倡导“孝、和、善、亲”等中华优良传统理念。

封开县深挖本土古家训，弘扬广信好家风。肇庆封开县注重挖掘本土家训资源，以弘扬优良家风。采用“边挖掘边宣讲，边走访边发扬”的方式广泛收集本土优良家规家训，大力弘扬好家风。先后组织有关人员走访多个镇区，收集祖训、名人故事、历代忠告等大批优秀道德文化。在搜集这些传统文化的同时，还邀请了县内专家、学者、道德模范、“最美封开人”获得者、家规家训传承人，以“讲古”“开学堂”“设讲座”的形式对本土优秀典型家规家训进行宣讲，引导广大群众继承和发扬传统好“家风”，树立“仁义礼智信”时代新风。

怀集县开展“寻找最美家风家训”主题读书活动。肇庆怀集县梁村镇何屋村是广东省认定的古村落之一，也是远近闻名的广东省历史文化名村，素有“书香门第”“文武世家”之称。何屋始祖何魁文留下“勤为无价宝，俭乃护身符”“处世要和平，居家宜孝友”等祖训，怀集县国税以此为契机，开展“寻找最美家风家训”主题读书活动，引导干部职工思家风忆家训、传家风立家训，以良好的行为习惯涵养忠诚、法治、创新、和谐之风。

（二）河南鹤壁：“晒家风、传家训”主题活动

为弘扬优秀传统文化，加强家风建设，践行社会主义核心价值观，传播向上向善正能量，河南省鹤壁市文明办、教育局、妇联、文联、鹤壁日报社联合举办“晒家风、传家训”主题活动。挖掘鹤壁优秀文化和道德精髓，增强市民对家风建设的认知认同，更好地从自身做起，言传身教，身体力行，遵守家庭美德、职业道德、社会公德，为全市创建更高水平生态活力幸福之城提供道德滋养、精神动力和人文环境。为保障“晒家风、传家训”主题活动的顺利开展，专门成立领导小组，对活动进行组织指导、监督检查、评比表彰。

活动以家风为抓手，树立家教新风。组织文化工作者对鹤壁市现存家训进行摸底调查和保护整理，通过家谱祖史、经典家训和长辈口述、家人共议等形式，挖掘、提炼、订立家训家规。同时组织书法志愿者开展“书写百家家训”活动，进村入户书写家训，制成匾额、条幅，悬挂厅堂，融入村规民约之中，树立家庭美德，建设新风尚。活动以舆论为牵引，强化宣传引导。通过开设专题、专栏，广泛宣传家风建设，组织媒体单位深入基层，采取媒体调查、人物访谈、媒体对话等方式，唤起全社会对家风建设的重视，让人们感受到家风家训的影响力，掀起建设好家风热潮。以阵地为依托，丰富活动内容。利用文化墙、宣传橱窗等载体，进一步做好家风家训的展示工作。发挥道德讲堂、乡村大舞台等阵地作用，通过舞剧、小品、喜剧、演讲等形式，宣传家教，阐释家训，展现家风，让家风教育深入人心，将家训融入日常生活中。同时，依托学校阵地，推进家训家风进校园，引导学生传承中华传统美德，弘扬社会正能量，使未成年人在良好家风熏陶下健康成长。以典型为榜样，传播家教文化。发挥道德榜样示范作用，抓典型做引领。突出家庭主体，重点选出一批有良好家风家训的典型家庭，宣传他们的事迹，树立家庭学习榜样。

鹤壁市“晒家风、传家训”主题活动实施方案一出，引起了全市上下广泛关注，各单位组织实施晒家风、传家训活动，形成了家家弘扬家庭美德、人人构筑文明鹤壁的良好风气。

（三）重庆：“家风润万家”活动

重庆开展了“议家风、立家训、传家礼、评家庭”活动。通过开展“家风润万家”活动，推动了中华传统美德与社会主义核心价值观融会贯通，涵养支撑了国家和谐昌盛的家庭建设。在“家风是什么”讨论中，重庆市各区县社区利用报纸、电视、网络、微博、微信等媒体开设专题专栏，组织群众、专家学者和各级领导干部，谈家规家训、民风政风，引导广大家庭培育良好家风。

在“立家训”活动中，重庆市注重从传统文化中汲取营养，融入时代元素。一些地方还选评“新乡贤”，由其讲授家训、劝善一方。重庆开展了“家风润万家”系列活动，在全社会倡导“躬行家礼”，以长幼、夫妻、邻里等关系，持家、待客、祭祖等礼仪为主要内容，编制了《家礼十循》，大力推广庄重、简朴、节俭的拜寿礼、成人礼、婚礼，营造孝亲敬老的良好风气。在“家风润万家”活动中，重庆把目光投向青少年，以小规模组织辖区即将成年或刚成年的青年参加成人礼仪式的方式，将家风家礼传递给青年人，教育年轻人懂得感恩惜福。

重庆市还通过评选“最美家庭”，让好家风引领更多家庭，形成良好社会风气。在社区“寻找最美家庭和个人”评选活动中，北碚区肖发田长年精心照顾不能自理的94岁母亲幸福生活至今，他们家获评“孝亲敬老最美家庭”。当地居民表示：“他们的家风就是孝顺、勤劳。守着这样的邻居，我们也受教育，对自家的老人也不可能差了。榜样就在身边，看得见，不是虚的。”据了解，“家风润万家”活动开展以来，重庆市有超过85万户家庭参与到“议家风、立家训、传家礼、评家庭”活动中来，良好家风家教渐渐在全社会汇成正能量。

（四）北京通州：“追寻家规家训　树立良好家风”主题活动

为建设优秀传统文化传承体系，弘扬中华优秀传统文化，推进全国文明城区创建，北京市通州区在各社区及村广泛开展“追寻家规家训　树立良好家风”主题活动，传承家庭美德，教育引导广大市民修身律己、崇德向善，自觉履行法定义务、社会责任和家庭责任。

为深入宣传好家风好家训，引导广大市民自觉追寻贤德家训、传承优秀家规、树立良好家风，通州区文明办、通州区妇联在全区深入开展“追寻家规家训　树立良好家风”主题活动，开展了“优秀家训家规、家风故事”征集活动。以街道、乡镇、学校为单位，深入挖掘经典家训家规和优秀家风故事，征集世代传承的家教格言和自己创作的家教心得，评选优秀家训、家规和家风故事，汇编成册，运用多种形式展示传播。开展了“我们的家风家训”传播活动，如将“好家风好家训”宣传融入百姓宣讲活动、融入“我们的节日”活动、融入公民意识教育、融入未成年人思想道德建设等方面。深入宣传报道主题活动，运用区属媒体营造浓厚社会氛围。开展了“最美家庭”展示活动，举办“最美家庭”评选表彰活动，开展“最美家庭家风展演”“最美家庭日记分享故事会”“家训家风挂厅堂”等系列活动。结合感恩孝亲行动、快乐亲子阅读、家庭低碳行、邻里互助等内容，倡导各具特色的家风门风。引导广大家庭在参与中自觉接受美德教育，提升文明素养。

（五）安徽无为：全国沙氏后人“接谱”

家谱是一个家族的根，记载家族的兴衰成败。中国的家谱一般都有家规族训，对于规范人生和教育子弟有着积极意义。如今修家谱、续家谱热情高涨，体现了新时代人们“寻根问祖”意识逐步加强。具有典型意义的是，安徽省无为县南河坝沙氏祠堂为七次续修宗谱已修成的《沙氏家谱》举行了“接谱”活动。“接谱”活动体现了沙氏子孙对先人祖宗的追寻，对氏族血缘的寻根逐源。其他地区也纷纷掀起“修谱、续谱、接谱”等活动，如深圳第二实验学校开展“寻根问祖家谱探源”家风·家训主题社会实践活动；山东追寻家族精神遗存——中国家谱续修活动升温；四川泸州泸县开展寻踪问祖修家谱续家训活动；安徽合肥肥东举行晒族谱、重温家训活动；江苏无锡开展晒家谱家训、传承好家风活动等。

四、传统家训创造性转化与创新性发展

家训家风等家文化系列主题活动旨在汲取传统家训精髓，塑造新时代优秀家风，以带动社风民风、党风政风。经过几千年积淀，中国传统家训资源极其丰厚，为新时代家风培育提供了丰富滋养。但传统社会家训文化是为宗法等级制度服务的，对此我们应区别对待，剔除愚忠、愚孝、守旧等与当今社会倡导的基本理念相悖的家训文化，即推动传统家训文化的创造性转化与创新性发展，推动社会主义家庭文明新风尚的形成。

（一）怡养涵育：发挥地方资源在传承家训中的涵养作用

成千上万的家庭经过世代传承形成的家训文化是中国传统文化的生动表达和特

有形式。地方资源是当地百姓生活习惯、道德风尚、伦理规范的长期积淀和根本标识，用此涵养家训文化更易被百姓认同、践行。挖掘地方优秀家风资源，需从以下几方面做起。

组建地方家风文化研究专门队伍，为推动传统家训的创造性转化与创新性发展提供学理支撑。地方相关部门应重视并鼓励学界对家训文化尤其是地方特色家风资源的挖掘与整理，通过成立家风文化研究机构、举办学术研讨会或系列讲堂等方式，在科研项目、活动经费等方面给予支持，推进家训文化日常化、大众化。

重视传统节日的怡情养志熏陶作用，营造传承家训文化的良好氛围。起源于农业文明的中华民族，传统节日常与祭祖、祈天等意蕴相连，经过先人的教化，逐渐形成了春节欢庆、清明扫墓、重阳登高、中秋团圆等节日风俗，但不同的区域又有不同的过节形式，我们应深入挖掘不同地方的习俗，彰显特色，以节日文化为载体做好传统家训的传承。

发挥地方家风资源的育人功能，搭建传承优秀家训平台。传统家训文化的认同与践行要注重社会实践这一重要环节，只有耳濡目染才有更好的教育效果。各地名人故居基本都涉及持家治业的伦理规范，地方相关部门应充分发挥家风文化的育人功能，利用地方家风资源为弘扬、培育家庭美德、个人品德提供教育资源。

实现挖掘形式的多样化，打通优秀家训文化传承“最后一公里”。只有丰富家风文化内涵、形式并融入百姓日常生活，才能真正实现家训文化落地生根。注重发挥基层组织“最后一公里”效应。相关部门可通过举办“写家史、传家训、品家书”“发现最美、传递最美、争当最美”“家庭美德大讲堂”“为‘文明社区（乡村）’点赞”等系列活动，调动大众参与活动的积极性，真正激活优秀传统文化基因，弘扬传统美德，以兴家风、淳民风、正世风。

（二）返本开新：加快传统家训与社会主义核心价值观耦合

传统族规家训包含勤俭节约、端蒙正养、邻德里仁等治家教子优秀思想资源，但传统家训毕竟产生于传统社会，带有等级社会的印记，如传统社会的“男尊女卑”“家长制”的家族规范与社会主义核心价值理念格格不入。我们应积极弘扬传统家风文化中教人和睦向善、诚信处事等价值精神，注意去其糟粕，与时俱进，才能更好地传承这份遗产。

以优秀家风培育推进社会主义核心价值观建设必须秉持返本开新理念。“返本”在于吸取传统文化的精华，而“开新”在于实现传统家风的现代转换。社会主义核心价值观是新时代价值取向的深度凝练与表达，利用家风教化推进社会主义核心价值教育应以社会主义核心价值观为指引，批判继承传统家风文化，推陈出新，探寻既立足传统文化又与社会主义初级阶段所倡导的价值规范、行为准则等相适应的新型家风文化，做好传统优秀家风的创造性转化和创新性发展，使其与社会主义核心价值观相契合。当代家风塑造应以社会主义核心价值观为引领，在继承传统优秀家风文化，如孝亲尊老、睦邻勤俭、乐善好施等基础上，着力将尊老爱幼、民主平等、勤俭持家、诚信友善、敬业爱国等社会主义核心价值理念，融入时代家风的营造和优化工作中。

（三）日常养成：注重家庭生活的言传身教

推进传统家训文化的现代性转化与创新性发展，重在落细、落小、落实上下功夫，只有使其入脑、入耳、入心，才能真正内化于心、外化于行，熔铸主体的道德品质。这就离不开日常养成，离不开言传身教的渐进熏陶，这是由品德生成与未成年人身心发展的客观规律决定的。道德品质的养成是道德意识与道德行为共同作用的结果，而未成年人教育存在着一些重“教”轻“养”的现象，造成“教”的空洞与“养”的无着的不良后果，“养”之所以重要，是因为它是道德行为转化为道德品质的必要条件，“少成则若性也，习惯若自然也”（《孔子家语·七十二弟子解》）强调的正是如此。此外，未成年人处于“染于苍则苍，染于黄则黄”的特殊阶段，其人生观、价值观、世界观具有极强的可塑性，正确的教育、引导对其品德素质的养成至关重要，所以古人云“教子婴孩”。

家庭日常养成训练，需从两方面做起：一方面，利用家庭成员的血缘亲情，潜移默化地开展家庭教育。《颜氏家训》指出：“夫同言而信，信其所亲；同命而行，行其所服。”人们愿意相信关系亲密的人所说的话，愿意执行敬佩的人所发的指令。家庭成员尤其是长辈与子女之间亲密无间的血缘关系以及中国家庭中子女对长辈的尊敬，决定了在家庭中教育子女收到的效果是其他教育平台不能比拟的，这种来自血缘亲情的教育更易被青少年接受。家长应善于挖掘传统家风文化，自觉制定适合自家发展的家规，开展有计划的家教活动，以规范家人行为，形成孝老爱亲、团结邻里、勤俭节约的家庭风尚。另一方面，要注重家庭长辈的榜样垂范作用，以身体力行濡染孩子德行。正如司马光在《居家杂仪》中嘱告家人的那样：“凡为家长，必谨守礼法，以御群子弟及家众。”在价值多元的今天，优秀家风的培育更需家庭成员的代际传递，长辈要认真学习、领会、践行优秀家训文化，以言传身教、榜样示范浸润、洗礼青少年，真正使优秀“家文化”入耳入心，使其成为优秀“家文化”的坚定信仰者、积极传播者、努力践行者。

（四）多元互动：整合多方平台推进优秀家风培育

传承优良家风需要多个载体平台，上述论及家庭在家风培育中的重要作用，而家风培育仅靠家庭平台是远远不够的，还应整合学校、社会、国家、媒体等资源优势，搭建“五位一体”教育平台，全方位、全过程地推进传统家训文化的创造性转化与创新性发展。

学校是教育的主阵地。教育部门应组织编写家训文化特色教材，使优秀家训资源更有效地进校园、进课堂、进学生头脑。学校应秉承“以德树人”教育理念，通过课堂教学、校园文化、社会实践、新媒体等多种方式开展家风教育，打造家风培育教育平台。社会是育人的大课堂，优秀家风培育离不开良好的社会环境，相关部门可以深入社区、乡村开展“最美家庭”“最美婆婆”“最美儿媳”等家风建设系列活动，为广大群众传承与弘扬优秀家风、践行社会主义核心价值观营造良好的社会氛围。

在价值多元的今天，优秀家风的培育还需国家倡导家风教化的政策支持，更需法律法规的强力保障。此外，还应充分发挥新媒体的传播作用，借助网站、微信、微博、QQ、短信等平台，通过分享、转发、点赞、留言等方式推进优秀家风传播，融入百姓日常生活。这就需要新媒体自觉承担社会使命，以传播时代家风和社会主义核心价值理念正能量为己任，去媚去俗，真正以科学的理论武装人、以正确的舆论引导人、以高尚的精神塑造人、以优秀的作品鼓舞人，成为新时代家风培育的鼎力助推者。

报告五：家庭建设中的孝道问题研究

中国传统重视家庭，重视孝道文化。在当代，家庭以及家庭建设仍在中国特色社会主义发展中有独特地位。习近平总书记在2015年春节团拜会上提出了“重视家庭建设，注重家庭、注重家教、注重家风”的明确要求，更是将中国社会的家庭建设推向了新阶段。经过长期努力，中国社会在家庭建设方面做出了很大成绩，促进了家庭生活的发展和改善。然而，中国社会家庭建设在取得巨大成绩的同时，也面临一些新问题，比如，新的时代如何实践家庭孝道，如何实现家庭和谐幸福，如何解决家庭养老问题。在众多方案之中，弘扬孝道、践行孝道成为一个基本的选择。本报告研究的目的，就是调研分析家庭建设中的孝道状况、问题及其成因，并在这一基础研究之上，结合现实社会的本质与现代孝道的实际，构建可能的应对机制。

一、家庭建设与孝道

从现实看，家庭建设包括家风培育、家庭教化、家庭和谐、家业兴旺等多方面内容。今天的家庭建设应在社会主义核心价值观指导下，以《公民道德建设实施纲要》提出的尊老爱幼、男女平等、夫妻和睦、勤俭持家、邻里团结等作为基本内容。其中孝道是在和谐幸福家庭建设中具有根源性地位的。

孝道及其文化是中国传统文化中一个基本的核心的道德要求。在传统家庭中，亲子关系是最核心、最重要的血缘关系，而这一关系中蕴含着指向父母、子女两个维度的爱，前一个维度的“爱”，我们称之为“孝”，而后一个维度的“爱”，我们称之为“慈”，这两种爱勾连在一起，成就了中国传统家庭的伦理关系的根本特点。不仅如此，这一特点逐渐扩大，还成就了中国传统社会的家国一体的政治结构。家国一体的政治结构，反过来决定着中国传统家庭在政治实践中的基础地位。于是，基于血缘而形成的亲子孝慈伦理关系也就成为国家君臣、官民伦理关系的原型，家庭中的“尊尊”必然地外推为国家的“尊君”。于是，中华先民出于“分均则不偏，势齐则不壹，众齐则不使”的隐忧，参考“有天有地而上下有差”的自然法则，按照“维齐非齐”的设计理念，把孝慈伦理设计成一种重孝轻慈、移孝为忠的伦理体系 。于是，百事孝为先、尊老孝老成为家庭伦理精神的核心。我们知道，在“亚细亚的古代”发展途径的作用下，中国古代社会没有经过私产阶段而由氏族直接过渡为国家，并在父系家长制基础上建立起独具特色的宗法制度，同时早期农业与宗法制度结合在一起，又形成了中国古代的小农经济模式。宗法制度与小农经济模式相辅相成，进一步强化了孝的思想观念和伦理规范，为家庭孕育新的生命、实现家庭繁荣，提供了观念指导和物质保障。

基于对家庭伦理的认知，中华先民形成了自己的孝慈精神，即“血缘亲情所催生的、中国传统文化所养育的、用以指导调节家庭长辈和晚辈之间利益关系的价值观念，即长辈应关心爱护晚辈以尽慈道，晚辈应孝敬赡养长辈以尽孝道的思想意识”。数千年间，中国传统社会的家庭道德教育始终把它作为形上依据，并依之确定教育的目的、原则、内容、方式，形成了人类社会独具特色的孝慈伦理。在孝慈伦理中，孝主要包含如下内容。其一是不违背父母的意愿。孔子说：“无违。”（《论语·为政》）意思是说，孝就是不违背父母的意愿。其二是对父母要生养死葬。曾子说：“生，事之以礼；死，葬之以礼，祭之以礼，可谓孝矣。”（《孟子·滕文公上》）其三是忠君事君。在此，忠君事君同样是孝，因为在家能以孝侍奉父母者，必能在国以忠侍奉君王。其四是“老吾老以及人之老”（《孟子·尽心上》）。这就是说，孝不仅意味着关爱自己的父母，而且也包括关爱别人的父母，乃至天下的老人。其五是“慎终追远”。曾子曰：“慎终追远，民德归厚矣。”（《论语·学而》）曾子之言表明，孝就是对父母的丧事要谨慎地办理，拜祭祖先要虔诚，如此，老百姓的道德风俗就会变得淳朴厚道。其六是爱惜自己的身体和生命，不令父母担忧。《孝经》认为：“身体发肤，受之父母，不敢毁伤，孝之始也。”（《孝经·开宗明义》）其七是劝谏父母。孔子曾言：“事父母几谏，见志不从，又敬不违，劳而不怨。”（《论语·里仁》）其八是继承父母的志向。孔子言：“父在，观其志；父没，观其行；三年无改于父之道，可谓孝矣。”（《论语·学而》）

中国传统中的孝道及其践行，尽管在一段时期受到各种质疑和诘难，但无论如何都不能否认它对于中国社会具有特别的重要意义，即在世界范围内提出了一种具有较高操作性的代际延续模式。这种代际延续模式端蒙养、重家教，强调良好的家风、家教和家庭建设，重视孝在引导家庭成员遵守家庭道德规范中的重要作用，倡导以孝为核心，以父慈子孝、兄友弟恭、夫义妇顺、勤俭持家、和睦友善等基本规范为内容的家庭伦理。“一家仁，一国兴仁；一家让，一国兴让”。历史证明，以孝为核心的家庭伦理体系及其践行有力推进了家庭成员的思想道德素质和文明行为，也在一定程度上营造了良好的家庭生活氛围，对人性的升华、社会的进步、文明的发展形成有力推动。在今天中国特色社会主义新时代，家庭建设理应强调孝道，培育和弘扬孝道，从而推动家庭建设的健康全面发展。

二、家庭孝道的社会现状

孝道源于中华民族的社会生存实际，具有深厚的现实基础，对于家庭生活及家庭建设具有重要意义。但今天中国的家庭孝道状况如何我们必须有所把握，了解和探讨这一问题，既有助于了解现实的家庭伦理关系，也是我们研究孝道文化以及在家庭建设中弘扬孝道的基本前提。

从历史视角看，中国社会家庭伦理关系的根本改变始于鸦片战争。鸦片战争所造成的“数千年未有之大变局”，使得中国的社会经济、政治、文化结构发生了重大变化。在经济上，中国社会数千年所保持的农业经济遭到打击，兴起了近代工业，造就了大批的城市“边缘人”；在政治上，帝国主义和封建势力勾结在一起，共同实施镇压与统治，使中国人民陷入水深火热之中；在文化上，西学东渐以及其所引发的思想变化对传统儒家价值体系提出了尖锐挑战。更为严重的是，帝国主义列强蚕食中国、掠夺中国、瓜分中国，致使中国面临亡国灭种的危险。在这样的形势下，许多有识之士认为，要救亡图存，就必须改革政治，而“政治的根本在文化，数千年封建文化熏陶积淀而成的消极的国民人格、保守的文化心理、顽固的道德意识乃是专制制度死而不僵的灵魂”。

所有这一切形成了一股合力，催生了传统家庭伦理关系的巨大转变，这种变化对家庭结构、生活方式、家庭孝道以及家庭生活的方方面面产生了普遍影响。概括而言，家庭关系的转变表现在如下三个方面：

一是家庭伦理关系的核心由纵向转向横向。在传统家庭中，核心的伦理关系始终是纵向的亲子关系，而这一传统注定了中国传统家庭始终处于一种“以‘续香火’的方式贯通过去、现在和未来”的伦理秩序之中，在这种秩序之中，“父是子的血缘依据，子是父的血缘延续；既然子的一切包括生命都是父给的，那么，子女对于父亲的无条件服从就是一件理所当然的事情”。这种以亲子纵向关系为核心的家庭伦理事实上长期如此，始终如一，直至近代才有所改变。近代以来，社会的经济基础、社会制度发生了根本性变化，父权统治赖以存在的基础也在逐步消失。与之相随，父子关系的核心地位也在逐渐降低，而夫妻横向关系的地位却在急速上升，成为家庭伦理生活的重要关注对象。事实上，透过鸦片战争之后170多年的历史事实可见，中国家庭夫妻横向关系的伦理地位始终处于上升地位，伦理关系的核心开始了由纵向父子关系向夫妇横向关系的历史转型，夫妇和睦在今天的社会中已作为“最重要的家庭道德要求的倾向在逐步受到人们的重视”。家庭伦理关系核心的变化，是家庭结构、规模、功能等时代变化在伦理关系上的具体反映。

二是家庭伦理关系的性质由“亲亲”“尊尊”转向更多平等。在孝道伦理中，由“亲亲”而至“尊尊”是其基本内容，而“尊尊”的最主要内容就是尊重父亲，一切伦理关系都是以此为基点建立起来的。这一秩序是传统社会家庭伦理关系的常态。近代以来，随着西学东渐的脚步，西方的进化论、天赋人权思想、自由意志学说等思想进入了中国思想界，在知识分子当中得到广泛的传播，西方近代所确立的以平等、自由、博爱为核心的主导原则，得到中国进步人士的认可和提倡；现代以来，建立了社会主义制度，马克思主义和共产主义道德也随着中国革命实践的展开和最终胜利而成为中国社会的伦理信念和道德准则，并且中国社会依照此原则对传统家庭伦理进行了革命性改造，将男女平等作为重要的政治主张推行到社会、经济、教育乃至家庭的各个方面。所有这一切，都从根本上动摇了传统家庭伦理之“亲亲”而“尊尊”的社会现实与制度基础，扭转了数千年来男尊女卑、父尊子卑的观念，逐渐使得平等成为处理家庭关系的基本准则，平等也由此成了家庭伦理关系的一个目标。

三是家庭伦理关系的重心由整体转向个人的变化。家庭伦理关系的重心落脚在家庭整体还是落脚在家庭成员个人，是区分家庭整体主义和家庭个人主义的试金石，而落脚在家庭整体的是家庭整体主义，落脚在家庭成员个人的则是家庭个人主义。传统家庭几乎都将伦理关系的重心落脚在家庭整体，坚持一种整体主义。然而，近代以来，由于小农经济逐渐消解、工业经济逐渐强大，中国社会的生产方式也随之改变，生产方式的改变，使得以小农经济、宗法制度为支柱的家庭结构、家庭伦理秩序也开始发生变化，大家庭渐次分裂为众多的小家庭，“四世同堂、五世同堂已不多见，至多也不过三世同堂，家庭的核心也由长者转变为家中挑大梁的中年人”。在这种形势下，家国一体的关系格局开始松动，家庭也在逐渐失去或者淡化其原先所拥有的政治、经济、社交等功能，同时也突出、强化了原先并不重要的功能，如家庭的情感港湾功能。于是，此时此刻，所有这一切为个人走出家庭、与家庭分离进而实现自身价值提供了可能性，而家庭伦理关系的重心也由此开始偏移，开始从整体转向个人。

上述家庭伦理关系的三大变化，自19世纪下半叶以来，始终如一地发展，尽管发展过程中程度有别，但总体趋势是一致的。此外，20世纪70年代末开启的改革开放、市场经济，更是进一步推动了这一变化趋势，并使之成为中国现代社会的一种伦理道德趋势。在这种形势下，尽管政府、社会多方强调重建弘扬中华优秀传统孝道，也的确取得很大成绩，但整体而言，传统孝道因其具有的一些封建愚孝内容在家庭建设中的推动喜忧参半，孝道的现实状况也存在许多问题。为更好地认识孝道的现实状况，本研究试图将现实的孝道概括为如下类型：

一是人们的观念与行为对传统孝道不同程度的背离。毋庸置疑，孝道作为一种思想观念是路人皆知的。比如，一个人，只要接受过教育，就可以知道什么是孝，可以背诵出“子爱利亲谓之孝”“从子，子承老也”“善事父母者曰孝”等等不一而足。这一点与社会倡导、政府推崇是分不开的。然而，孝道并不只是一种观念或者知识，它还须践行出来，还须使观念思想变成一种行为，做到知行合一。唯有如此，孝道才是完整的。遗憾的是，现实中的孝道观念并没有很好地转化为孝道行为，现实的孝道往往表现为一种行为与观念背离的情形。比如，有报道称，湖北某山村竟然有近一半的老人是非正常死亡，因为他们生病之后缺少应有的照顾和救治。这些老人的子女并非不知孝，而是知孝却没有行孝。行为与观念背离，使得在一定程度上给人一种孝道繁荣的景象，而其实质则是孝道的没落与忧伤。

二是孝道中存在的“色难”与赡养问题。赡养，即提供物质资料赡养老人。“色难”语出《论语》，是孔子就子夏问孝给出的答案。在孔子看来，养是犬和马这一类的动物都能做到的，如果人对父母的孝仅仅是养，仅仅是“有酒食，先生馔”，那人与动物就没区别了，因此子女对父母尽孝，不仅要从物质方面满足父母的需求，还要心甘情愿、和颜悦色。依据这一标准审视现实，现实的孝道很难达到这一理想状态，表现出来的几乎都是色难与供养并存的孝道。这种孝道不完美，但却事实上支撑着中国社会的养老机制，对中国的社会稳定做出了重要贡献。令人欣慰的是，随着物质财富的持续增加，这种色难与供养并存的孝道正在改善，尤其是在城市及富庶地区更是如此。然而，在农村，尤其是偏远的农村，随着农村青年跨地区务农和务工现象的日趋普遍，这一状况还将继续，甚至有加剧、恶化的可能。

三是有心与无力勾连的孝道。从孝道的逻辑看，孝道是子女对父母的孝道，因此孝道的践行主体自然是年轻的子女。所以，维护孝道、践行孝道的责任就落到了年轻子女的身上，如今孝道式微的责难指向年轻子女。实事求是地讲，当下的年轻一代绝大多数人在主观意识上是愿意践行孝道的，是有心孝敬父母老人的。然而，随着物价增长，尤其是房价的急剧增长，年轻一代的生活成本也在不断增加，生活窘迫。他们头顶巨大的生活压力，日日夜夜地努力工作，追求着实现自我价值、安居乐业、抚养好下一代的人生梦想，着实不易。从这个意义上看，他们虽然有心孝敬父母老人、践行孝道，却难以有这个能力。这一事实表明，在践行孝道方面，社会现实在很大程度上造成年轻子女的有心无力，所以，社会中出现有心与无力勾连的孝道也就不足为奇了。

四是“啃老”与养老相伴的孝道。“啃老”，是指成年子女依靠父母老人过生活，依赖父母为其支出生活费用。“啃老”的特殊人群被称为“啃老族”。啃老现象并不是今天才存在的，也并不是今天才被认识到的。根据2012年中国老龄科研中心公布的调查数据，我国有50%以上的老年人倒贴子女钱财，有65%以上的老人家庭出现“啃老”现象。这一现象在农村尤甚，有85%以上的已婚青年或多或少地都有“啃老”迹象。啃老具有“啃钱”“啃物”“啃力”三种主要方式，都有可能把一个带有虐待老人性质的问题摆在我们面前。时至今日，“啃老”现象非但没有解决，反而几乎成为一种普遍现象。与“啃老”现象相伴随，尤其是在当下的房价剧增、生活成本高居不下的形势下，依据孝道孝老养老变得越来越稀少了。

五是烦老与虐老叠加的孝道。烦，即厌烦；虐，即虐待。在很大程度上，厌烦、虐待父母老人，在性质上是一致的，只是程度不同而已。然而，当烦和虐叠加并长期存在时，父母老人的生存状况就岌岌可危了，而此时此刻的孝道也就成为真正严峻的社会问题。令人遗憾的是，这样的现象不仅存在，而且在一定的区域尤其是缺乏退休保障的农村，这样一种烦老和虐老叠加的孝道问题已经略成气候。于是，人们会看到，有些家庭因某些细小琐碎问题而闹得不可开交，父子婆媳反目成仇。在这种情况下，子女不给父母生活费的有之，不给父母治病的有之，苛刻父母吃饭的有之，想掏空婆家财产的有之，烦老、虐老不孝现象不一而足。更有甚者，有的子女把父母看成不需佣金的保姆、管家、长工，无休止地开发着他们的“余热”，无视老人的身体状况和劳动能力，无休止地榨取他们的劳动力。

上述内容是对当下家庭孝道现状的基本概述，挂一漏万，并不全面，但却足以表现孝道现状的严重性，同时也表明，中国社会关注、重视孝道并努力践行孝道的时候来到了。尤其是在一个接近14亿人口但有2亿老人的国家，孝道应当成为一种家庭乃至整个社会的核心道德规范。

三、孝道问题及其实质、成因与影响

我们知道，孝道是一种道德要求，是基于现代社会家庭成员地位平等之下的子女的一种道德义务，子女履行了这一道德义务是孝道的道德意义的实现。因此，上述的孝道现状就是孝道的当下表现。为更好地描述家庭建设和孝道的关系，本研究将上述孝道现状具体化为如下家庭孝道问题：

一是养老不敬问题。养老，是指成年子女在物质层面满足父母老人的基本生活需求；不敬，即不敬老，是指成年子女虽然能够满足父母老人的基本物质需求却有不敬之心、不敬之行。实事求是地讲，这类孝道问题是比较普遍的，无论城市还是乡村，都可以看到这种问题的影子。其中的原因是多方面的，但其中一个原因很重要，那就是子女在养老问题中没有重视孝的本质。《论语》说："子游问孝。子曰：'今之孝者，是谓能养。至于犬马，皆能有养。不敬，何以别乎？'"在这里，孔子的孝不仅包括"养"，还包括"敬"，因为"敬"是犬马之养与子女之养的根本区别。在这个意义上，孝道的核心是"敬"。所以，数千年来，子女行孝，就要敬，就要顺。

二是弃老不养问题。弃老不养，是指某些成年子女远离父母老人，置父母老人于不顾，不仅不敬，而且也不提供基本的生活物质资料。如果说，养老不敬在心理上尚可原谅容忍的话，那么，弃老不养则是一个较为严重的孝道难题。从现实看，这一类问题往往有四种类型。其一，多个子女相互推托，均不承担养老义务，致使父母老人老而无靠。其二，子女外出打工，收入微薄，子女为逃避养老责任和义务，避而不见、弃老不养。其三，亲子之间因某种利益纠纷而关系紧张，子女愤而弃老不养。其四，子女出国定居，父母老人留守国内，子女由于各种原因不承担养老责任和义务。前三类问题主要发生在农村，因为农村经济发展大多数还停留在第一产业上，并且发展模式也相对单一，收益较低。第四类问题则以城市居多。弃老不养这类孝道问题，对家庭建设影响严重，应当认真对待。

三是"啃老"无耻问题。如上所述，"啃老"的确不是今天才有的。然而，"啃老"如此普遍盛行，却是近些年才出现的，而且与养而不敬、弃老不养相比，"啃老"不仅是一个社会问题，更是家庭建设中的严重孝道问题。在传统意义上，"养儿防老"即依靠儿子养老是基本家庭伦理信念。然而，现实的情况却是，养儿子非但不能养老，反而成为"啃老"的必然前提。比如，我们常常看到，有些已经退休的"父母通过再就业确保自己生活质量、减轻子女赡养负担的同时，给孩子提供更多的经济资助，尤其是对经济状况不好的孩子的资助”。如果说“啃老”是不孝的，那么，“啃老”且无耻则更是一种可怕的现象，因为缺乏道德底线，有些“啃老”行为便发展到极致，比如，有的年轻人挥霍父母的财产，在父母无法满足其要求时就蛮横无理，殴打父母，甚至夺去父母的生命。

四是虐老无畏问题。虐老，就是以残暴狠毒的手段对付父母老人；无畏，则是态度，指虐待老人时毫无畏惧。这一问题虽然恶劣，但并不普遍，当然也值得我们去认真对待，因为这类问题一旦发生，往往意味着比较严重的后果。具体而言，虐待父母老人问题表现为三种情况。其一是谩骂殴打父母老人。在家庭生活中，由于性格差异、利益纠纷，父子之间、婆媳之间发生一些口角甚至争执都是难免，但谩骂殴打则远远超出口角争执的范围，是一种严重违背伦理纲常的不孝行为。其二是父母老人无衣无食。一些父母老人，尤其是偏远农村的父母老人，失去劳动能力之后往往要依靠子女获得生活物质资料。此时，如果不肖子孙拒绝提供必需的衣服和食物，这种无衣无食的虐老问题就出现了。其三是父母老人被扫地出门。现实之中，常常有些子女因为财产纠纷、利益之争而将年迈的父母老人撵出家门，不仅不敬、不养，而且连老人住所都剥夺了。

上述事实表明，孝道之不行，久矣。对此，我们不禁要追问：孝道之不行、孝道问题大量存在的原因是什么。本研究通过调查、归纳等方法，将孝道问题的成因归纳如下：

其一，孝道生态的改变。在传统社会中，孝道的作用发挥依赖于融小农经济与宗法制度于一体的家国同构的社会生态，而近代以来孝道生态改变了。概括来说，这一改变表现在四个方面：一是因文化批判而导致的改变。近代以来，孝道始终因其所具有的政治性而被作为封建专制的象征备受批判，巴金的名作《家》《春》《秋》就是这种批判的典型代表。此外，对“平等”的追求，更是在一定意义上否定了传统家庭关系的等级与差别，这也在一定程度上否定了传统孝道的存在依据和意义。二是结构转型而导致的改变。20 世纪 70 年代以来，我国大力推行计划生育政策，并将有关规定列入宪法。这一基本国策的实施，直接导致人口的出生率和自然增长率明显下降，也改变了家庭结构的规模，父母与独生子女构成的三口之家明显增多。在此结构的家庭中，从父辈那里观摩沿袭孝道的可能性消失了。三是因家教空场而导致的改变。孝道不是一种道德要求，并不是一个人生来就有的，因此需要灌输。然而，今天普通的家庭中，父母双方都要在家庭之外工作，所以孩子在入学之前，或者由祖父母、外祖父母照看，或者由保姆、幼托机构照看，于是造成家庭教育灌输基本上是缺失的。四是因利益之争而导致的改变。在市场经济之经济理念的冲击下，家庭原有的温情渐渐淡去，利益的冰冷逐渐暴露，更是从根本上削弱了家庭应有的关怀合作、情感交流、成员互助、牺牲利他等功能。亲子之间因利益纠葛而对簿公堂的事件层出不穷就是明证。

其二，个人主义的张扬。毋庸讳言，改革开放不仅丰富了物质财富，给中国社会的经济基础、社会结构和社会意识带来变化，也强化了个人主义价值观，推进了个人的独立化趋势。所谓个人独立化趋势，是指个人由于主体意识的觉醒和增强而逐渐从家庭和社会中分离出来的趋势。个人独立化趋势，迫使家庭中的父母和子女逐渐放弃重义务、轻权利的传统道德权利义务观，而追求一种现实的、法律的权利义务观，进而在家庭伦理关系中结下这样的果实：一是亲子感情的淡漠。亲情原本是人类最真切、最充沛的情感，是基于血缘关系而产生的。传统家庭的纵向伦理关系就是基于这种亲情而得以确立并有效发挥作用的。然而，今天家庭成员之间的亲情淡漠已是一个不争的事实。无论如何表白，那首令人激动不已的歌曲《常回家看看》就是这种亲情淡漠的最好写照。二是亲子地位的倒置。尊老爱幼是中华民族的传统美德，也是传统孝慈精神和家庭伦理秩序的起点与归宿。然而，当今中国社会中出现的“小皇帝”“小公主”“小太子”“富二代”等词语以及“啃老”“虐老”等现象无一不体现着父辈的无奈与子辈的无畏。三是亲子伦理精神的危机。由社会转型所引发的个人独立化趋势、把家庭理解为私人生活领域的强化趋势已经影响到整个社会的家庭伦理观念，甚至导致了家庭伦理观念的混乱，引发了家庭亲子伦理精神的现代危机。毫无疑问，上述家庭亲子关系的三点变化显然与传统孝道价值诉求相背离。

其三，经济发展的冲击。孝道如此式微，必然有它的经济根源，而且只有根本性的经济基础的变革才能导致传统孝道如此巨变。事实上，导致孝道发生巨变的就是市场经济。“文化大革命”结束之后，中国社会经过拨乱反正，迅速实施改革开放，推行市场经济。这些举措，不仅促使中国社会的经济基础发生了翻天覆地的变化，而且也引发了家庭生活的巨大变革。概括而言，家庭生活的巨大变革表现在如下几个方面：一是生活方式巨变。改革开放之后，社会主义市场经济迅猛发展，城市化进程逐步加快，越来越多的农村年轻人走出家庭，在城市务工。城市生活迥异于农村生活，这种迥异迅速改变了年轻人原有的家庭生活方式，也不断弱化着他们原有的孝道观念、孝道伦理。二是功利性追求凸显。现代社会中，人们对功利的追求日甚一日，这已是一个不争的事实。功利性追求的现代凸显，明确了每一个人积极追求自己的价值目标，维护自己个人权利，也推动了家庭成员之间关系的改变，即家庭成员之间更加趋于平等化、开放化。三是家庭中心转移。改革开放以来的经济运行方式，改变人们尤其是农民的价值信念和道德规范，其中孝道也随着这种改变而改变。于是，孝道不再是原有的孝道，而在遭遇一系列解构之后变成了一个符号、一个声音，再也不具有那种溶于血脉之中的生命力了。在上述家庭生活变革之后，原有的孝道观念、孝道伦理、行孝方式等发生变化也就成为一种必然。

其四，农村的相对贫穷。我们虽然不是“经济决定论者”，但应承认经济因素对道德建设产生的影响，要承认没有一定经济基础做支撑，孝道是难以践行的，出现严重的孝道问题也是一种自然而然的事情。这一点对于偏远落后的农村地区的孝道问题尤其具有说服力。正如某些背有“不孝”骂名子女所说的那样：“谁不知道有钱孝敬老人啊？那样自己多明光？问题是没钱。”毋庸讳言，在经济腾飞的大形势下，农村的经济萧条、贫穷落后是有目共睹的。对于农村贫穷的原因，如下四个方面值得重视：一是城镇化进程吸走了农村的青壮年劳动力。青壮年进城务工，严重削弱了农村发展的动力。发展动力的缺失，必然导致农村经济萧条，而经济萧条必然导致农村经济的普遍疲软，难以为继。二是年轻一代经济收入微薄而生活成本激增。家庭收入状况无非是由收入和支出决定的，收入少而支出多，贫穷则是必然结果，而贫穷又因没有扩大再生产的能力，其结果只能是更贫穷。三是经济政策偏移失衡降低了农民经济收入。生产资料价格大幅增长，而生产的粮食却价格低下，农民的经济收入便会减少，而减少的收入，必然导致生产积极性的降低。低下的生产积极性何以能脱贫致富呢？四是因疾病、灾害、灾难等原因而严重致贫。相对于城市，农村的保障体系脆弱，难以为摆脱疾病、灾害提供充足的经济支撑。即使一般富裕家庭，一旦遇到天灾人祸，必然要返回贫穷。如此的经济形式，注定了孝道不行的命运。孝道的经济根源值得重视。

其五，社会制度的缺位。孝道贯百代，上下五千年，早已成为了中华民族繁衍生息、百代相传的优良传统。然而，今天的我们必须清楚，孝道不仅是一种价值观、一种伦理规范，它还是一种制度安排。因此，孝道的实施自古以来都是源于价值提倡、道德教化和制度推进的。事实上，一些制度安排早在周朝就出现了，而之后的历朝历代君主，为保障崇孝风尚固化，采取褒奖孝行、劝民孝行的各种举措。这些措施，有奖掖，比如，汉文帝时，诏令天下郡守，推举孝廉之士，授以官爵，隋唐开始实行的科举制度中，均专门设立孝廉科名；有严惩，比如，隋唐后的刑律皆将不孝列入等同谋反不予宽赦的“十大恶”之中。在如此严密的制度安排下，孝道才得以流行，才能形成“打爹骂娘，天打雷劈”的普遍认同。与此相对照，我们的制度缺位表现在如下方面：一是缺少对孝道的定义和明示。名不正则言不顺，言不顺则事不成。如今，孝道是什么都不清楚，还奢谈家庭孝道建设，岂不是笑话吗？二是对孝道的层次性缺少解释。孝道从孔子时代就具有层次性特征，而今拿一个标准定义何者为孝、何者为不孝，怎么可能？三是缺少惩罚措施。古代有那么多的严刑峻法制裁不孝者，尚且有不孝行为存在，而今试图依靠倡导与宣传孝道来解决不孝问题，岂不怪哉？当然，时代变了，社会现实、家庭结构都变了，我们绝不可以再沿用过去的旧制度或指定如此苛刻的严刑峻法，而是要建立与中国特色社会主义社会制度相适应的孝道制度。

四、构建孝道传承和弘扬的应对机制

时下家庭建设，既然存在如此严峻的孝道问题，就应当构建起相应的应对机制。构建孝道问题应对机制，需明确如下前提：

其一，与中国社会的基本特点相适应。构建这样一种机制，须尊重并服从中国社会的基本特点。概括而言，今天的社会具有三大特点。一是实行社会主义市场经济体制。社会主义市场经济体制带来重视个人价值、强调自强自立的新型观念，也由此带来了主体意识的觉醒。这种主体意识使得人们开始以鲜明的主体精神出现在家庭中，追求个人在家庭中的独立地位和自主发展，注重个人权利和人格尊严。二是实行社会主义民主政治。社会主义民主政治的本质就是人民当家作主，国家的一切权力属于人民。人民有权管理国家和社会各项事务，监督国家机关及其工作人员，依法享有人身、言论、出版、集会、结社、游行、示威等自由权利。三是实行社会主义法治，依法治国。社会主义法治要求权利和义务相统一。《中华人民共和国宪法》第三十三条明确规定：“中华人民共和国公民在法律面前一律平等。国家尊重和保障人权。任何公民享有宪法和法律规定的权利，同时必须履行宪法和法律规定的义务。”上述三特点反映在思想意识层面，就是平等、民主、自由与法治，即人与人之间的平等意识、政治实践的民主意识、依法行事的自由意识、权利和义务的相统一意识。

其二，明确家庭建设孝道的价值取向。应当清楚，“作为我国传统道德核心和特色的孝道，在现代中国的命运呈现出被批判和被弘扬、被践履与被抛弃两种并存的矛盾情形。之所以有这样的命运，首先是因为传统孝道本身含有阶级性、时代性和人民性、民主性的双重性质，是精华与糟粕的混合体。其次，孝毕竟是传统社会的核心和首要道德，在现代中国，支撑这一道德的社会结构、社会条件都发生了变化，要把它简单地、原封不动地全部搬到现代社会中来也是不现实的”[①]。因此，构

① 肖群忠. 传统孝道的现代境遇与价值. 寻根，2006（4）：16-21.

建时下孝道问题应对机制，应抛弃传统孝道的糟粕，明确新孝道的价值取向。具体而言，这里新孝道的价值取向就是扬弃孝的社会首德地位，让孝回到家庭之中。如今，社会结构变了，社会不再是家族社会，而是公民社会，因此不能再像过去那样把孝泛化了，把孝道看作解决一切问题的基本手段的观点是要不得的。有鉴于此，时下家庭建设中的新孝道，应逐渐淡去其传统的政治性泛化特点，让孝回“家”，在家庭之中发挥它的合理性，孝道才能与中国特色社会主义制度相融合，才能在新的历史背景下进行创造性转换和创新性发展，焕发出新的生命。

其三，明确家庭建设孝道的基本原则。实施任何一项社会工程，都需要相应的原则，家庭孝道建设也不例外，也需要明确其基本原则。本研究认为，应明确如下五项基本原则：一是守法原则。现代社会强调民主、平等，依法治国是社会治理的基本手段，因此时下的家庭孝道建设必须是在守法的前提下进行。在此原则下，子女、父母、政府等都要守法。二是尽力原则。尽力原则既有外在的参照，也有内心的依据。从外在看，一个人是否尽力，有其物质财富、实践精力做参照，从内在看，一个人是否尽力，有其良心做参照。三是双向原则。现代孝道不仅要讲子女孝敬父母，也要讲父母慈爱子女，需要一种慈孝对应的双向运动。当然，孝慈不能完全对等，实际上也对等不起来，但要有这种精神。四是兜底原则。无论如何强调，社会中总会存在不孝行为，尤其是存在因疾病、灾害等缘故老人难以得到子女孝敬的情况。对此，要有社会兜底，防止恶性事件发生。五是鼓励原则。践行孝道需要外在的警示和规制，但警示和规制最好备而不用，需要社会各方面大力提倡和鼓励。从心理学的角度看，鼓励更能激发青年一代的爱心孝心，更能推动他们主动行孝。

基于上述三个前提，结合上文对孝道现状与孝道问题及其成因的分析，本研究针对当下存在的孝道问题提出如下应对机制：

第一，对传统孝道实施创造性转化，确立适应现代社会的新孝道。毫无疑问，构建孝道问题应对机制，首要的也是最关键的，就是确立适应现代社会需要的新孝道。那么，新孝道应该是什么呢？

肖群忠教授曾指出，通观五四时期对孝道的批判，人们在其心目中将传统孝道看作负面东西，认为孝道是封建专制的精神基础，极大地压抑和剥夺了子辈的个性自由和独立人格，具有残酷性、保守性、虚伪性及危害性。在这一种基本认知下，结合当今社会的基本特点，我们认为全面恢复传统孝道是不可能的，也是有害的，而取其精华、弃其糟粕，构建一种与现代社会相适应的新孝道就成为一种必然要求。基于上面的三个前提，这种新孝道既要符合当今社会的特点，又要回归家庭之中，还要符合上面提到的五项基本原则，因此这样的新孝道应当具有这样的特点：一是血缘性特征。基于血缘，家庭成员亲其亲、爱其亲，既与传统道德相一致，也与现代道德相融合。一个人如果连自己的亲人都不爱，是难以做到爱其他人的。二是平等性特征。社会的法律制度要求我们，只有强调人格平等，亲子双方才不会忽视对方的存在，才会在人格、权利、义务等方面尊重对方。三是双向性特征。孝的义务的单向性要加以改变，要凸显亲子之间的权利和义务的双向性。四是情感性特征。现代中国社会的快速发展，使得亲子双方都获得了经济的独立性。由此，家庭生活的情感性特征凸现，理应成为孝慈精神现代化的一个特点。五是自律性特征。今天的施慈与尽孝虽有一定程度的他律性，但更多的是主体的自律行为。六是宽容性特征。道德规则无法在根本上解决家庭的矛盾和冲突，唯有宽容才能使亲子关系获得质的提升，才能成就家庭生活的完美与和谐。

第二，将孝道观念贯彻于整个社会，创造明孝、认孝、行孝的新局面。从成因看，孝道问题所以产生，很大程度上源于对孝道的无知。所以，积极宣传、鼓励践行，就成为孝道问题应对机制的重要一环。

毋庸讳言，多年来，我们始终以一种暧昧的态度对待孝道，而且即使偶尔提及，多半也是批判和指责。因此，在某种意义上，人们对于孝道是无知的，比如，有些年轻人认为，孝道就是自己拼命挣钱，给父母住大房子，让父母吃燕窝鲍鱼，雇保姆伺候老人，给父母最专业的照顾，等等。毫无疑问，这些子女的确是在尽孝，但这些却不是父母真正需要的孝道。在父母看来，孝道不仅是物质的满足，还要精神的安慰；不仅要提供美食美味，还要抽出时间给父母打打电话，每周回去陪陪父母，一起吃饭、聊天、看电视等。为此，构建孝道问题应对机制，首先是要明孝。所谓明孝，就是明确孝道的基本内容，使之昭然于天下。孝道本身是一种道德要求，本是外在灌输教育的结果，并不是内生于人心的。因此，明孝就成为一项重要的任务。在这一方面，我们一些政府部门、大众传媒、机关学校等都肩负着一定的责任。其次，知孝。所谓知孝，是主体对孝的自觉认知、理解和接受。对于青年一代来讲，孝当然包括通过自己的努力工作挣得充足的物质财富，以便给父母好的生活，但这不是孝的全面。事实上，孝还包括陪伴父母、安慰父母等。比如，有的老人，为了能见上孩子一面，骗孩子说自己身体不舒服，这就是对子女的物质尽孝之外的一种期盼。最后是行孝。行孝，就是将孝道付诸实践，使主观见之于客观，将对父母老人的爱用行为表现出来。孝道不仅是信念、规范，不仅是伦理道德，更是人们的行动，是知与行的合一。只有把孝的信念、规范等付诸实践、付诸生活，孝道才是现实的、完整的。

第三，从经济、文化、政治等各个角度，构建培育弘扬孝道的新机制。孝道中蕴含的是中国社会敬老养老的大问题。这就要求我们，构建孝道问题的应对机制，必须综合政治、经济、文化等方面的整体考量。

依据通行的标准，时下的中国，14亿人口中有2亿是老人，早已经进入老龄社会。更为严峻的是，中国的老龄社会属于“未富先老”型，即人未富裕但却年老。老龄社会的快速来临，使得养老问题陡然间成为我国社会的重大问题，而未富先老又使得养老问题成为沉重负担。这就要求我们必须从政治、经济、文化等各个方面综合考虑，以求构建一种解决养老难题的妥善机制。事实上，党和政府多年来一直都在努力地做好这项工作。比如，2016年的中央一号文件《关于落实发展新理念加快农业现代化 实现全面小康目标的若干意见》指出：“各地区各部门要牢固树立和深入贯彻落实创新、协调、绿色、开放、共享的发展理念，大力推进农业现代化，确保亿万农民与全国人民一道迈入全面小康社会。”这一意见，就从中国特色社会主义建设的高度，为农村养老问题指出了正确的方向。再如精准扶贫，近几年的精准扶贫很好地帮助了偏远地区的贫困人员、家庭脱贫而实现小康。然而，仅仅依靠党和政府的政治呼吁、督促是不够的，还需从经济、文化的运行机制方面下功夫。农村的贫穷是结构性的，那种试图依靠提供补助、发放养老金等来解决农村贫穷问题是不现实的。因此，我们必须建立相应的经济、文化运行机制，且唯有如此，才能从根本上解决农村贫穷的问题。事实上，只有真正解决了农村贫困问题，中国社会才能真正实现现代化，中国才能成为名副其实的社会主义现代化强国。

第四，以居家养老模式为基本模式，创新子女养老尽孝的新模式。如今，社会养老得到广泛支持，且成绩斐然。然而，不可否认的是，在可预见的未来，居家养老仍然是中国社会最基本的养老模式。

之所以得出如此判断，原因有二：其一，居家养老模式符合中国人的文化习惯。中国文化尽管经过多年外来文化的冲击，但中国人骨子里还是重视家庭的儒家文化。一个人，不管他皈依基督还是佛陀，最终还是向往家庭，愿居家养老、在家之中寿终正寝。其二，家庭养老是一种最经济的养老模式。从目前的形势看，社会养老成本太高，并不是一般社会成员能负担得起的，而且即使勉强为之，其结果也不会理想。与社会养老对比，居家养老则成本低廉得多，这就是居家养老的优势。因此，在养老模式方面，中国社会要有自己的坚守，不要偏离自己的文化传统，不要偏离自己的经济实际。当然，我们强调居家养老，还须放弃墨守成规、延续传统的做法，对原有的居家养老模式实施创新，使之符合现代社会的新形势。从今天的现实看，党和政府对此有所考虑，比如将清明节纳入法定节假日，比如北京市将完善职工带薪休假制度，包括老年人在术后康复、临终关怀等特殊时期，子女可带薪休假，以尽孝道（2016 年 11 月 22 日《京华时报》）。然而，必须指出，强调居家养老，不是不推动社会养老、机构养老等其他养老模式。对于失去“独生子女”的父母、鳏寡之人，社会养老则是最后的保障。

第五，以敬亲、尊亲、孝亲为基本内容，构建家庭孝道建设的新文化。一种机制，当诉诸文化时，常常是一种无奈，而家庭孝道问题应对机制诉诸文化则是一种必然归宿。

必须清楚，孝之本质是“爱”，是子女“对父母的善意的真诚的发自内心的爱”。这一事实告诉我们，孝道在终极意义上是人类的本真情感，是一种文化，是一种生活方式，那种依靠强制力来实行孝道的做法是难以持久的。汉朝的“举孝廉”最后导致伪孝行为迭出就是一个很好的例证。不过，在现代社会中构建孝道文化，必须要符合现代社会的特点和要求，要符合现代社会的价值取向，强调孝道回归家庭的重要特征，同时还应古为今用，挖掘传统孝道富有生命力的价值内涵的践行方法，但是无论如何，“亲”即父母是构建家庭孝道建设的价值核心，新孝道文化也须敬亲、尊亲、孝亲，也须讲究长幼有序、老少尊卑。为此，新孝道文化须在如下三点上下功夫：其一，父母长者自己带头敬亲、尊亲、孝亲。这一点要求家中的父母长者要有自觉行孝的意识，能够注重思想道德修养并以身垂范，为子女树立良好形象，有利于温馨和谐的家庭氛围的形成，有利于敬亲、尊亲、孝亲。其二，奖掖后人敬亲、尊亲、孝亲。后人即年轻人，他们是家庭的希望和未来，对他们进行孝道教育是家长父母的责任和义务，他们对孝道的态度至关重要。父母家长要“整齐门内，提撕子孙”，对子女的孝道行为及时予以奖励。其三，养成敬亲、尊亲、孝亲的道德品质。构建适宜环境以养成青年一代的敬亲、尊亲、孝亲的道德品质，这是构建家庭孝道文化的根本任务，而完成这一任务不仅需要家庭的教育、训诫、劝导和感化，也需要学校、社会、政府等外部力量的合力督促。

五、结束语

改革开放以来，随着市场经济的发展和社会流动性的增强，人们的乡土情结逐渐淡薄，家族传承下来的一些良好家风家规的影响力随之减弱。与此同时，尽管道德文明建设运动层出不穷，但现实生活中的父不慈子不孝、家庭暴力等悖德违法事件屡见不鲜。这些家庭问题的出现，使人们不得不重新思索家庭建设，重新反思以孝为核心的传统家庭伦理。时下的家庭孝道建设就是这种反思的一种新尝试。

从这个意义看，今天我们倡导孝道、弘扬孝道，目的是很明确的，那就是用孝道来解决现实社会中的养老问题、道德问题等。实事求是地讲，传统孝道的确具有功利性，本质上是中华先民的价值选择，通过建构一套伦理规范来实现绵延生命、万世其昌的目的。然而，我们应当清楚，现代社会的结构改变了，生产生活方式改变了，也就是说，我们的社会现实、经济基础都改变了。马克思主义的经济基础与上层建筑的关系原理告诉我们，既然社会现实、经济基础发生了改变，那么，与之相适应的作为上层建筑的孝道及其功能和作用也必将发生改变。因此，那种试图通过全面恢复孝道以解决现实养老问题的尝试是行不通的。如果非要去做，那就是我们用现代工业文明的方式来搞经济建设，却用几千年前的孝道文化来解决孝道问题、养老问题，其结果只能是这样的：我们的孝道建设，就犹如拿春秋时期的服装来给 21 世纪的人穿，固然也可以遮羞，但毕竟显得不伦不类。

所以，当下的家庭孝道建设，应具有顶层设计思维，要有全局观念，要对传统孝道实施创造性转化和创新性发展。为此，我们既要充分认识现实孝道问题的本质及其成因，确立适应现今社会特点的新型孝道观念，使孝道回归家庭，发挥其作为道德根基的功能与作用，又要借助政府职能机构的力量，构建起一个弘扬孝道、应对孝道问题的系统机制。唯有如此，我们的家庭孝道建设才能真正落地生根，切合实际而避免流于空泛，才能有效地用于应对“未富先老”的社会问题。

报告六：养老问题与和谐家庭建设

重视家庭是我国传承数千年的文化传统，一直沿袭到现代社会。2015年习近平总书记在讲话中指出，“不论时代发生多大变化，不论生活格局发生多大变化，我们都要重视家庭建设，注重家庭、注重家教、注重家风”，并强调要让“千千万万个家庭成为国家发展、民族进步、社会和谐的重要基点”①。和谐家庭建设对于我国社会发展和民族进步的重要性不言而喻。我国和谐家庭建设中的重要影响因素之一就是赡养父母亦即养老。事实上，养老问题不仅事关每个老人的切身利益和每个家庭的幸福，而且关系到整个社会的进步和发展。然而，作为一个老龄化日益严重的发展中国家，我国在社会发展中却面临着“养老难”这一大问题。为了妥善解决养老问题以实现和谐家庭建设，我们需要对这一问题予以正视和剖析，从而探寻出适合中国国情的解决方案。

一、我国养老困境的表现及其对和谐家庭建设的影响

目前我国是世界上老年人口最多的国家，截止到2015年我国60岁及以上老年人口数已达2.22亿，是当今世界上唯一老年人口超过1个亿的国家。作为一个并不富裕的发展中国家，我国要面对如此庞大的老年人口并满足他们的养老需求，这无疑是一个极大的挑战，养老困境的出现自然也是意料之中的。对于我国的养老困境，学者们从各个角度归纳和总结了其表现形式。虽然这些形式表现不一，但是究其实质不过都是人力、物力、财力以及情感匮乏的反映。因此，本文认为我国养老

① 习近平．在2015年春节团拜会上的讲话（2015年2月17日）．人民日报，2015-02-18（2）．

面临的困境主要体现在下面四个方面。

我国养老困境之一就是缺人，亦即缺乏照顾者来照料老人的日常生活。目前我国的基本养老模式主要有家庭养老、社会机构养老和社区居家养老这三种模式，在这三者中家庭养老是最传统的养老模式。社会机构养老和社区居家养老都属于社会化养老模式，其中前者是依托养老院等机构的养老模式，后者是家庭养老和社区养老有机结合的养老模式。当前我国无论是家庭养老还是社会化养老都出现人手不足的问题。首先，无论城市还是农村，家庭养老中都存在子女对父母照顾缺位的问题。在城市，很多子女工作忙、压力大而无暇顾及年老的父母。在农村，很多正值壮年的子女外出打工留下年迈的父母留守乡村。2010 年《中国青年报》针对 80 后的一项调查表明，74.1%的被调查者认为由于工作压力等因素，在照顾和赡养父母方面感觉力不从心。[①] 越来越多的空巢老人的出现就是关于这一问题的最好例证。我国第六次人口普查数据表明，2010 年我国生活在一代户中的老人高达 39.1%，其中由夫妻二人组成的空巢家庭占 28.88%，一个老人单独居住的家庭为 9.42%。[②] 2014 年中国老年社会追踪调查（CLASS）数据表明，当年我国居住在空巢家庭中的老人已经高达 47.53%，其中 9.63% 为独居老人，37.90%为老年夫妻户。[③] 2017 年国务院公布的《"十三五"国家老龄事业发展和养老体系建设规划》指出，预计到 2020 年，我国独居和空巢老年人将增加到 1.18 亿人左右。[④] 没有子女照料其日常生活，老年人的生活势必更加困难。以农村老人为例，有关调查表明，农村老人生活中存在的困难有很多，34.3%的老人认为去医院看病困难，12.5%的老人认为买菜困难，18.7%的老人认为购买生活用品困难，17.1%的老人认为洗衣服困难，13.9%的老人认为打扫卫生困难。[⑤] 很多老人不仅得不到儿女的照顾，反过来还得帮子女干家务、做农活以及抚养孙辈，出现父代对子代的"逆反哺"现象，家庭养老功能逐步弱化。其次，我国社会化养老存在缺乏专业护理人员及其他服务人员的问题。就社会机构养老而言，2014 年我国需要 1 000 万养老服务人员，然而全国所有养老机构人员只有 22 万，其中仅有 2 万人符合资格。[⑥] 缺口如此之大，很难在短

---

① 穆光宗．我国机构养老发展的困境与对策．华中师范大学学报（人文社会科学版），2012（2）．

② 孙鹃娟．中国老年人的居住方式现状与变动特点——基于"六普"与"五普"数据的分析．人口研究，2013（6）．

③ 杜鹏，孙鹃娟，张文娟，等．中国老年人的养老需求及家庭和社会养老资源现状——基于 2014 年中国老年社会追踪调查的分析．人口研究，2016（6）．

④ 国务院．国务院关于印发"十三五"国家老龄事业发展和养老体系建设规划的通知．(2017-03-06)．http://www.gov.cn/zhengce/content/2017-03/06/content_5173930.htm.

⑤ 赵强社．农村养老：困境分析、模式选择与策略构想．中国公共政策评论，2016（2）．

⑥ 涂启智．以社会化服务模式破解养老难题．光明日报，2014-03-17（02）．

期内加以弥补。就社区居家养老而言，我国学者刘明辉指出，随着“人口红利”的消失，一方面我国家政业的劳动力资源逐年递减，另一方面家政业的需求量年增20%，绝大多数家政服务组织缺岗率达10%～30%，很多城市的家政服务存在这一供需矛盾。① 由于缺乏专业人员以及其他服务人员，老年人的养老服务需求很难得到满足。全国老龄工作委员会发布的《我国城市居家养老服务研究报告》显示，目前我国城市中48.5%的老年人有多种形式的养老服务需求，其中25.22%的老年人需要家政服务，18.04%的老年人需要护理服务，13.79%的老年人需要聊天解闷，2.25%的老年人需要法律援助服务。然而，目前的总满足率只有15.9%。② 我国众多老年人陷入无人照料的境地已是不争的事实。

我国养老困境之二是缺物，这又集中体现在养老床位不足以及配套服务设施匮乏两个方面。由于家庭养老功能的逐步弱化，越来越多的老人开始选择社会机构养老或社区居家养老，但是由于床位不足以及配套设施匮乏，社会化养老的发展受到制约。在养老床位方面，《中国民政统计年鉴》显示，2010年我国各种社会服务机构共提供349.6万个床位，仅能满足1.97%的60岁及以上老年人的需求，与发达国家的5%～7%的比例相去甚远，甚至不及发展中国家2%～3%的平均水平。2016年我国养老床位合计730.2万张，每千名老年人拥有养老床位31.6张，这与发达国家的平均水平50～70张相比还是存在较大差距，说明我国养老床位增长的空间还是很大，不能满足现有需求。③ 在配套服务设施方面，中国老龄科研中心2011年3月1日发布的《全国城乡失能老年人状况研究》显示，52.1%的公办养老机构、56.0%的民办养老机构以及41.7%的农村五保供养机构设有医务室，也就是说我国配有医务室的养老机构还不到六成；调查还显示，我国既有养老机构中配备康复理疗室的不足两成，其中民办机构高于公办机构。④ 在我国老龄化程度不断加深而养老服务设施财政资金投入又不足的情况下，这一困境只会日益加剧。

我国养老困境之三就是缺钱，这不仅体现在老年群体经济上供养水平不足，而且体现在政府对养老财政资金投入不足。充足的经济支持是老年人安度晚年的最为重要的物质保障，然而我国很多老年人却面临没钱养老的尴尬境地。就老年群体经

① 郭燕. 养老困境“困”在哪儿——对北京市部分家庭、机构、社区养老状况的调查. 人民日报，2012-03-27 (19).

② 宏观经济研究院课题组. “十三五”养老服务体系建设投资问题分析与建议. 宏观经济管理，2016 (3).

③ 中华人民共和国民政部. 2016年社会服务发展统计公报. (2017-08-03). http://www.mca.gov.cn/article/sj/tjgb/201708/20170800005382.shtml.

④ 穆光宗. 我国机构养老发展的困境与对策. 华中师范大学学报（人文社会科学版），2012 (2).

济上供养水平而言，近年来我国虽然随着经济高速增长，老年人收入总体水平也有了较大程度提高，但是依然有不少老人处于低收入或贫困状态中。2014 年中国老年社会追踪调查结果表明，我国老年人贫困的发生率较高，贫困人口规模巨大，贫困状况令人担忧，全国有 4 895 万老年人口收入水平低于 1.9 美元/天/人的贫困线，5 576 万老年人口收入水平低于国内低保线，7 698 万～8 959 万老年人口处于相对贫困。现有的社会养老保障体系难以保障老人尤其是农村老人的基本生活，因为这次调查也发现，我国农村社会养老保险金平均为 166 元/月（即 1 992 元/年），这比农村最新扶贫标准 2 300 元/年还少了 308 元，农村老年人难以依靠现有养老金脱贫。① 另一项关于新农保待遇的调查数据也显示，84.3%的老年人认为新农保待遇很难满足和完全不能满足老年人基本生活需要，只有 14.8%的老年人认为新农保待遇基本能满足老年人基本生活需要，0.9%的老年人认为新农保待遇完全能满足老年人基本生活需要。② 就政府对养老服务的财政投资而言，全国各地（即便是北京、上海等发达城市）财政对养老服务的支持都普遍不足，主要体现在缺乏可持续的财政支持规划、财政投入规模小和财政支出结构不均衡等方面。③ 根据民政部数据，“十二五”前 4 年，中央和地方养老服务设施建设的财政预算内基建投资总规模，仅占财政在社会服务领域全部支出的约 1.7%。④ 没有足够的财政经济支持，很多老年人的物质生活势必困窘。

我国养老困境之四是情感匮乏，亦即老年人的情感需求难以得到满足。养老不仅仅是为老年人提供日常生活照料和经济支持，精神赡养也是养老的一项重要内容。从某种程度而言，精神赡养比物质赡养更能体现出孝的本质和内涵，即如《论语·为政》所言：“子游问孝。子曰：‘今之孝者，是谓能养。至于犬马，皆能有养。不敬，何以别乎？’”正因如此，我国于 2013 年 7 月 1 日新修订的《中华人民共和国老年人权益保障法》规定家庭成员应当关心家里老人的精神需求，不得忽视和冷落老人。然而，我国不少老人却面临情感匮乏的困境。2014 年中国老年社会追踪调查结果显示，24.78%的老年人具有不同程度的孤独感，对于三个具体的孤独感项目亦即经常感觉到没人陪伴、被人忽略和被孤立而言，其中 1.42%的老年人三者兼具，6.00%的老人经常感觉无人陪伴，3.23%的老人经常感觉自己被人忽

---

① 朱晓，范文婷．中国老年人收入贫困状况及其影响因素研究——基于 2014 年中国老年社会追踪调查．北京社会科学，2017（1）．

② 钟涨宝，聂建亮．农民的养老观念与新农保养老保障能力评价．中南民族大学学报（人文社会科学版），2014（1）．

③ 何立军．加快推进我国养老服务财政支持体系建设．中国经济时报，2016-08-19（8）．

④ 宏观经济研究院课题组．“十三五”养老服务体系建设投资问题分析与建议．宏观经济管理，2016（3）．

略，2.63%的老人经常感觉自己被孤立，因为没人陪伴带来的老年人孤独问题更加突出。[①] 2014年湖北人口老龄化研究课题组的“城乡老年人口状况的调查”针对湖北省宜昌市老年人所做的一项调查也表明，子女对老年人的精神慰藉效力式微，有无子女对于老年人的主观幸福感影响甚微。[②] 我国的精神赡养困境不容忽视，因为从心理学的角度而言，心理孤独和缺乏精神慰藉将严重影响老年人的身心健康，给老年人造成极大的伤害。

我国的养老困境严重影响了和谐家庭建设。当今时代的和谐家庭是指以家庭成员的全面发展为基础，家庭成员之间、家庭与社会之间、家庭与自然之间相互和谐、良性互动的新型家庭模式，它的要素结构包括三个方面，即关系结构、支持结构和评价结构，其中关系结构又包括和谐恩爱的夫妻关系、和谐平等的亲子关系、和谐融洽的代际关系以及和谐友好的人际关系，支持结构取决于物质生活、精神生活、政治环境和性爱这四个方面的满意指数，评价结构则包括了心态平和度、感觉幸福度和空间自由度。[③] 无论是和谐家庭的关系结构，还是支持结构，抑或评价结构，我国的养老困境都会对其产生不良影响。就关系结构而言，我国养老中出现的只见哺育（亲代对子代尽职尽责履行抚养义务）而未见反哺（子代不履行或较少履行对亲代的赡养责任）的现象势必造成代际经济的逆向流动，导致代际不公，影响亲子关系和代际关系。就支持结构而言，很多老年人在物质生活和精神生活方面得不到满足，造成其物质生活满意指数和精神生活满意指数偏低的情况。就评价结构而言，养老困境不仅直接影响老年人的心态平和度和感觉幸福度，这种焦虑和压力也会传递给下一代，因为每个人都有老去的一天，今天老人的遭遇就是下一代明天的写照，年轻一代目睹当今老人的现状未免会为自己的未来感到担忧和恐慌，整个社会都会因此消沉和浮躁。事实上，2010年全国妇联发布的《中国和谐家庭建设状况问卷调查报告》显示，生活困难是影响我国家庭和谐的重要因素，尤其是在赡养老人方面所面临的“收入低，经济压力大”“医疗费用高，子女难以承担”“子女忙于工作或孩子，没时间照顾老人”这三大困难严重影响了家庭幸福。[④] 2011年在山东开展的一项关于和谐家庭建设的实证调查也表明，养老是被访家庭中面临的重

---

① 杜鹏，孙鹃娟，张文娟，等. 中国老年人的养老需求及家庭和社会养老资源现状——基于2014年中国老年社会追踪调查的分析. 人口研究，2016 (6).

② 宁雯雯，慈勤英. 老年人精神慰藉过程中的子女作用. 重庆社会科学，2015 (1).

③ 邝洁. 论构建和谐家庭的要素结构. 深圳大学学报（人文社会科学版），2011 (5).

④ 殷泓，李海秀. 和谐家庭的幸福源于什么——从《中国和谐家庭建设状况问卷调查报告》得到的启示. 光明日报，2010-05-18 (6).

要困难。[①] 可见，养老与和谐家庭建设密切相关，我国养老困境的存在直接阻碍了和谐家庭的建设。

二、我国养老困境的成因

为了每个家庭的幸福和整个社会的发展，必须解决我国养老困境。在探索我国养老困境的解决之道之前，我们首先要弄清造成问题的原因和找出问题的症结所在，然后才能确定解决中国式“养老难”这一问题的策略和措施。作为老龄化时代的产物，我国养老困境的出现具有深刻的社会文化、人口和经济根源，它是多种因素综合作用的结果。

从社会文化的角度而言，我国养老困境的出现源于孝文化的嬗变，亦即在传统孝道逐步衰落的同时，现代孝文化虽未完全成型但呈现出新的特征。所谓孝道是指子女对父母的一种善行和美德，它既是晚辈对待长辈应有的道德品质，也是晚辈在处理与长辈的关系时所应遵循的行为规范。作为一种社会价值观，孝道直接受制于各种社会经济因素的影响，社会经济环境的变迁势必导致孝道的改变。我国的传统孝文化首先受到政治环境和意识形态的影响。在改革开放亦即 1978 年之前，我国先后历经了五四新文化运动、社会主义改造和“文化大革命”等社会运动，这些社会运动在反封建的同时也反传统。其中，五四新文化运动坚决反对封建包办婚姻，把矛头指向封建家长制和封建礼教；社会主义改造要求民众从对家族的忠诚转向对党的忠诚，抨击儒家的孝道文化；“文化大革命”煽动年轻一代反对父母，破坏了代际关系伦理。传统孝道因此遭受重击。改革开放后，我国市场经济体制的确立、现代化进程的推进以及独生子女政策的实行进一步促使孝文化发生变化。其中，我国市场经济体制的确立给家庭带来了深刻而巨大的变化，削弱了家庭养老的社会基础；现代化进程的推进削弱了孝道和家族制度的重要性；独生子女政策的实行造成了“4-2-1”家庭结构，年轻一代难以照顾和赡养老人。如此一来，一方面，我国的传统孝道逐步衰落，这一点又主要体现在传宗接代、居住方式、尊敬父母、赡养父母和祭拜祖先五个方面。其中，在传宗接代方面，现代人的意识明显弱于传统社会的人们；在居住方式方面，现代社会儿女与父母共同居住的比率明显下降；在尊敬父母方面，传统的尊老道德观念逐步淡化；在赡养父母方面，赡养父母的重要度和普及度远不及传统社会；在祭拜祖先方面，现代人对它的重视程度亦不如传统

① 王毅平，毕伟玉，姜玉欣．和谐社会视野下的家庭建设——以山东省为例．东岳论丛，2011 (1).

社会的人们。另一方面，当今我国的孝道呈现出代际关系日趋平等、代际关系趋向等价交换、代际关系趋向商业化、践行孝道主要靠自律这四个特征。[①] 我国孝文化的嬗变直接导致老年人地位的边缘化，造成养老困境。就传统孝道的衰落而言，居住方式的改变不利于儿女照顾年老的父母，尊亲方式的改变以及赡养父母意识的淡化进一步造成老年人的不利处境，老年人从传统家庭养老中的强势地位沦落到现代家庭养老中的弱势地位。就孝文化的新特征而言，代际关系的平等化特征挑战了老年人的特权，老年人不再像过去一样在整个社会体系中享有较高的地位；代际关系的交换性特征不仅导致人们以市场理性和算计的方式来考虑赡养老人，而且导致代际支持更多地流向下一代，整个社会关注更多的是年轻一代的发展；代际关系的商业化特征既会使一些年轻人过于关注自身利益而推卸赡养老年人的责任，也会使一些社会养老机构更多考虑的是盈利而非关心和照顾老人；践行孝道主要靠自律也会使尊老和养老缺乏强有力的外在约束和监督。显然，我国孝文化的嬗变不仅挑战了家庭养老，而且影响了社会养老，因为这种嬗变不仅影响了儿女对年老父母的态度，同时也影响了整个社会对待老人的态度。

从人口的角度而言，我国养老困境源于我国人口年龄结构的改变，也就是人口老龄化的出现。如上所述，我国不仅是世界上老年人口最多的国家，而且是唯一老年人口超过1个亿的国家。我国国民经济与社会发展统计公报数据表明，2000年，我国60岁及以上老年人口数为1.3亿，占总人口比重10.33%；65岁及以上老年人口数是0.88亿，占总人口比重6.96%。2010年，我国60岁及以上老年人口数为1.776亿，占总人口比重13.26%；65岁及以上老年人口数是1.188亿，占总人口比重8.87%。2015年，我国60岁及以上老年人口数已跃至2.22亿，占总人口比重16.1%；65岁及以上老年人口数则高达1.44亿，占总人口比重10.5%。[②] 据联合国估算，2015年全球65岁及以上人口约有6.17亿，而中国占了23.3%。另外，大部分西方发达国家60岁及以上的老年人口比例从10%增长为20%历时至少50年，65岁及以上人口的比例从7%增长至14%也得历时40年，在这两项人口指标的倍增时间上，我国预计分别为27年和28年。[③] 这一切都表明我国是以极快的速度跑入人口老龄化社会的。造成我国快速进入老龄化社会的原因是多方面的，但其最主要的原因只有两个。一个是因为我国在20世纪80年代为了控制人口过快增

① 刘玮玮，贾洪波．我国医疗卫生领域中的老年歧视：孝文化变迁视角下的解读．内蒙古社会科学（汉文版），2017（3）．

② 赵强社．农村养老：困境分析、模式选择与策略构想．中国公共政策评论，2016（2）．

③ 辜胜阻，吴华君，曹冬梅．构建科学合理养老服务体系的战略思考与建议．人口研究，2017（1）．

长以及减轻人口对经济社会发展造成的压力从而实施独生子女的计划生育政策，推行该政策后我国生育率明显下降。我国第五次人口普查时就已经出现生育率低于正常更替水平的问题，第六次人口普查得到的生育率数据继续下降，总和生育率已经滑到 1.18。① 另一个是因为随着我国生活水平和医疗水平的提高，中国人口平均寿命由 1949 年之前的 35 岁增加至 2017 年的 75 岁（男 74 岁，女 77 岁），老年人的寿命普遍延长了。这两个因素使得年轻人口在总人口数的比重不断下降，而老年人口在总人口数的比重不断上升。2010 年第六次人口普查数据与 2000 年第五次人口普查数据的对比表明，这 10 年间我国 0～14 岁人口比重下降 6.29 个百分点，60 岁及以上人口的比重上升了 2.93 个百分点。② 人口老龄化社会的加速到来可谓必然的结果，目前我国人口年龄结构呈现为倒金字塔形状。在我国跑步进入老龄化社会的形势之下，全社会都没有为之做好准备。无论是从人力资源的角度而言，还是从经济资源的角度而言，如此庞大的老年人群对于个人、家庭和社会都构成巨大的压力。尤其是近年来我国老年人口抚养比不断攀升，2015 年这一数值高达 14.3%，也就是说每 100 名劳动年龄人口需要负担 14.3 名老年人口。③ 如此情形之下，养老负担势必日益增重。

从经济的角度而言，我国养老困境源于"未富先老"和城镇化进程。我国养老困境的形成与经济环境也有着密切的联系，因为养老需要坚实的经济基础作为保障。我国人口老龄化的典型特征就是"未富先老"，这同时也是造成养老困境的经济因素。发达国家进入老龄化社会时人均 GDP 一般为 5 000～10 000 美元，而我国在 2000 年进入老龄化社会时，人均 GDP 仅为 856 美元。④ 虽然 2017 年我国人均 GDP 跃升至 8 836 美元，世界排名为 70 位，但是与欧美等发达国家的人均 GDP 数万美元这一水平（例如，同年度世界排名第五的美国其人均 GDP 为 60 014.90 美元）相比，还是存在很大差距。而且，我国要养活的是世界上老年人口数最多的老年群体，经济负担之重可想而知。与"未富先老"相伴的另一经济形势则是我国推行城镇化。自改革开放以来，我国一直在推行城镇化进程，这是一场世界历史上规模最大、速度最快的城镇化进程，它极大地推动了我国经济的发展和现代化的实现。城镇化最显著的特征之一是农村人口向城镇流动。然而，我国城镇化进程中却存在着严重的人口"半城镇化"现象，也就是说大量农民工在城市劳动，而其家属留在农村，从而产生了大量的"三留"人员，引发诸多社会问题，尤其是留守老人

---

① 周立群，周晓波．中国生育率下降的制度经济学分析——来自养老社会化的解释．西南民族大学学报（人文社科版），2016（11）．

② 赵强社．农村养老：困境分析、模式选择与策略构想．中国公共政策评论，2016（2）．

③ 辜胜阻，吴华君，曹冬梅．构建科学合理养老服务体系的战略思考与建议．人口研究，2017（1）．

④ 同②．

的养老问题。据统计，2014 年我国外出农民工总量为 16 821 万人，其中只有 3 578 万农民工举家外出，仅占农民工总数的 21.3%，这背后存在着数千万的留守老人。[①] 这些守候空巢的留守老人不仅难以获得子女对他们的日常照护，有时甚至还会因为子女自身经济困窘而难以获得来自子女的经济援助，导致其最终既无法依靠家庭养老，也无力选择社会机构养老。较之于留守老人，那些少量的能随子女共同进城务工的老年人的养老情况也不见得乐观。由于我国城市实行基本公共服务与户籍挂钩的制度以及城市里价格不菲的房子，很多老年农民工面临着“融不进大城市、回不去农村”的养老困境。虽然城镇化进程推动了我国经济的高速发展，为我国养老事业的发展提供了物质基础，然而在这背后却是大量农村留守老人做出牺牲，经济高度发展的同时相伴的却是农村老人养老更难的问题，由此形成了一个中国式发展悖论。这一现象是很多步入老龄化社会的发达国家未曾出现过的，它昭示了我国的养老困境不是简单地借鉴国际经验就能解决的。

三、解决我国养老困境以及构建和谐家庭的策略

我国养老困境的多种成因表明了这一问题的解决需要诉诸多种策略和方法。既然我国养老困境是由深层次的社会文化、人口、经济等因素造成的，那么要解决这一问题也应该分别从社会文化、人口和经济这三个角度着手，采取有效措施，以实现构建和谐家庭乃至和谐社会的目的。

对于孝文化的嬗变而引发的养老困境，我国应该大力构建和弘扬新型孝文化。以孝养老是我国延续了几千年的传统，直至今日依然是我国家庭养老的突出特点。弘扬孝道不仅有利于维系家庭养老模式、建立和谐的代际关系和促进家庭和睦，而且有利于推进我国社会化养老事业的发展，因为孝文化有助于提高老年人的地位，造就“尊老、敬老、爱老”的优良风尚，让全社会真正关心和尊重老人。然而，当前要弘扬的却不是传统孝道。如前所述，作为一种社会价值观，孝道受制于各种社会经济因素的影响，社会经济环境一旦改变，孝文化亦将随之变化。当今我国正处于从农业社会向工业社会发展的转型期，传统孝道已经失去其存在的基础，新型孝文化又没有成型。基于此，需要在吸取传统孝文化的精髓的基础上构建出一种新型孝文化。新型孝文化应该是一种以家庭情感为纽带、以尊老为基本规范、强调代际公正的文化。[②]

---

① 辜胜阻，吴华君，曹冬梅. 构建科学合理养老服务体系的战略思考与建议. 人口研究，2017 (1).

② 刘玮玮，贾洪波. 我国医疗卫生领域中的老年歧视：孝文化变迁视角下的解读. 内蒙古社会科学（汉文版），2017 (3).

其中，以家庭情感为纽带和以尊老为基本规范是对我国传统孝文化精髓的继承与发扬，尤其在当前我国很多老人处于无人照护和情感匮乏的情况下，强调家庭情感和尊老规范有助于提升老年人的生活质量、满足老年人的情感需求以及实现家庭和睦。当然，现代社会的尊老观念从根本上有别于传统社会的尊老观念，前者建立在代际之间相互尊重的基础上，它强调的是对老人人格和权利的尊重，而非绝对服从老人的意愿和命令。强调代际公正更是构建和谐的代际关系不可缺少的代际伦理诉求。如前所述，当今我国只见哺育而未见反哺的现象较为常见，甚至出现年老父母支持成年儿女的“逆反哺”现象，这种代际不公势必导致老年人地位边缘化，进一步加深养老困境。基于此，我们应该强调代际公正，这种代际公正包括代际平等、代际补偿和代际互惠三大基本理念。① 就养老领域而言，代际平等意味着要充分保障老年人享有与其他年龄群体等同的权利，尤其是经济利益分享权和社会政治参与权，这是代际公正的伦理底线；代际补偿意味着为确保老有所养，国家应该通过国民收入的代际再分配对老年人进行经济收入补偿，这是代际公正的利益调节机制；代际互惠意味着老年人与其他年龄群体在经济上和生活上互助、互利和互赢，这是代际公正的价值目标。对于代际公正而言，这三者缺一不可。既然新型孝文化有助于解决我国养老困境和促进和谐家庭建设，那么究竟该如何构筑和弘扬这种新型孝文化呢？当前形势下，道德教育、媒体宣传和相关制度建设是实现这一目标的有效途径。自古以来道德教育就是宣传和推行孝文化的有效方法，现代社会亦不例外。当前应该让人们尤其是年轻一代了解新型孝道规范，使其充分认识到老年人为家庭幸福和社会进步所做出的贡献以及践行孝道的现实意义，要求其养成在家孝敬父母长辈、在外热心帮助老年人的优良品质，促使其自觉自愿、积极主动地履行赡养老人的义务和责任，形成“尊老、敬老、爱老”的优良道德风尚。在这一道德教育过程中，家庭、学校、政府乃至全社会都应成为教育主体。由于尊老风尚的形成并非一蹴而就，以孝道为核心的道德教育需要长期开展。为了配合这一道德教育的开展，媒体亦需对此大加宣传，通过报纸、杂志、电视和网络等各种媒介来宣传新孝道的理念、弘扬现代孝道先进典型、营造尊敬老人的良好氛围。如同道德教育，关于新型孝文化的媒体宣传也应长期进行。除此之外，新型孝文化的构建与弘扬还离不开相关制度建设。就此而言，当前我国应着重抓好两个方面的制度建设：一是要制定新孝道的法律规范。现代社会的人们践行孝道主要靠自律，然而并非每个人都能做到自律，当前在我国尤其是农村地区存在不少子女弃养年老父母的情形，所

① 刘喜珍. 论代际公正的基本理念——以老年伦理关怀为视角. 湖南社会科学，2010 (1).

以，我国在诉诸道德的同时完全有必要采取法律制度保障，多加制定类似于《中华人民共和国老年人权益保障法》且更具操作性的法律，通过法律规定要求家庭成员必须为年迈的父母提供经济支持、生活照料和情感慰藉等，以落实新孝道和确保老有所养。二是要完善与老年人相关的社会保障制度建设，这一制度建设重在提高老年人的社保待遇和解决老人及其家庭的后顾之忧。由于社会保障制度建设问题同时也是一个经济问题，下文将详论其应该如何建设。

对于人口老龄化造成的养老困境，国家所采取的调整生育政策、全面放开二孩的举措的确有助于延缓我国人口老龄化进程。不过，这一举措并不能改变我国人口老龄化的发展趋势。事实上，即便在我国于 2016 年全面放开二孩的情况下，至 2050 年我国老年人口比例仍将比现在翻番，预计超过 31%。因此，我国的人口政策还需进一步完善，要充分考虑孩子的抚养与教育对家庭生育决策的影响，激发人们的生育意愿，实现生育水平的合理回升。① 由于以促进人口增长为目标的生育政策对于人口老龄化的缓解作用短期内难以显现，因此为解决当务之急，我国还应该进一步完善家庭发展政策以及大力发展多样化养老模式。如前所述，我国人口老龄化的形成主要是由我国实行独生子女计划生育政策和老年人的平均寿命普遍延长这两大因素造成的。独生子女政策导致我国“4－2－1”家庭倍增，如果家里老年人的寿命普遍都长的话，1 个年轻人很有可能要照顾 6 个老人，这渐渐成为年轻一代的“不可承受之重”。基于此，一方面，我国应该大力完善家庭发展政策，毕竟目前家庭养老依然是我国最主要的养老方式。为了既确保老人获得来自子女的照顾，同时又不影响年轻一代的发展，国家一是要落实家庭成员赡养老人的法律责任，明确其对于老人的经济供养、生活照料和精神慰藉的义务②；二是要通过购房减税等优惠政策鼓励子女与年老的父母共同生活或就近居住③；三是鼓励用人单位实行弹性工作制或设置灵活的家庭责任假期制，支持子女承担照顾父母的家庭责任，使其实现工作与家庭之间的平衡。另一方面，我国还应该大力发展多样化养老模式。尽管国家给予老年人的家庭照料者以支持，但是家庭照料者的时间和精力毕竟有限以至于无力照顾多位老人，而且单一的家庭养老模式很难满足不同老人的养老需求，国家需要大力发展多种养老模式。近年来，我国对于养老模式进行了大量的探索，从形式上看，除了人们熟知的家庭养老、机构养老和社区养老之外，还有自我养

---

① 杜鹏．中国人口老龄化形势与养老服务的发展．人口与计划生育，2015（7）．

② 青连斌．我国养老服务业发展的现状与展望．中共福建省委党校学报，2016（3）．

③ UNDP《促进中国养老服务体系发展的财税政策研究》课题组．促进中国养老服务体系发展的财税政策研究．财政研究，2012（4）．

老、集中养老、合居养老、分散养老、遗赠扶养、钟点托老、售房入院养老、乡村养老、以房养老、消费养老、旅游养老等多种模式。[①]多种养老模式的出现反映了人们养老观念的更新和时代的进步，为老年人的养老提供了更多的选择。不过，鉴于一些新兴的养老模式尚存在风险和漏洞，国家在对其加以积极扶植和引导的同时还应加强监管力度，实现养老安全。

对于“未富先老”带来的养老困境，我国应该从国家经济实力、社会保障体系、老年人的收入和财产、养老基础设施和资源、中介组织和社会力量、老龄产业的发展这六个方面着手，如果这六个方面都能得以明显的提升和发展的话，我国才能称得上摆脱“未富先老”的困窘局面。[②] 为此，国家首先应该大力发展国民经济，提升国家经济实力。在这一基础之上，鉴于老年人在就业市场上的弱势地位，其收入难以在短期之内得以改善，我国应该以国民收入再分配的方式给予老人以一定的经济补偿。为此，我国应该健全和完善与老年人相关的社会保障制度。具体而言，国家一是要完善养老保险制度，应进一步提高基本养老保险参保率，建立基本养老金合理调整机制，适当提高老年人尤其是农村老年人的基本养老金待遇，加强对现有资金管理体系的建设，在实现保障资金多元化投资的同时保障现有资金的安全和收益。二是要健全医疗保险制度，解决老年人看病难的问题，尤其是针对那些经济困难、无人照看的失能老人，应探索建立长期护理保险制度。三是要完善与老年人相关的各种补贴制度，为那些年龄偏高、经济困难和无生活自理能力的老年人及其家庭提供适当的经济支持，以防范更多的老人陷入贫困之中。对于养老基础设施和资源，国家一是要加大财政投入，建立稳定的财政投资机制，确保对公益性养老的支撑[③]；二是要完善吸引民间资本的政策体系，大力支持与吸引民间资源进入养老服务领域；三是要采取诸如资本金注入、权益入股、投资补助、需求方补贴、运营补贴、以奖代补等方式，对民办养老服务机构进行扶持和引导[④]；四是要加强养老服务队伍建设，提升养老服务人员的薪酬待遇和社会地位，完善养老服务人才的培训体制，建立养老人才培养体系，稳定养老服务队伍。对于中介组织和社会力量，国家应该让它们充分发挥作用。关于老龄产业，国家则应该充分利用市场经济作用对其加以发展，使其成为社会公共产品和服务的补充，让老年人能享受到更多物美价廉的老年用品和服务，实现生活质量的提升。

---

① 尹孔阳，刘艳辉，郭琳．人口老龄化背景下多元化养老模式的选择．中国老年学杂志，2015（12）．

② 杜鹏．再论中国是否“未富先老”．人口研究，2007（4）．

③ 宏观经济研究院课题组．“十三五”养老服务体系建设投资问题分析与建议．宏观经济管理，2016（3）．

④ 同③．

对于我国人口“半城镇化”所造成的养老困境，应采取农村和五线城市共同发力的策略。所谓五线城市是指县辖县管在县以下的小城市和特大镇，它们是城市之“尾”和农村之“首”。具体而言，一方面，国家要通过完善农村养老保障制度、加大财政资金的支持力度、加快农村服务体系建设、改善农村基础养老环境、充分发挥乡镇敬老院的作用、鼓励养老服务机构提供多样化服务、构建农村互助式养老服务体系等措施来解决留守老人养老难的问题；另一方面，国家要大力发展五线城市，通过完善这些城市的养老服务体系、改善老年人居住环境、大力发展老龄产业、保障老年农民工在小城市养老的合理权益、推进让老年农民工就地城镇化养老落地等措施，让老年农民工能够在五线城市养老。①

总而言之，破解我国“养老难”的问题是一项复杂庞大的社会系统工程，它涉及多方面的因素，所采取的措施远非本文能穷尽，这需要全社会形成合力和为之努力。对于这种中国式“养老难”问题，不能简单地借鉴国际经验，一定要根据我国国情提出中国式解决方案。而且，由于这一问题是由社会文化、人口和经济等错综复杂的因素造成的，所以短期之内它难以得到根本性解决，我们需要为之制定长期规划和做好长期奋战的准备。尽管如此，只要养老问题进入国家和公众关注的视野，纳入社会发展的议程中，它就能逐步缓解。事实上，我国已经在这一方面取得初步成效。因此，我们有信心看到越来越多的老年人能够安度晚年以及越来越多的家庭能够和睦幸福。

① 辜胜阻，吴华君，曹冬梅．构建科学合理养老服务体系的战略思考与建议．人口研究，2017（1）．

报告七：农民工家庭问题与伦理关怀

党的十九大报告指出，中国共产党人的初心和使命，就是为中国人民谋幸福，为中华民族谋复兴，“人民对美好生活的向往，就是我们的奋斗目标”。就人民幸福而言，家庭幸福无疑是最重要的一个基点。歌曲《国家》中的歌词称，“家是最小国，国是千万家”，表达了人民大众朴素的家国情怀。《孟子·离娄上》有言“天下之本在国，国之本在家”，传达了中华民族自古以来的家国同构思想，中国文化中家与国是两个难以分别的概念，所以古人才有齐家治国的理念。在当今中国社会发展过程中，作为国家富强、人民幸福的基础，家庭建设也是一个不容忽视的领域，家庭幸福是幸福中国的重要基点。党的十八大以来，习近平总书记在不同场合多次谈到要注重家庭、注重家教、注重家风，强调家庭的前途命运同国家和民族的前途命运紧密相连。在实现党和国家2020年全面建成小康社会的奋斗目标中，家庭建设无疑扮演着至关重要的角色。

农民工群体是改革开放以来中国社会发展的特殊产物，农民工家庭问题是中国当下家庭建设中的关键一环。根据国家统计局2017年统计结果，我国有2.87亿农民工，约等于俄罗斯全国人口的两倍，是欧盟全部国家人口的一半。近年来，全国人大代表中的农民工代表，也成为引发热烈关注的群体。他们中既有返乡创业的大学生，又有非物质遗产的传承人，既有蓝领精英，又有劳动模范。通过参政议政，农民工群体的诉求正受到越来越多的重视。从全国上下一盘棋的农民工欠薪问题，到后来的农民工社保问题，再到如今深入讨论的农民工社会融合等，与农民工权益相关的提案一再受到热议。然而，农民工家庭问题却是一个被忽略的角落。虽然空巢老人、留守儿童、临时夫妻等报道屡见报端，但从伦理关怀的视角对农民工家庭问题进行调查、研究，显然更加具有理论价值和现实意义。

本项报告锁定农民工家庭问题进行调研。本报告基于专家、学者们对有关农民工家庭问题的实证研究材料和数据，结合相关研究结论、经典案例进行分析，以期在伦理关怀的视域中产生新的问题意识，进一步提出相应的解释、观点和解决方法。该研究不仅可以丰富伦理学的研究对象、内容、问题和方法，而且期望能够对认识和解决农民工家庭问题提供智力支持。

一、农民工就业状况与家庭境况

农民工是我国经济社会转型时期的特殊概念，主要是指户籍身份在农村，但主要从事非农产业、依靠工资收入生活的劳动力。“农民工”并非一个正式的法律概念，而是户籍制度下城乡二元社会结构的产物，是“农民”身份与“工人”职业的一种特殊结合。[①] 农民工虽然进了城市，但没有融入城市；离开了农村，但仍与农村保持着千丝万缕的联系。农民工现象无疑是一个中国特色。广义的农民工，包括在县域内第二、三产业就业人员和跨地区外出务工人员。狭义的农民工一般指跨地区外出务工人员。[②] 国家统计局《中国人口和就业统计年鉴 2017》数据显示，全国乡村人口 5.9 亿人，同期城镇人口 7.93 亿人。同时，根据国家统计局 2018 年 2 月末发布的《2017 年国民经济和社会发展统计公报》[③] 数据，同期全国就业人员 7.76 亿人，其中农民工 2.86 亿人，比上年增长 1.7%。具体来看，外出农民工 1.72 亿人，增长 1.5%；本地农民工 1.15 亿人，增长 2.0%。可以知道，农民工人口占乡村总人口的比例为 48.47%，这表明近年来，将近一半的农村人口脱离乡村就业，或离乡务工。从数据总量和增量可以看出，农村人口外出就业或打工已经成为一个越来越普遍的社会现状。

农村富余劳动力外出就业，既因为中国工业化与城镇化的高速发展需要劳动力，具有强大的拉力，更因为改革开放以来，尤其是家庭联产承包责任制难以满足农民的经济需求，使得农业的比较收益下降，农民迫切需要增加收入，进城务工成为最好的选择，由此产生巨大的推力。21 世纪初以来，随着地区经济社会发展差异的增大，农民工群体的外出务工热情持续高涨。归根到底，农民工外出就业或打工，从个体层面上看，是基于农民工群体改善家庭境况的迫切需求，但从宏观上分

---

① 刘丽华. 我国农民工劳动权益保护问题研究. 财经问题研究，2016 (S2)：167.

② 《中国农民工战略问题研究》课题组，韩俊，汪志洪，等. 中国农民工现状及其发展趋势总报告. 改革，2009 (2)：5-27.

③ http://finance.people.com.cn/n1/2018/0301/c1004-29840331.html.

析，则是由我国经济社会发展过程中的劳动密集型产业需求、产业结构转型升级等因素共同造成的。随着农民工外出务工问题的不断深化，当前农民工外出就业现象也呈现出几个比较显著的特点，包括农民工外出就业结构“逆升级”、作为人力资源的农民工劳动力向人力资本转变，以及农民工择业多元化及其转变给产业发展带来的负效应等。

(一) 农民工外出就业现象分析

1. 就业结构“逆升级”

根据一般经济规律，随着经济增长或工业化的深入，劳动力会逐渐从第一产业即农业，向第二产业即工业，继而向第三产业即服务业转移。在结构上表现为，第一产业产值的比重逐渐下降，第二产业产值的比重先上升后下降，第三产业产值的比重则持续上升，而相应的第一产业就业的比重呈现逐渐下降趋势，第二产业就业的比重先上升后下降，第三产业就业的比重则持续上升。三次产业就业结构升级一般会滞后于产值结构升级，但其变动与产值结构的变动方向大体上是趋于一致的。① 而依据有关研究，我国农民工就业结构滞后于产业结构的变动，两者之间存在显著偏离，其中东部地区偏离程度较高，中部地区较低。从总体情况来看，我国农民工的就业结构存在明显的“逆升级”现象，其程度与经济发展水平呈正相关关系，东部地区“逆升级”现象最为突出。② 研究者指出，现阶段要实现农民工就业结构与产业结构的协调发展，可通过发挥东部地区制造业技术进步的就业“衰减效应”、转换经济增长动力结构、借助产业转移加快中西部制造业发展、以农民工市民化带动城市化进而推动第三产业发展、着力于第三产业内部的均衡发展、以就业培训推动农民工职业分化等多种途径来实现。③ 据此而言，可以看出，纯粹的经济分析和手段并不存在，其中必然还涵盖有伦理的考虑与关怀，反过来说，之所以出现就业结构与产业结构的不协调发展，不仅仅是因为经济规律在产生作用，而且还由于在伦理关怀方面不足，如果重视以机器代替人力、加强对农民工的培训教育，这种结构的不协调就不会如此明显。局限在某一领域和系统内解决问题固然必要而且非常重要，但不可或缺的是要从更为宏观的、跨领域的视角来分析、综合，尤其应从伦理关怀的角度出发，如此才可能对一个问题进行比较全面的把握。

---

① 周健. 三次产业就业结构“逆”升级研究——以黑龙江省为例. 辽宁大学学报（哲学社会科学版），2014（1）：83.

② 刘新争. 农民工就业结构“逆升级”及其均衡对策探析. 福建论坛（人文社会科学版），2017（5）：42-47.

③ 同②.

2. 资源向资本的转化

以前人们把人力看作资源，随着市场经济的发展，对人力资源的开发越来越受到重视，由于开发利用而使资源成了资本，这也是符合经济规律的一种表现。对于农民工这种丰富的人力资源而言，有研究从年龄、文化水平、家乡经济发展程度、社会网络四个层面分析农民工就业选择的理念、方式、范围、利益诉求的变化和特征，认为不同年代的农民工由于受到自身文化水平、家庭及社会网络、价值观念的影响，在就业选择的理念、方式、范围及利益诉求上表现出不同的特征，就我国农民工一般情况而言，人力资本转化的内生性框架正在日益形成。[①] 把人力看作资源还是资本，这在道德价值判断上是个非常复杂的问题，也许不能得出统一的答案，但我们可以对此进行分析。资源就在那里，不论是从道德上，还是从经济上，又或从其他方面来看，它是有待开发的“价值”；但资本则与此不同，我们只能从经济方面来考察，它是要带来利润的“价值”，否则就不能成为资本。这并不是说明资本只具有经济价值而没有道德价值，而是说，一旦把人力作为资本时，人就脱离了“身份”这种传统的局限，而成为契约的现代性对象，更加突显了人的主体性、自主性、平等性等道德价值。

3. 工作转换的负效应

我国农民工就业总的情况是稳定中有提升，但其中必然存在着大量的工作转换现象，有研究基于中国城乡劳动力流动调查数据（RUMIC）考察工作转换对就业质量的影响，结果表明：工作转换对农民工就业质量的影响存在较大差异。因工作原因带来的自愿性工作转换对就业质量的冲击最小。行业内转换和行业间转换两者对农民工的就业质量均产生显著负效应，行业内转换的负效应要小于行业间转换。城市间转换和城市内转换对农民工产生显著负效应，城市内转换者的就业质量指数比未转换者低 4.76，而城市间转换者的就业质量指数比未转换者要低 6.65，城市内转换对就业质量的负面影响要小于城市间转换。[②] 这说明工作转换一般来说不利于就业质量的提高，大多数人还是希望有个稳定且比较固定的工作。这是个事实问题，也是个心理问题。时代在发展，观念在更新，只有创新才是历史发展的总趋势，每个人都“应当”立足现实，又“应当”与时俱进。工作转换本身就是一种事实上的生存状态，但因此而影响到就业质量，说明了人们在面对新事物时必然会产

---

① 倪玖斌. 城乡融合对农民工就业选择影响机理及政策建议——基于人力资本转化视角. 中国劳动，2017 (4)：50-55.

② 明娟. 工作转换对农民工就业质量影响的实证分析——基于工作原因、行业、城市转换维度. 湖南农业大学学报（社会科学版），2018 (1)：38.

生恐惧和担心的心理问题，鼓励人们勇于创业、敢于创新，就要做好社会保障工作，以消减其后顾之忧。

（二）农民工群体就业状况——以江西省赣州市为例

在农民工外出就业或打工愈发普遍的当下，农民工群体的就业状况理应受到首要的关注。以江西省赣州市的问卷调查为例①，赣州市地处江西省南部，是江西省面积最大、人口最多的地级市。由于靠近广东、福建等沿海地区，户籍人口中外出就业人群所占比例一直较高，能够较为典型地反映农民工家庭境况与其外出就业意愿之间的关系。根据中国人民银行赣州市中心支行的问卷调查，在 1 200 户农民工家庭样本中，样本家庭总人口为 5 467 人，户均 4.6 人，其中，劳动力 3 440 人，户均 2.9 人，外出务工 2 028 人，户均 1.7 人，占农民工家庭总人数的 37.10%，占家庭劳动力总人数的 58.95%。从农民工年龄来看，18～30 岁占比 65%，31～50 岁占比 30%，18 岁以下占比 5%，其中男性受访对象 60%，女性农民工群体集中于 18～30 岁，且占比 71%。从农民工就业的地域来看，68.33%集中于珠江三角洲地区，20%选择长江三角洲地区；从农民工就业行业来看，35%选择从事制造业，16.67%选择从事建筑业，13.33%选择从事餐饮娱乐业，剩余 20%分布于采掘业、交通运输业、农林牧渔等行业。以上调查结果显示，赣州市超过一半的家庭劳动力外出务工，且多为青壮年劳动力，多为外出就业，而非就近务工，流向沿海较发达地区，基本以制造业和建筑业等技术含量低、劳动密集型行业为主。

针对农民工外出务工目的的调查，反映在收入水平、外出务工预期等方面。调查显示，15%的农民工对目前的工资水平表示“满意”，高达 65%的农民工认为仅仅“过得去”，只有 20%的农民工表示“不满意”。该数据表明，农民工从外出务工中获得了更好的收入，但其收入预期显然更高，迫切希望通过外出务工改善家庭条件。在“明年是否还会外出打工”的问题中，高达 83.33%的调查对象表示会继续外出务工，仅有 3.33%回答“不会”，还有 13.33%的受访对象回答“视情况而定”，并不十分确定。该结果表明，农民工群体在外出务工的过程中，收入水平有了较为显著的提升，同时，也从另一个侧面反映出农民增收渠道狭窄，农民劳动力对外出务工的依赖性较强，对外出务工的预期更高。

江西省赣州市作为中西部地区外出务工人员净流出的一个缩影，能够反映农民工群体外出务工的基本样态。虽然当前农民工群体中已有较大比重的农民工二代，

① 杨庆明，李南阳. 赣州市 1 200 户农民工家庭问卷调查. 华南金融电脑，2008，16（10）：85-86.

乃至完全脱离农村生活工作于城市中的“新市民”，但因城乡二元体制所限，在城市工作的农村户籍群体，仍然受制于这种身份的认同以及农村家庭的诸多困境。网络上流传着一句“伤感”的话，“留不下的城市，回不去的农村”，表达了当前数量众多的农民工群体的心声。城市生活固然值得期待，但受制于户口、入学、医疗等社会资源，终究不是自己的家；农村固然是自己的家乡，却因土地荒废、收入有限、子女教育等限制，也成为回不去的家。处于这种两难境地中的农民工，正在面临严重的认同危机。

（三）迷失的农民工：“留不下的城市，回不去的农村”

一个叫“猪小戒”的网友在《一个农村人的无奈：回不去的农村，待不下的城市》中这样描述自己窘迫的现状。“我一个农村人，生在农村，长在农村。读了几年书，就雄赳赳气昂昂地留在都市闯荡。2014 年的春节我过得太过悲伤。自己在郑州没挣到钱，更寒碜的是债台高垒，别说房租了，就连回家的车费也拿不出来。找了好多人借款，好不容易借来 600 元，还好公司发了 500 元购物券，算是能给父母买点东西。家中的生活、自己的境遇，困苦不想多说，唯一能做的就是：一定要挣钱，为自己，也为孝敬父母。但是这有什么用呢，再励志对于一个贫穷而又拙笨的农村小子来说有什么用？又混了两年依然孑然一身，我现在还是囊中羞涩，城市生活三年来的窘境是，没有房、没有车、没有存款，也没有高薪的工作。现在我的处境更复杂，城中村的房子要拆迁，我在城市失去了可以栖身的地方，更尴尬的是我失去了工作，虽然是我自己辞职的。辞职和别人合伙做项目，但是合伙人没有诚意，也就没有合作的必要了。现在处在城市的我已经到了山穷水尽的尴尬境地，在城市待不下去了，我要回到农村去？一提到农村我身体不由自主地一震，我对农村是充满恐惧的。每次回到农村，村里就会有人似笑非笑地问，在做什么工作，工资咋样，有没有女朋友？每一个问题都像一根刺，恶狠狠地刺过来，吓得我落荒而逃。我看不惯农村的恃强凌弱，钩心斗角，利欲熏心，因为鸡毛蒜皮的事就会大动干戈，背后说闲话，挑拨是非，唯恐天下不乱，不能容忍别人过得比自己好。就是这统统的都可以抛开，我即使选择回到农村，也会被饿死。我这贫贱的命，却忌惮于农活的劳苦，地怎么犁？庄稼怎么种？我还对农活一窍不通。回到农村，我也一样生存不下去，我陷入了更大的恐慌。我该何去何从，我不知道。”①

“猪小戒”说出那句“唯一能做的就是：一定要挣钱，为自己，也为孝敬父母”

① 引自新浪博客，网址如下：http://blog.sina.com.cn/s/blog_15675b397012weu2.html。

时，实际上代表了农民工群体的基本期待，家庭永远是他们最大的牵挂。正因为外出打工能够带来更多的收入，能够改变自己的命运，改善家庭的生活，才会有越来越多的农村人背井离乡，来到城镇工作。然而事实却是，满怀期待从农村进入城市打工，却因种种因素无法留在城市，农民生活的陌生感，最终让这个“家”变得无处可回。作为新生代农民工的代表，“猪小戒”的故事并非个例。

北京工友之家是北京市朝阳区正式注册的为数不多的关注农民工群体的社会公共服务机构，曾被评为“北京十大志愿者团体”，其打工青年艺术团，曾被国家文化部、中宣部评为“全国服务农民先进集体”。北京工友之家吕途博士在其具有重要影响力的文章《迷失的3亿新工人：待不下的城市，回不去的农村》中，讲述了他2008年在北京市朝阳区金盏乡皮村所做的调查报告，跨越北京、重庆、东莞、苏州、深圳、武汉六个城市所做的深度访谈，以及更多大量的乡村走访。根据其调查结果，2014年全国打工者的人数为27 395万人。在这近3亿打工者中，8 400万人从事着制造业，我们穿的、用的都是他们制造的；6 000万人从事建筑业，我们住的房子、走的公路铁路都是他们建设的；2 000万人从事家政工作，她们照顾着别人的孩子、别人的老人，却见不到自己的孩子。与此同时，全国农村留守儿童6 102.55万，全国农村流动儿童达3 600万，在农村的儿童见不到父母，在城市的儿童享受不到公平的教育权利。在对近150名农村工友的访谈中，有两个问题十分引人关注。当被问及：“如果在城市留不下去怎么办?”65%的人回答：“回老家!”当被问及：“对未来有什么打算?”只有9%的人回答“回老家”，有53%的人回答“继续在城市打拼”。这样一种在城市与乡村间徘徊的矛盾心理，用一句贴切的话说，就是“留不下的城市，回不去的农村，迷失在城乡之间”。

(四)“改变家庭境况”的反转

如果说农民工群体最初离乡就业是以改变家庭境况为目标，那么，“留不下的城市，回不去的农村”又让他们的家庭境况发生了更大的戏剧化转变。

根据国家统计局2014年的调查数据，农民工群体中仅有16.7%的人有养老保险，26.2%的人有工伤保险；农民工在城市生活，但是他们在城市买不起房子，一部分人支出了自己全部的积蓄，甚至借钱在老家的镇上买了房子，或者在村里盖起了房子，但是，那是一个回不去的“家”，因为必须在城市打工才能维持生活；农民工结婚了并且有了子女，但是他们的子女很多不能在城市的公立学校入学，因而被留在老家由祖父母抚养照顾，有一些干脆长年学习和生活在寄宿学校里；那些有幸可以和父母生活在一起的孩子在城市被称为“流动儿童”，从名称上看就好像他们要重复父母的命运。当前的乡村事实是，农业收入非常微薄，以吕途博士的实地调查为例，在其调查的案例中，收入最高的一户河南农民靠农业的收入只占打工收入的一半；而收入最低的一户四川农民由于受灾，收入只占打工收入的2%；同时，农业生态系统在瓦解，比如，四川过去维持生态循环的“生猪—红薯—玉米”的种养系统濒临崩溃；基层组织作用缺失，湖北的一个村子，村委会的成员基本上由地痞流氓组成，欠了赌债靠集资来偿还，如果农民不交钱，就会被断电。在这样的情况下，如果农民工现在不回到家乡，而只想着老了以后回去，那么老了以后可能就更无家可归了。

关注农民工生存状况的著作《中国新工人：文化与命运》中举了两个例子，工友苏浩民属于典型的“打工为了谋生”的类型，在自己的努力下，在湖北老家盖起了三层楼房，一共花了30多万，自己的存款20万花光了，又借了10多万。另外一个工友王海军为了生存，工作非常努力，而且贷款在打工地苏州买了一个小公寓，首付14万，贷款14万，每月还款1 600元。然而时至今日，两人都直言后悔，苏浩民说：“盖了房子也回不去，现在就后悔了，但是想卖也没人会买。”王海军说：“房子面积不够子女就地入学的要求，妈妈最近又身体不好，要回老家才能照顾，我每月要还贷就被工作牢牢套住，实在后悔。”苏浩民和王海军都属于技术工人，是打工者中收入稍高的，状况也是极不乐观。中国人一向将房子作为家庭稳定的重要依靠，然而，上述的两个案例无一例外说明，对于农民工群体而言，纵使拥有了自己的房子，在家庭生活与个人发展之间，城乡二元的根本矛盾还是没能化解，彻底“改变家庭境况”的期待似乎也变得渐行渐远。

对农民工“家庭境况”冲击最为显著的是教育。很多农民工辛辛苦苦打工，期望可以改变子女的命运。在吕途博士跟踪调研的重庆奉节一个高中班级里，高一的时候有69人，高二的时候剩下60人，高三的时候剩下48人，这期间辍学的学生都出去打工了。到了2013年高考的时候，4名学生上了本科大学，14名学生上了自费大专，2名学生复读，其余都步入了打工者的行列。也就是说，69个上了高中的孩子，之后上大学和大专的有18人，只占26%。那些自费的大专其实也是培训廉价劳动力的过渡站。更何况，即使上了大学，毕业以后也难免步入蚁族之列。流动儿童的情况更不乐观，小升初无法在城市入学就开始沦为留守儿童，不想留守的很多孩子就早早辍学，再加上很多孩子在缺少关爱和学习乐趣的情况下，很早就失去了学习的动力。如果说农民工群体希望通过外出务工改善家庭经济状况，为子女提供更好的生活保障，乃至改变子女的命运，那么，现实却给这种“改变家庭境况”的期许蒙上了一层阴霾。

留下还是回家，似乎已经不是一个可以选择的问题。农民工群体的就业状况必须与其家庭问题一起通盘考量。农民工外出就业或打工的初衷是改善家庭境况，然而当下的“留守儿童”“留守老人”“临时夫妻”等农民工家庭问题，正在慢慢摧毁农民工外出务工的根本动力。将农民工家庭问题置于农民工问题的首要位置，才能从根源处洞察农民工问题的实质，才能真正解决当下中国农民工的诸多困局。

二、农民工家庭子女教育与“留守儿童”问题

农民工家庭子女教育是农民工家庭问题中的关键一环，其中“留守儿童”问题尤为突出。根据教育部官方网站发布的2014年全国教育事业发展统计公报，全国义务教育阶段在校生中，进城务工人员随迁子女共1 294.73万人，其中，在小学就读955.59万人，在初中就读339.14万人；全国义务教育阶段在校生中农村留守儿童共2 075.42万人，其中，在小学就读1 409.53万人，在初中就读665.89万人。教育部对农村“留守儿童”的解释是：外出务工连续三个月以上的农民托留在户籍所在地，由父、母单方或其他亲属监护接受义务教育的适龄儿童、少年。与此同时，2013年全国妇联根据中国2010年第六次人口普查数据推算，中国共有6 102.55万农村留守儿童。而2016年多部门联合开展的农村留守儿童摸底排查工作统计认为，全国不满16周岁、父母均外出务工的农村留守儿童数量为902万人。尽管统计结果各有不同，但不可否认的是，农村“留守儿童”是一个数量庞大的群体，“留守儿童”问题是一个不容忽视的重大社会问题。

农民工家庭子女教育问题与“留守儿童”问题密切相关。随着近年来“留守儿童”问题不断爆发，大量农民工已经将留守子女教育问题纳入重要考量范围，各主要城镇的农民工随迁子女数量也有了较大提升，但这类作为农民工随迁子女的“后留守儿童”，仍然面临许多严峻的现实挑战。因此，针对农民工家庭子女教育既要关注到严峻的“留守儿童”问题，也要考虑到作为“后留守儿童”的农民工随迁子女教育问题。如果无法解决农民工随迁子女在城镇中的教育问题，这些适龄学生仍然有较大可能性再一次变为“留守儿童”。

（一）作为“后留守儿童”的农民工随迁子女的教育

当前农民工家庭子女教育问题，既包括农民工随迁子女的教育问题，也包括“留守儿童”的教育问题。从农民工随迁子女教育问题的现状来看，主要有四个方面：因户籍制度和教育资源分配不均等导致的“就读准入”，与农民工子女城市教

育相关的“子女随迁”，如何开展“教育扶贫”以化解农民工家庭子女教育的进退困局，以及如何提升农民工家庭子女的“生活满意度”，促进其身心健康发展。具体解决路径如下：

（1）就读准入。有研究显示，新生代农民工对子女接受公办教育和优质教育有着强烈的需求，但是，流入地城市教育供给总量不足和供求结构性矛盾，导致新生代农民工子女“上学难”“上学贵”问题比较突出，学前教育阶段的问题尤其明显。因此，有学者提出，要高度重视新生代农民工子女平等接受教育的权利，改革城乡户籍制度与教育资源配置机制是促进农民工子女教育发展的基本方向。要加大中央与省级政府统筹力度，实施“两个全部纳入”（即常住人口将全部纳入区域教育发展规划，进城务工人员随迁子女全部纳入财政保障范围）政策，在教育管理、教育财政和办学体制等方面实施深层变革，方能构建适应人口流动的教育资源配置机制，促进新生代农民工子女教育发展与社会融合。[①] 这些研究表明，包括教育资源在内的各种社会资源，尤其是优质资源总是非常有限，但需求总是无限的，如何在这两者之间获得一种动态平衡，而且还要有效地发挥有限资源的应有功能，这是现实给我们提出的一个非常具有挑战性的问题。实践证明，办教育历来都是应该做的事业，不仅要依靠政府兴办教育，也要加大力度推动社会力量办学，教育涉及千家万户，所以也应该使全员参与，人人都为教育做出应有的贡献，这就是“人人为我，我为人人”在教育领域的具体体现。

（2）子女随迁。有研究基于在一些大城市开展的中国城市劳动力调查的数据库，借助样本城市逐步降低本市公办学校接收农民工子女就读准入门槛的特征，考察公办中小学就读准入门槛的降低对农民工子女随迁决策的影响。结果发现，西安市作为实验组其降低就读准入门槛的政策促进了农民工子女的随迁，而且政策在不同群体内的作用机制不同，对于男孩群体、义务教育学龄阶段子女、省内迁移的子女以及老家有祖父母的子女，这种促进作用会更加明显。[②] 从这项研究结论来看，公办中小学就读准入门槛的降低也会产生明显的社会效应，除了有利于农民工子女享受更好的教育资源外，还有利于农民工的城镇融入。就这一点也许可以做出推测，对于建设美丽中国、智慧城市，营造生态的生存环境而言，教育改革可能就是关节点和枢纽，如果对这一个牵一发而动全身的工作进行进一步的完善和促进，就有可能对其他领域和部门产生良性作用和影响，从而促进国家、社会和个人的整体

① 雷万鹏．新生代农民工子女教育调查与思考．华中师范大学学报（人文社会科学版），2013（5）：139.

② 柯宓，朱钢．城市公办学校就读门槛降低对农民工子女随迁的影响——基于样本城市自然实验的分析．经济问题，2017（4）：50-56，75.

进步。

(3) 教育扶贫。有学者经过研究指出，教育扶贫具有阻断贫困代际传递的功能，农民工随迁子女作为教育扶贫的重要目标群体，不能被遗忘。当前，农民工随迁子女教育面临着诸多现实困局：义务教育入学机会均等的质量不高，教育起点公平度低；异地中考政策门槛高，扶贫招生覆盖面小；异地高考政策存在流入地本位倾向，政府教育扶贫责任缺失。此种困局的形成主要归因于以经费为核心的流入地政府的义务教育扶贫供给能力不足以及异地中考、高考政策设计的局限。为此，应围绕上述层面进行系统改革：推进农民工随迁子女义务教育公共服务均等化，保障教育起点公平；推进异地中考制度改革，确保有效扶贫学位供给；建立现代高考招生制度，彻底打通教育扶贫的最后通道。[①] 有研究指出，农民工子女义务教育问题的本质是制度歧视导致的教育权利不平等与教育资源不均衡，以公平为导向的制度重构乃是破解农民工子女义务教育困境的治本之策。作为国家新型城镇化战略的重要组成部分，就地市民化为破解农民工子女教育问题提供了新的思路和方案。[②] 扶贫是国家实现社会正义的一个重要的战略举措，这在理论上完全符合罗尔斯提出的正义论的第二原则[③]，这属于差别的、矫正的正义，使资源的分配适合于最少受惠者的最大利益。教育扶贫这样的观念丰富了人们的思想和认识，有利于开动脑筋、发散思维，分析帮扶对象，探索应对方法和策略，进而让应该得到帮助的人群真正得到实惠，体现出我们制度的优越性。

(4) 生活满意度。关于农民工家庭子女的生活满意度，有调查结果表明：他们的生活满意度处于中等偏上水平，初中生的主观幸福感低于小学生；女生的心理健康水平低于男生；小学生和初中生在孤独倾向和身体症状方面差异极其显著；被试的消极情绪和生活满意度均与心理健康多维度相关，且非常显著。[④] 有学者指出，我国社会经济的发展和城镇化进程的推进催生了农民工随迁子女这一特殊群体，他们有着融入城市的强烈愿望，却遭遇户籍制度、媒体舆论、教师和同辈群体的不公正对待，由此导致的社会身份困惑、“向下构成”压力、学业表现受抑制和社交封闭成为这一群体融入城市过程中难以逾越的心理壁障。对此，应当改革城乡二元户

① 卢伟，褚宏启．教育扶贫视角下农民工随迁子女教育改革——如何实现入学机会均等与教育起点公平．中国教育学刊，2017（7）：57-62.

② 刘刚，石宏伟．农民工子女义务教育的制度障碍及对策研究——基于就地市民化视角．改革与开放，2017（9）：90-93.

③ 罗尔斯．正义论．北京：中国社会科学出版社，2009：47.

④ 李迎春．新生代农民工子女的主观幸福感与心理健康的关系．河南教育学院学报（哲学社会科学版），2017（5）.

籍制度，扭转媒体舆论的负面偏向，积极推行全面教育，削弱因社会偏见产生的刻板印象，建构农民工随迁子女融入城市的社会支持力量，并对农民工随迁子女进行积极的心理辅导，最终实现农民工随迁子女与城市的良性融合。① 这些研究从心理方面着手，比较深入地而且真实地呈现出农民工子女对生活的态度，这些数据表明，外界生存环境包括制度、舆论、社会等直接对农民工子女的生活满意度造成影响。在社会主义大家庭里，每一个人都应得到改革的红利，共享社会的温暖，而教育更应当在促进每个人尤其是未来的主力军成长提升方面打好基础，做足功课，不让一个人在追求幸福的路上掉队落伍。对于农民工子女，尤其是"留守儿童"，国家和社会应当送去更多的温暖和关怀，这直接关系到国家和民族的可持续发展，必须重视并付诸行动，把相关方面的工作做起来，真抓实干，扎扎实实，落到实处，要见到效果。

（二）"留守儿童"问题透视

农民工随迁子女面临的教育问题，更多是教育资源不均衡、身份认同困难等，但真正的农村"留守儿童"则面临更为严峻的挑战，不仅是教育资源问题，更为重要的是心灵缺失问题以及由此造成的人格问题、犯罪问题等。

"上学路上"是 2013 年由知名传媒人刘新宇发起的致力于关注儿童，尤其是留守儿童精神成长的一个知名非营利公益组织。该组织发布了《2017 年中国留守儿童心灵状况白皮书》（以下简称《白皮书》），对全国 17 个省（自治区、直辖市）的部分三到八年级的学生进行了问卷调查，最终回收的 14 868 份有效问卷中，有 82.8%的问卷来自农村学校。农村学生中，父母均外出，处于完全留守状态的学生占 26.1%，若再加上父母中一方外出的学生，留守儿童的比例达到了 58.1%。而城镇地区留守儿童的比例明显低于这一数字。在农村地区，完全留守儿童多是由年迈的祖父母照顾，或是被寄养在亲戚家，难以体会到家庭的温暖。超过 10%的农村留守儿童一年中难见一次父母，甚至分别有 3.9%和 8.5%的农村父亲和母亲一年也不与孩子联系一次。城镇地区的留守家庭中，父母和孩子的互动则较频繁，见面和联系频率均高于农村。虽然照顾孩子是父母双方共同的责任，但数据显示，缺母留守状态下，儿童出现心理问题的可能性更大。在"遭受父母惩罚或打骂""学习成绩明显退步""被他人欺负""参与打架或其他冒险行为"等多个指标中，母亲单独外出打工对孩子的心理负面影响等同甚至大于父母双方都出去打工的情况。因

① 曹清燕，高燕婷．农民工随迁子女城市融入的心理障碍及其克服．广西青年干部学院学报，2017（3）：13-17.

此，如果无法实现父母均留在孩子身边的最佳状态，母亲最好是留下来陪伴孩子的那一方。值得注意的是，11.4%的被调查儿童反映自己最近经历了父亲或母亲离世，而2016年中国人口死亡率仅为0.709%，且有7.9%的学生选择这一事件对自己“几乎没有影响”。由此推断，这些孩子并不一定全都经历了父母离世，勾选这一选项可能只是为了借此发泄自己对父母的不满。原生家庭往往会影响一个人的一生。事实上，生活在没能提供足够关爱的原生家庭中，留守儿童除了会怨恨自己的父母，性格孤僻，悲观自卑，还有可能会在无意识中模仿父母的做法，将所受的伤害加诸未来自己的孩子身上。近年来，留守儿童的犯罪问题也受到社会各界广泛关注。2015年，一位年仅12岁的留守女孩毒死了自己最好的玩伴；2017年3月，湖南一留守儿童杀害73岁老妇，拿走其身上700余元现金后逃离现场。这些事件背后折射的，正是家庭和社会对留守儿童关怀和教养的不足。

在《白皮书》中，“经历父母离世”的调查结果一方面反映出农村“留守儿童”与父母感情的淡漠，另一方面也揭示出农民工群体家庭子女教育问题的紧迫性。中国人的传统中，讲究父义、母慈、兄友、弟恭、子孝，讲究家风家训，家庭和睦。但“留守儿童”面临的现状却无一不说明，基本家庭教育和陪伴的缺失，对于农民工群体的留守子女而言，是有巨大的恶性影响的。“留守儿童”背后的农民工家庭子女教育问题应当得到社会各界的普遍关注。

（三）“留守儿童”背后的农民工家庭子女教育问题

近年来，农村“留守儿童”的恶性事件和人间悲剧频发，为农民工群体以及社会各界敲响了警钟。农民工家庭子女的教育问题，不仅仅是教育质量问题，更是心灵守护的问题。不应该将农民工家庭子女的教育问题附属于农民工家庭状况改善的需求之下，而应该将这一问题抽离出来，作为一个更为独立性的、基础性的、全局性的问题加以考量。

2015年贵州毕节四名留守儿童集体喝农药自杀事件，是近年来有关“留守儿童”问题的重大事件之一。事情发生在贵州省毕节市七星关区田坎乡，6月9日晚，同村的村民张启付第一个发现四名留守儿童在家中死亡。这四名儿童是一兄三妹，最大的是哥哥13岁，最小的妹妹才5岁。警方的初步调查结论是疑似集体喝农药自杀。田坎乡离七星关区有110多公里，是七星关区最偏远的乡。茨竹村是贵州省的一类贫困村，全村2 400多人，经济来源靠打工或种地，村里的留守儿童有20多个。在村民们的描述中，四兄妹基本不出门，不仅不跟村里的大人打交道，也不跟村里同龄的孩子一起玩耍。事发当天，村里人并没有发现兄妹们有什么异常，跟以前一样，都是关着门。至于里面发生了什么情况，就不得而知。孩子们的母亲在2014年3月外出后去向不明，父亲2015年3月外出打工。家里一栋3层楼房修建于2012年，大概花了十几万，是孩子们的父亲在海南打工赚的钱。根据新华社记者在事件发生后两天所做的实地采访①，四兄妹在家暴的环境里成长，都性格孤僻。而在母亲出走不知去向，父亲也外出打工后，性格孤僻的几兄妹就如同生活在与世隔绝的孤岛之上。在村里人的印象里："这家人虽然生活在村里，但跟不是这个村的一样。"村民们普遍反映，四兄妹前些年遭受过很严重的家庭暴力，导致"性格很孤僻"。孩子们的姨婆潘玲告诉记者，孩子父亲张方其有一次殴打老大，把其左手臂打到骨折，右耳朵撕裂。张方其外出打工后，四兄妹辍学。此后兄妹们就好像与世隔绝。村民肖文英说，有时路过他们家门口时，听到里面有声音，但一敲门，就什么声音都没了，他们也不开门。周围的村民说，白天很难知道他们兄妹在不在家，因为门都是关着的。只有晚上开灯或开电视机时，才知道有人在家。虽然处于贫困地区，但四兄妹并不缺少吃穿，他们的悲剧的主因，是缺少关心和爱护。长期关注贫困地区儿童问题的中国发展研究基金会秘书长卢迈说，现在对留守儿童的关爱，在一定程度上陷入两难，大多数外出务工父母生活的环境并不利于儿童的健康成长，他们无力在城市抚养孩子，留在农村又无人照顾。除了缺少生活上的照顾，对儿童的心理关爱尤其缺少，应引起高度重视。

根据段成荣教授等人与国家统计局合作的相关课题研究成果②，小学和初中学龄阶段儿童在农村留守儿童中所占比例分别为32.01%和16.30%，规模分别为1 953万和995万，二者合在一起，义务教育阶段留守儿童规模为2 948万。留守儿童在各地之间的分布很不均衡。农村留守儿童高度集中在川、豫、皖、粤、湘等劳务输出大省。首先，四川、河南的农村留守儿童比例占全国农村留守儿童比例高，分别达到11.34%和10.73%，对应的规模也大，分别为692万和655万。其次，安徽、广东、湖南的农村留守儿童占全国百分比也较高，分别为7.26%、7.18%和7.13%，对应的规模分别为443万、438万和435万。以上五个省份留守儿童在全国留守儿童总量中所占比例共达到43.64%。此外，广西、江西、贵州等省份的规模也不容忽视，超过300万。由此可以断定，农村留守儿童集中于中西部地区人口大省，其中义务教育阶段的儿童比例已经接近一半。

---

① 贵州毕节4名儿童集体喝农药自杀事件调查.（2015－06－11）. http://www.xinhuanet.com/2015-06/11/c_127906281.htm.

② 段成荣，吕利丹，郭静，等. 我国农村留守儿童生存和发展基本状况——基于第六次人口普查数据的分析. 人口学刊，2013，35（3）：37-49.

然而，有三个问题仍然需要引起重视。其一，大龄农村留守儿童受教育状况较差。大龄农村留守儿童一般指15～17岁儿童，约相当于高中阶段儿童，15岁农村留守儿童就读高中比例只有13.3%（另有77.04%正在读初中），16岁和17岁农村留守儿童就读高中的比例也分别只有29.6%和43.0%（读初中的比例分别是50.9%和24.1%）。其二，部分中西部地区留守儿童受教育状况亟须引起重视。西部地区的农村留守儿童未按规定接受义务教育的情况比较严重，西藏达到22.84%，青海达12.76%，云南、吉林、内蒙古、黑龙江、甘肃等省份的比例也比较高，均超过5%，宁夏、贵州、辽宁、海南、天津、广西、新疆、四川、河北等省（自治区、直辖市）的比例也相对较高，超过全国的平均水平。其三，母亲外出的留守儿童受教育状况最差。单独与父亲一起居住的农村留守儿童未按规定接受义务教育的比例最高，高达5.12%；与父亲和祖父母一起居住的农村留守儿童未按规定接受义务教育的比例高达4.38%，与母亲和祖父母一起居住的农村留守儿童未按规定接受义务教育的比例最低，为3.11%。这说明，在农村地区，母亲单独外出的留守儿童接受教育的机会少于父亲单独外出的留守儿童。

由此可以知道，对于农村“留守儿童”来说，父母角色的缺失，不仅严重影响受教育的情况，更容易导致其产生较为严重的心理问题，如贵州四兄妹自杀事件。“留守儿童”背后的农民工家庭子女教育问题，已经不单是知识教育的问题，更是家庭教育、心理教育、人格教育的问题，这其中，农民工父母们扮演着不可或缺的角色。

三、农民工家庭生活中的“留守老人”问题

与农民工家庭子女教育问题和“留守儿童”相伴随的另外一个问题，即农民工家庭生活中的“留守老人”问题。农村老年人口是我国老年人口的主体。随着我国人口老龄化进程加快，农村老年人逐渐增多。改革开放以来，农村中大量青壮年劳动力前往东南沿海等大中城市务工，造成许多农村老年人留守家中，无人照顾。导致了“留守老人”或“空巢老人”这一庞大群体的出现。根据2016年民政部的初步摸底排查结果，全国目前共计有1 600万左右的农村留守老年人。随着中国社会老龄化程度的加剧，预计农村老年人口的数量和比例都将不断上升。农村留守老年人问题将成为越来越需要关注的问题之一。“留守老人”由于子女长期不在身边，不少还承担着繁重的农务劳动或者抚育孙辈的义务，不同程度地存在着生活缺乏照料、缺乏保护、精神缺乏慰藉、缺乏护理等问题。农民工家庭生活中的“留守老

人”面临的问题，较之“留守儿童”而言，往往易受到农民工群体的忽视。

（一）农村“留守老人”之怪现象：老人非正常死亡频发

华中科技大学社会学系教授、农村社会学研究专家贺雪峰 2014 年的文章《老无所依在中国——湖北京山农村老年人自杀中的养老问题》一刊发，就引起全国上下舆论的一片震动。贺雪峰教授研究团队受“30 年来中国农村的代际关系变动与老年人自杀”调查项目委托，师生一行 40 余人到湖北省京山县孙桥镇 S 村做了为期半个月的调查，发现京山农村老年人自杀之严重，已经到了难以想象的程度。在被调查的 S 村三组，总共只有 30 多户，最近 20 年却有 10 多例老年人自杀。调查期间，全村有 3 例老年人死亡，全为自杀。当问到村里老年人最近所在村民组有无老年人非正常死亡时，有两位老年人回答，村民组最近这些年就没有老年人是正常死亡的。老年人的非正常死亡就是自杀，略有不同的是，有的老年人是因为得了重病而自杀，有的老年人则因子女不孝而自杀。由于自杀问题比较敏感，调查组也不方便追问。但从所获资料估计，有些村民组可能有一半的老年人是自杀死亡的，全村老年人自杀率也高得惊人。不仅 S 村老年人自杀率高，调查组所调查的孙桥镇另外 9 个村的老年人自杀率也都很高。S 村三组徐姓老人，今年 60 岁，身体健康，是全村公认的豁达健谈的老人，说话幽默，记忆力也好。他说，自己 20 年前认为上吊自杀的人都是傻子，而现在则认为他们都是明白人、明智人。因为有病无钱医，人老了，吃不起这个亏，受不起这个罪，不如一死。人总有一死。他认为，病痛折磨，又要劳动，而且，活着没有意义，那还活着干什么？显然，农村“留守老人”自杀事件及自杀心态的异变，已经与中国传统观念中的孝老敬亲等大相径庭。“留守老人”以这种极端态度面对生活，无疑需要引起社会各界的高度重视。

武汉大学社会学系刘燕舞副教授主持的国家社会科学基金项目“农村老年人自杀的社会学研究”，长期以来持续关注农村老人，尤其是“留守老人”的自杀问题。据其研究结果显示，农村老人的自杀现象已经到了触目惊心的地步。从 1990 年开始，中国农村老年人自杀率大幅上升，并保持在高位。中南大学博士生导师肖水源教授同样提出，中国老人自杀比例是其他群体自杀比例的三倍。刘燕舞老师在长达六年的时间里，走访 11 个省的 40 多个村庄，考察后发现，自杀已成为农村老人结束生命的普遍现象，其中不乏子女逼死老人的极端事例。例如，一个在外打工的儿子听说父亲病重，便请七天假回家，当父亲病情缓解后，儿子问父亲：“你到底死不死啊？我可只请了七天的假，还包括给你办葬礼的时间。”老人在绝望之下随即自杀身亡。无独有偶，湖北省京山县一位老人，边喝农药边在火盆里给自己烧纸钱，直到停止呼吸。村民说，老人是怕死了之后孩子连纸钱都不给烧。还有一位老人怕死后子女不肯花钱埋他，自己挖了一个坑躺在坑里喝农药。有一对老夫妇同时喝农药自尽，老太太当场死亡，但子女却未把还留有气息的老先生送去医院抢救，老先生在家里挨过三天后痛苦离世。据说，许多农村老人认为，他们的三个儿子“药儿子（喝农药自杀）、绳儿子（上吊自杀）、水儿子（投水自杀），哪个都比自己的亲儿子亲”。

农村老人自杀或许只是农村家庭问题中的一个极端事件，或者是农村家庭问题的集中爆发。贺雪峰教授调研的湖北省京山县，地处鄂中，江汉平原北端，是一个农业人口占比较大的地区，该地区距离武汉、襄阳等大中型城市较近，历来是农民工人口的流出地。京山县或许只是“留守老人”问题中一个较为典型的地区，但从1990年以来，农村“留守老人”自杀率大幅上升，无疑表明“留守老人”的安置问题、养老问题等，是农民工家庭问题中十分重要的一部分。

（二）“留守老人”的基本现状——以南昌市安义县H乡W村为例

为了解农民工家庭生活中“留守老人”群体的生产、生活状况及其带来的社会问题，有研究团队深入南昌市近郊的安义县H乡W村进行实地调研。[①] 安义县地处赣西北，2016年调查期间的常住人口为180 194人，65岁及以上人口为18 583人，占总人口的10.31%，老龄化显著。建材是安义县颇具优势的资源，先后被江西省工信委、江西省发展和改革委授予“中国塑钢门窗型材示范基地”“江西铝合金塑料型材及制品产业基地”等称号。全县人口30万人中有12万人常年在全国各地从事塑钢、铝合金门窗型材的加工和销售。W村60岁及以上的老人共有211人，其中留守老人52人，男性32人，女性20人。可以认为，安义县H乡W村是我国广大农民工流出地的代表之一，也是“留守老人”现象较为突出的典型代表之一。

（1）从调查对象的经济状况来看。虽说劳动可以增加收入，但只有21.7%的调查对象选择继续从事生产活动，大多数调查对象目前没有从事任何有收入的工作，经济来源主要是在外务工的子女。在收入构成中，子女及孙辈补贴占主导，国家养老金的发送次之，所占比重分别为86.9%和69.5%，依靠自身劳动所得收入比重为17.2%，仅一位调查对象有退休金。仅有近9%的调查对象平均月可支配收入达到2 000元以上；56.6%平均月可支配收入在500元以下。然而，有73.9%的调查对象个人月纯收入（依靠自身的劳动所获得的收入，包括政府发放的养老金）在

① 魏春红，陈诗曼，郝秀珍，等. 农村留守老人生活状况调查——以南昌市近郊为例. 老区建设，2016（14）：18-23.

500元以下，只有4%的老人个人月纯收入达到501至700元的水平。报告显示多数调查对象经济来源主要是在外务工的子女。整体上看，农村“留守老人”在经济上主要依托农民工子女。

(2) 从调查对象的养老方式来看。对于自我养老、子女养老和社会养老三种常见方式，调查对象的选择意愿中，74%的调查对象仍倾向于子女养老；22%的人愿意自我养老；仅仅只有一位选择公办养老。这一选择取向与经济来源主要是在外务工的子女这一现状相关。虽然每一位调查对象都参加了新型农村养老保险，但每个人每月领取的补贴，受消费形式的多元化、物价上涨等因素影响，并不能完全有效支撑其生活。此外，养老设施的缺乏，也在一定程度上制约着社会养老。

(3) 从调查对象的身体健康和医疗情况来看。在对身体健康情况的调查中，43.5%的调查对象的身体状况为一般但存在一些老病症，13%则是属于不健康、身体很差的情况，三分之一的人身体状况良好，仅有8.7%的调查对象认为自己很健康。有52.1%的调查对象坦言自己在生活自理方面没问题，需要人帮助的留守老人比重为13%。在生病时，52.1%的留守老人会选择离家较近的社区/村卫生所，34.7%的人会去乡镇一级的卫生院就诊，仅有13%的调查对象会去县级医院看病。看病时由配偶陪同就诊的比重最高，其次是选择独自一人，子女陪伴所占比例为17.3%。

(4) 从调查对象的精神生活状况来看。有82.6%的调查对象表示与子女的关系很好。问及与亲戚朋友的交往频率时，一半以上调查对象选择的是大于等于两个月见面，其中又集中于节假日期间的来往。47.8%的调查对象认为生活中不存在志同道合的朋友，大多数调查对象亦不信奉任何宗教。有8.6%的调查对象会经常感觉孤独。当问及调查对象何时最开心时，将“子女在身边”作为第一选项的比例为78.2%，而实际上调查对象的子女平时不在身边，这在很大程度上易增强调查对象精神上的孤独感。

从以上四个主要方面来看，“留守老人”普遍有经济压力大，缺乏基本的关怀和照顾，生活单调等问题。问题的症结在其子女身上。[①] 作为农民工子女，不仅应该将改善家庭经济状况作为外出务工的目标，更应该关注到父母的需求，要在二者之间找到平衡点。中国传统思想中有“子欲养而亲不待”的古语，就是强调孝敬父母是一种基本的人伦美德，但如果没有将这种问题重视起来，最终会给农民工朋友们带来更大的痛苦和悔恨。同时，从宏观层面来看，农民工家庭中的“留守老人”

---

① 王婷，薄曼玉，王志丹，等. 农村留守老人的生存状况——基于对湖南省耒阳市农村留守老人的调查. 农村经济与科技，2015，26 (12)：241-242.

问题已经不单单是农民工个人的家庭问题，还必须将其置于中国经济社会发展的大格局中去看待，需要承认的是，农村留守老人是我国城市化、工业化进程中的必然产物。农村留守老人的生存状况问题也是我国建设中国特色社会主义过程中面临的社会问题，如果不能有效地解决这一问题，不仅会影响我国的新农村建设与发展，更会影响整个社会的安定团结。由于社会转型与城市化进程不可能一夕完成，未来很长一段时间内，农村留守老人的数量还会增长，因此需要政府部门高度重视，通过体制改革，出台相应的措施，解决农村留守老人生存状况问题。

四、农民工婚姻生活及“临时夫妻”问题

为了更多的收入，无数农民工背井离乡进城务工；但由于户籍、高房价等原因，外出农民工们无法拖家带口，不得不和配偶分居两地。于是，在农民工群体中出现了越来越多的“临时夫妻”。2013 年全国两会期间，人大代表刘丽在记者会上直言“临时夫妻”在其身边已经十分普遍，建议政府加以解决。刘丽自己就是一位农民工人大代表，来自安徽，在福建厦门的一家足浴城打工，被称作“最美中国洗脚妹”。刘丽指出，“临时夫妻”现象是直接造成农村夫妻婚外恋增多、离婚率升高的重要原因之一，同时对下一代子女有十分重大的影响。刘丽在全国两会上的这一提议，一石激起千层浪，瞬间引爆了舆论，农民工中“临时夫妻”问题，引起了全社会热议，让更多人开始关注农民工群体的夫妻生活问题。然而，“临时夫妻”并不是第一次被提及，但仍足以让人咋舌。早在 2008 年，女作家吴治平在《中国乡村妇女生活调查：随州视角》中写道：“‘临时夫妻’还是极个别现象，最大特点是不 PK 掉自己的配偶，而是以保全法律上的夫妻关系、不拆散原有家庭为道德底线。”中国农村家庭婚恋生活中最为突出的问题，是中国传统男耕女织家庭模式和生态婚姻受到挑战。

(一) 农民工婚姻生活现状及其原因分析

针对农民工婚姻生活及“临时夫妻”问题的现状，农民工婚姻生活现状调查课题组通过走访妇联、公安、法院、劳保等单位，并深入农民工家庭发放 500 份问卷，掌握了外出农民工夫妻关系现状，明确了新形势下的农民工不仅需要岗位，需要信息，更需要解决婚姻问题。当前，数量巨大的农民工是我国最大的家庭分离群体，为了更多的收入，他们将自己的家人留在农村，孤身前往城市打工，造成了农民工与家庭分离、婚姻破裂等悲剧。调研结果显示，当前农民工群体的婚姻生活主

要表现在以下四个方面：

（1）夫妻关系不和谐。农民工外出就业的浪潮打破了原有“夫妻双双日出而作、日落而息”的安宁生活模式，夫妻彼此劳燕分飞，身处异地，长期分居。在对500名外出农民工的调查中，有40%的农民工自认为夫妻关系不好。具体表现在：其中5%的农民工与配偶两地分居而又长时间不通电话，15%的农民工单身外出时间长且不寄钱回家，20%的农民工及其配偶怀疑对方有外遇而经常发生纠纷。夫妻之间长时间“牛郎织女”式的生活，导致夫妻婚姻生活缺失，彼此之间难以很好沟通，从而导致很多原本可以维系的婚姻关系，在长时间的分居中亮起了红灯，甚至婚姻破裂，乃至于酿成家庭悲剧。

（2）夫妻离异呈扩大态势。农民工外出就业对缓解农民工家庭的经济压力功不可没，但因农民工的外出而引起婚姻破裂的家庭不少，在外出农民工中占22%。调查中还发现，最近几年，农民工离婚率成逐渐上升趋势。从巫溪县人民法院得知，该县农民工离婚案件在2006年、2007年、2008年分别为31件、42件、56件，2017年则增至62件，约占该院2017年离婚案件总数的80%。每到农民工返乡的春节前后，便是法院处理离婚案件的高峰期。在2008年办理的56件离婚案件中，在春节期间办理的有34件，其中85%是外出打工者因感情纠纷提起的离婚诉讼。

（3）家庭暴力事件层出不穷。在受访地巫溪县徐家镇，一对返乡农民工夫妇点燃汽油自焚。巫溪县白鹿镇燕子村刘某将自己外出务工返乡的妻子和未满10岁的女儿用斧头劈死后，自己触电自杀身亡。据调查，这两起事件均系农民工外出务工造成婚姻关系异化而引起。在最近几年的时间里，因农民工长期外出，丈夫与妻子、父母与子女长时间的两地分居而造成的家庭纠纷事件层出不穷，农民工家庭暴力事件时有发生。从公安部门了解到，在巫溪县2017年发生的所有刑事案件中，有30%系发生在农民工家庭内部，其中因婚姻感情问题而产生的刑事案件占70%。

（4）家庭破裂影响社会稳定。婚姻是社会存在和发展的基础，调查显示，农民工婚姻整体上趋于不稳定，给家庭、社会带来了诸多不利因素。夫妻感情破裂造成的创伤很容易导致一方情绪失控，甚至走向极端，酿成悲剧，危害社会。据统计，40%的离异男性农民工只能靠上网玩低级游戏、看黄色录像等方式来满足生理需求，一旦这些方式都无法满足他们，就可能会走上犯罪道路。来自沿海大中城市法院系统的统计显示，近两年的强奸案中，单身农民工作案超过案件总数的30%。

开放环境下突变的婚恋观念、不良的社会风气以及农民工自身淡薄的法制观念和精神亚健康，是农民工婚姻问题的主要成因，具体来看：

（1）“父母包办”的感情基础无法抗拒“自由恋爱的婚姻模式”的冲击，婚恋观的转变成为离婚根源之一。农民工80%来自经济落后的地区，受传统观念和地方风俗的影响，部分农民工的婚姻属“包办婚姻”，带有“非自主”性，夫妻有凑合过日子的心态。部分在打工期间相识的农民工夫妻，为排解打工期间的孤独和寂寞，相识时间不长而“闪电式结婚”。无论是“包办婚姻”还是“闪电式结婚”，这两种婚姻构成模式都有一致命弱点，就是夫妻感情基础不牢，互相了解不够。然而，随着农民工生活环境从农村到城市，从贫困到富足，从闭塞到开放，农民工在经历城市文明的洗礼后，生活方式和价值观念都发生了深刻变化。这些草率婚姻在新观念冲击下不堪一击，极易破裂。

（2）双方分离时间过长，夫妻感情淡化和婚外恋是农民工家庭产生矛盾的导火索，也成为农民工婚姻破裂的“助推器”。在外出农民工中，2个月回家一次的占2%，3～5个月回家一次的占4%，6～12个月回家一次的占44%，1年以上才回家一次的占50%。远离家乡，路途遥远，经济收入偏低导致外出务工农民“难回家、回家难”。夫妻双方因空间距离远、分居时间长，双方沟通交流少，缺乏精神慰藉，加之双方收入差距拉大，生活方式产生差异，互不尽夫妻义务，亲情和感情逐渐淡化，甚至相互猜疑，最终使夫妻感情出现裂痕。特别是一些青壮年农民外出打工缺乏异性的关爱，精神空虚，婚姻感情在特殊环境下发生了微妙变化。劳动生活中的依赖性和互补性，异地他乡的孤独寂寞，使青年男女一拍即合。于是，打工时的婚外情，成为婚姻家庭的无形杀手。据调查，农民工在外出务工中有32%与非配偶发生过暧昧关系。

（3）农民工自身文化素质和受教育程度低是产生农民工家庭问题的重要因素。农民工的学历水平普遍不高，知识水平普遍偏低。巫溪县外出务工的农民中，小学学历的占16%，初中学历的占54%，高中、中专学历的占24%，大专及以上学历的占6%。由于文化水平低，接受社会再教育少，法制观念淡薄，道德素养参差不齐。从山区或贫穷村庄走向相对开放的沿海地区，部分外出农民工经不起社会不良方面的诱惑，而出现婚恋出轨、打牌赌博、抢劫诈骗、卖淫嫖娼等不良行为，走上了犯罪道路，直接或间接影响家庭幸福，伤害了夫妻感情，造成夫妻关系不和谐，也很大程度上影响了社会稳定。

（4）文化生活的枯燥和不适应城市环境，以及自身生活遭遇，导致部分农民工心理的不健康，这是家庭隐患。因为政策和体制的原因，农民工在城市的特殊处境造成了他们特殊的社会心理，往往容易自卑、恐慌、焦虑。加之农民工在就业、工资待遇、家庭负担等压力下，这种心理阴影如不能很好地进行调整，就演变成心理疾病。70%的农民工认为打工期间文化生活枯燥，一旦工厂文化生活出现空白，农民工就可能空虚无聊，从而导致心情浮躁，极易与家人等发生冲突或出现不平衡心理状态，成为影响家庭和谐的不利因素。

（二）农民工婚姻生活中的“临时夫妻”现象

随着对“农民工问题”研究的深入，一部分学者开始将研究涉足一个被忽视已久的问题——农民工的夫妻生活问题。作为农民工婚姻生活中的重要部分，农民工的夫妻生活问题，在当下普遍两地分居的境况下，表现尤为突出。农民工夫妻由于种种现实性限制所导致的长期分离，衍生出婚外情、婚外性，甚至强奸、情杀等，“临时夫妻”这一新的社会问题引起广泛关注。“临时夫妻”是指双方或一方已婚的两者结成的非正式的类家庭同居关系。其准确含义尚待界定，但大体包括临时性、非正式性、共同居住、经济互助、性满足等内容。①

中央电视台《聚焦三农》节目在“农民工‘临时夫妻’的尴尬与无奈”中，深度走访了广东和厦门地区。农民工们普遍对这种现象表示理解。虽然在心理和道德上仍然很难逾越，但这种为了满足基本需求的行为却得到大家的默许。以浙江省宁波市为例，宁波作为浙江省外来人口第一大市，2013 年即拥有外来人口达 430 万，占到总人口的 43%，其比重十分大。《现代金报》的报道表明，在宁波农民工聚居区，外来务工人员的大量聚居中，一些已婚民工由于身体和情感的空虚，同非配偶一起生活，因此出现了“临时夫妻”的现象。“临时夫妻”的起因基本上有两种，有的“起初只是想找人说说话，后来慢慢就在一起了”，有的是“住在一起谈不上感情，一起搭伙过日子罢了”。这种想法和做法虽与传统道德和感情观相违背，但由于其发生在特殊人群的特殊时间段中，也就让人多了一分同情和理解。离开配偶的已婚人士，独自在异地流血流汗，身体和心理出现了空虚，于是在同事朋友甚至是陌生人的身上寻找安慰，也是无奈之举。

有研究者通过更为细致的访谈，揭示了农民工“临时夫妻”现象背后的心理。②其一，农村劳动力过剩以及收入低等原因导致农民外出务工，为减轻经济压力而组建“临时夫妻”则是一个普遍的理由。访谈对象 M4，原是湖南人，现于上海做工人，就是例证。当问及打工原因时，他指出：“我来这边打工也是想多挣点钱，家里还有两个孩子在上学，我老婆身体也不是很好，我在家种田一年最多也只能挣一万多，但是我在这里一年可以挣近三万块，那我肯定是来这里打工啊。”他把组建

① 李霜双.“临时夫妻”概念研究综述——内涵及成因. 黑河学刊，2016（4）：174-176.

② 翟梦雯，张军. 家关何处：农民工“临时夫妻”伦理困境研究——基于婚姻家庭价值嬗变的实证分析. 宜春学院学报，2017，39（7）：38-43.

"临时夫妻"的原因归结为"两个人在一起可以节省开支"。其二，在参照群体的作用下，农民工在不知不觉中主动抑或被动地模仿他人行为。就"临时夫妻"现象而言，他们经过挣扎和犹豫，逐步将这种亚文化内化于己，对这一"灰色"关系渐渐习以为常。在访谈中，M4 坦言："其实'临时夫妻'在我们周边并不稀少，大家都见怪不怪了。"当然，"临时夫妻"的形成有时需要通过熟人介绍和牵线。另外，周围同类群体的存在一定程度上能够减轻其自身愧疚感。其三，在广大农村，父母意见对子女的配偶选择往往起到决定性作用。父母对子女婚姻的干涉，为农民工外出打工时结成"临时夫妻"埋下了隐患。M7 是四川人，在 S 市一家印刷厂打工。M7 与同厂的一位异性组建了"临时夫妻"，家中妻子得知后要与其离婚。当谈及这件事的正确与否以及对其妻子造成的伤害程度时，M7 有自己的看法："我和我老婆婚姻出现问题的原因也不完全在于我，现在都改革开放这么久了，社会都在进步，我一个人在外面混哪能不接触异性呢？再说我和我老婆的婚姻从一开始就是个错误……如果两个人不合的话，婚姻就是个牢笼。"

四川省政协委员、四川省总工会副主席纪小玲指出，"大量农民工夫妻分居现状不容小觑，必须要引起重视"。这些农民工夫妻长期分居的背后，牵涉的是总量庞大的家庭、老人和孩童的幸福，而由此催生出的农民工"临时夫妻"现象背后更是不可逾越的社会和法律界限。"要么把农民工家庭真正留在城市，要么把远离家乡的农民工召唤返乡，让他们在享受家庭团聚的同时就业致富。"决不能单一地把农民工夫妻长期分居问题看成个体家庭的私事。由此引起的大量农民工家庭功能的丧失，关系大量二代农民工子女未来的健康成长，眼下全国超过 6 000 万的留守儿童已经是最明显的警示。

"临时夫妻"问题已经不简单是个农民工夫妻生活的需求问题，还涉及方方面面，包括农民工群体婚姻家庭观念、性观念的变化，家庭状况的改善，子女教育问题，农村留守老人赡养问题等。作为一种社会转型过程中出现的特殊家庭模式，农民工的"临时夫妻"问题不仅对当事人本身有着巨大的伤害，同时还对原生家庭有不可消退的破坏力，对整个社会和法律制度也造成了冲击。必须将农民工婚姻健康放到农民工家庭问题中去考量，不仅要关心农民工个人的身心健康，更要从其身后的家庭和谐、婚姻幸福入手，提供切实有效的保障。

五、农民工家庭问题及对策研究

2018 年国务院政府工作报告，对于农民工问题又有了更多新举措，在促进创业就业中，明确提出“扩大农民工就业，全面治理拖欠工资问题。要健全劳动关系协商机制，消除性别和身份歧视，使更加公平、更加充分的就业成为我国发展的突出亮点”；在实施健康中国战略中，同样明确指出“扩大跨省异地就医直接结算范围，把基层医院和外出农民工、外来就业创业人员等全部纳入”。反观近年来，全国两会政府工作报告，都在积极关注农民工群体的权益问题。同时，农民工群体的政治地位得到了较大提升，其利益诉求也有了更多更好的渠道。

2008 年，十一届全国人大代表共有 2 978 人，其中农民工代表有 3 人，分别是广东团代表胡小燕、重庆团代表康厚明和上海团代表朱雪芹。5 年后的 2013 年，除了连选连任全国人大代表的朱雪芹之外，又有 30 名农民工代表汇聚到北京人民大会堂，他们的责任是为身后的 2.6 亿农民工代言。2018 年，在 2 980 名十三届全国人大代表中，农民工代表的数量增至 45 人，此时，我国农民工总量也增至 2.86 亿人。从 3 人到 31 人，再到 45 人，农民工代表在国家最高权力机关中有了更多话语权。2018 年的两会上，连任人大代表的胡春霞还将提案从农民工拖欠工资、农民工住房问题延伸到农民工养老问题。人大代表李承霞提出农民工公租房申请应该不分户籍，还有延长春节假期，让务工者能多与家人团聚等。从肇庆农村走出来的苏荣欢代表还发现，很多农民工父母已经开始密切关心自己的子女在城市的教育问题。尽管很多城市出台了积分入学、异地高考的政策，但力度还不够大，“希望更多城市能接纳农民工、接纳他们的子女，让他们真正感受到城市的温暖”。从两会代表们的关注点可以看到，农民工群体已经不再仅仅关心收入问题，还开始关心家庭问题，包括子女教育问题、养老问题、家庭团聚问题等。从当前农民工群体的基本诉求来看，如何切实解决农民工的家庭问题，关乎农民工群体的根本利益。

（一）农民工家庭生活权分析

早在 2013 年，时任中央财经领导小组办公室副主任的杨伟民在介绍党的十八届三中全会以及全面深化改革若干重大问题决定有关情况时，就明确表示“要保障农民基本生活权不受侵犯”。作为农民中特殊群体的农民工，理应享有基本的生活权。生活权作为一种基本的人权，已经得到国际社会的公认。生存权的本质是使人成其为人的最基本权利。“最基本”三字意蕴丰富、至为关键，它不仅说明了生存权的基础性地位，同时也是区分生存权与其他人权尤其是发展权的标志。① 生活权，就其概念而言，就是过一种与人的尊严相适应的生活的权利。② 生活权概念强调的

① 龚向和，龚向田. 生存权的本真含义探析. 求索，2008（3）：120-122.
② 杜钢建. 析生活权与生存权. 贵州警官职业学院学报，1996（2）：2-4.

不是随便的生活，其强调的是生活的质量，即与人的尊严相适应的生活质量。联合国《世界人权宣言》第23条明确表达了每一个人都有权享有“符合人的尊严的生活条件”。事实上，这里的生活条件包括经济生活、社会生活和文化生活条件，生活权是一个十分基本又广泛的权利。以上是广义上的生活权概念。与此相关，还有狭义上的生活权，主要是指享受社会保障的权利，享受社会福利的权利，以及享受最低限度的健康而文明的生活水准的权利。可以认为，社会保障权、社会福利权和最低生活水准权是生存权的最基本内容，生存权是发展权、自由权等其他权利的基础。

作为基本权利之一的生活权，落实到农民工家庭上来，就是要保障农民工家庭，包括子女、父母、夫妻双方都能够得到应有的尊严，其基本生活质量和生活条件，能够得到基本的保证。根据马斯洛需求层次理论，人的需求像阶梯一样从低到高按层次分为五种，分别是：生理需求、安全需求、社交需求、尊重需求和自我实现需求。对于农民工家庭而言，农民工最初外出务工是以满足基本的家庭温饱、提升家庭收入水平为目标。但随着大量农民工外出就业，在“就业难”、“留守儿童”、“留守老人”与“临时夫妻”等问题频发的当下，其安全需求，被尊重、被认同的需求，乃至自我价值实现的需求也就变得越发显著。

就农民工家庭的生活权而言，首要的就是保证农民工的就业。对于农民工群体而言，只有稳定的就业，才能保障其基本的家庭生存，他们才能有能力去关心和重视与家庭相关的子女、老人和爱人问题。“就业是民生之本”，随着农民工人群的不断扩展，他们中的大多数已经成为城市中的“弱势群体”，其生活权因就业问题遭受诸多的严重侵害。[①] 就业是维护农民工家庭生活权的基本途径，就业状况直接决定着农民工家庭的生活权的实现。农民工就业的弱势特征，直接影响了农民工家庭的生存空间、生存难度和生存状态等生活权的基本要素。

就保障农民工群体及其家庭基本生活权而言，社会各界也在积极探索可行的解决方案。2010年5月27日国务院转发了国家发展和改革委员会《关于2010年深化经济体制改革重点工作的意见》，这是首次在国务院文件中提出在全国范围内实行居住证制度。该制度目前已经在北京、上海、广州、深圳、苏州、佛山、嘉兴等农民工群体集中的城市实施，且正稳步在全国范围内实施。国家发展和改革委员会还公布了《居住证暂行条例》，规定居住证持有人可以享受6项基本公共服务和7项办事便利，并要求各地积极创造条件，逐步扩大为居住证持有人提供公共服务和便

① 苏燕平，杨学军，谷小勇．农民工就业与生存权维护的分析．大连理工大学学报（社会科学版），2010，31（1）：92-95．

利的范围，提高服务标准。以农民工子女教育为例，河北规定，子女可以按照规定在居住地接受义务教育后参加中考，在居住地接受高中段教育并在毕业时具有两年以上连续就学记录的，可以参加高考；吉林则规定，与居住证持有人共同居住生活的适龄子女符合本省招生考试规定的，可以在居住地参加普通高级中学和普通高等学校的招生考试。以居住证为代表的积极探索表明，国家和社会层面，已经开始将农民工及其家庭的基本生活权纳入改革举措中。

农民工在城市生活的基本保障制度不仅得到重视，农民工家庭中的“留守儿童”、“留守老人”和夫妻两地分居等问题同样正受到关注。例如有些地区的县市、乡镇政府，已经开始为“留守儿童”开办集中的托管班，为“留守老人”建设更好的公共养老机构，部分企业也在探索夫妻同聘制度，开辟独立的夫妻宿舍等。广东省中山市在保障农民工家庭的生活权，给予农民工归属感和尊严感方面走在了前列。根据电子科技大学中山学院参加第七届全国大学生市场调查与分析大赛广东省选拔赛中的课题“基于扎根理论的农民工参与社区治理途径研究”结果，在被调查的中山市 24 个镇区不同职业、不同年龄阶段的 832 名农民工中，高达 46.68%的人表示愿意留在中山市。农民工希望在参与社区治理中得到关注，希望获得更多参与社区治理的渠道，也希望能够平等地参与社会治理。中山市给予农民工的归属感较强，农民工希望通过参与社区治理，获得更高的社会身份、地位，来提升被尊重的需求的满足程度，从而降低受到歧视的机会。中山市既能够充分满足农民工家庭的基本社会保障权、社会福利权和最低生活水准权，又兼顾了他们的自我发展诉求，最终为农民工社会融合提供了良好的范例。

（二）乡村振兴战略与农民工返乡创业

2017 年 10 月 18 日，习近平总书记在党的十九大报告中提出了乡村振兴战略。习总书记指出：农业、农村、农民问题是关系国计民生的根本性问题，必须始终把解决好“三农”问题作为全党工作重中之重，实施乡村振兴战略。2018 年初，公布了 2018 年中央一号文件，即《中共中央国务院关于实施乡村振兴战略的意见》，明确了乡村振兴战略的总体要求，包括指导思想、目标任务、基本原则。同时，还提出要提升农业发展质量，培育乡村发展新动能；推进乡村绿色发展，打造人与自然和谐共生发展新格局；繁荣兴盛农村文化，焕发乡风文明新气象；加强农村基层基础工作，构建乡村治理新体系；提高农村民生保障水平，塑造美丽乡村新风貌；打好精准脱贫攻坚战，增强贫困群众获得感；推进体制机制创新，强化乡村振兴制度性供给；汇聚全社会力量，强化乡村振兴人才支撑；开拓投融资渠道，强化乡村振兴投入保障；坚持和完善党对“三农”工作的领导。紧接着，2018年3月5日，国务院总理李克强在做政府工作报告时再一次强调，要大力实施乡村振兴战略，科学制定规划，健全城乡融合发展体制机制，依靠改革创新壮大乡村发展新动能。2018年4月3日，在刚刚落定的国务院机构改革中，新改组成立的农业农村部正式挂牌，可谓从管理思路上将农业、农村、农民“三农问题”做了一番新的整合。

乡村振兴战略对于农民工家庭问题的化解可谓十分重要。当前一个突出的现象即农民工返乡创业。农民工返乡创业并非一个新鲜话题，伴随着农民工进城务工，就不断有农民工带着资金、观念和技术返乡创业。中央提出乡村振兴战略，鼓励“双创”活动，与农民工返乡创业的需求和期盼不谋而合。据国务院发展研究中心2009年对山东桓台县737名回流农民工调查统计[①]，回流农民工回乡创业的特点表现为：一是所办企业多是初级形态。企业经营形式以个体、私营为主，分别占91.9%、4.2%。这些企业经营行业中，工业占16.2%，建筑业占14.9%，运输业占15.3%，商业占44.7%，企业规模一般较小。二是有向小城镇汇合的趋向。企业经营地点在小城镇的有60家，占10.8%，同时在村和小城镇的有72家，占13%，两者合计为23.8%。三是部分人回乡务农，搞农业开发经营，形成一批不同于以往种田大户的新型农业经营大户。737名回流农民工中，从事农业的66人，其中2/3（44户）是搞农业开发。搞农业开发的人，成了回乡农民工收入很高的群体。事实证明，当前农民工回乡创业，受制于各种因素，创业规模较小、创业领域较窄，但随着国家乡村振兴战略的推进，包括农民基础设施、教育医疗等基本社会保障、投融资环境等都将发生翻天覆地的变化，也必将吸引更多农民工返乡参与到美丽乡村建设中。

以广西为例，作为中西部欠发达地区的代表，一直以来是农民工净流出的重要地区。目前广西全区农民工总量1 225万人，在区外农民工632万人，其中在广东人数为563万人。广西外出打工最早期的一代人基本是农民工出身，在广东珠三角地区可以看到很多的广西籍农民工。地方政府在支持农民工“返乡创业”方面下了大力气。广西在全国率先出台农民工创业担保贷款政策，贷款额度10万元，贷款期限2～3年，并且降低了贷款门槛，进一步缓解了农民工创业过程中最为紧迫的“融资难”问题。仅一年时间，全区就发放创业担保贷款6.74亿元，共支持6 801人创业。实施农民工职业技能提升计划，评选认定32个广西优秀劳务品牌、54个自治区农民工培训实训基地。大量广西农民工家庭从中受益。

① 王环. 农民工返乡创业问题研究. 农业经济，2009（9）：66-67.

农民工返乡创业对于农民工家庭的正面影响则是显而易见的。从就业方面看，农民工在城镇就业一直以来都存在工作不稳定的问题，但返乡创业无疑能够为其提供更多更匹配其能力的工作。从子女教育和老人赡养来看，借助乡村振兴计划，儿童和老人的教育、医疗、生活保障都将得到有效的改观，农民工返乡创业或就近就业，在家庭距离上就将带来极大的便利，对于儿童和老人而言，心灵上都将获得更多的满足，“留守儿童”和“留守老人”问题也能够得到更为有效的解决。更为重要的是，在外务工的夫妻双方或一方，如能以返乡创业为契机，回归家庭，关照家庭，也能够极大地化解广受争议的“临时夫妻”问题。

（三）农村扶贫与改善农民工家庭境况

农村扶贫是与国家“精准扶贫”理念紧密相关的，精准扶贫是当前农村扶贫中的重要举措。2013 年 11 月，习近平总书记在湖南湘西十八洞村首次提出“精准扶贫”理念，提出了“实事求是、因地制宜、分类指导、精准扶贫”的重要指示，并提出十八洞模式要“可复制、可推广”的 6 字原则和“不能搞特殊化，但不能没有变化”的 13 字要求。自此，精准扶贫、精准脱贫成为中国式扶贫的基本方略。2017 年 10 月 18 日，在党的十九大报告中，总书记进一步强调指出，要动员全党全国全社会力量，坚持精准扶贫、精准脱贫。2017 年 2 月 22 日，在中共中央政治局第三十九次集体学习时，习近平总书记肯定了党的十八大以来脱贫攻坚取得的显著成绩：2013 年至 2016 年 4 年间，每年农村贫困人口减少都超过 1 000 万人，累计脱贫 5 564 万人；贫困发生率从 2012 年底的 10.2%下降到 2016 年底的 4.5%，下降 5.7 个百分点；贫困地区农村居民收入增幅高于全国平均水平，贫困群众生活水平明显提高，贫困地区面貌明显改善。

农村扶贫对于改善农民工家庭境况具有极其重要的意义。农民工外出就业或打工的初衷，基本是为了改善家庭境况，提升收入水平。当前出现的农民工就业难、“留守儿童”、“留守老人”、“临时夫妻”等问题，从根源上看，都是由农民工外出务工、缺少对家庭的关照引起的。如果能够改善并解决农村的贫困问题，帮助农民工在家门口致富，帮助其就近就业以提升家庭收入，将极大化解当前农民工大量外出务工给城市以及乡村带来的双重困难。

安徽省在农村产业扶贫方面的多项举措，既为贫困群众谋划了好点子，走出了好路子，又帮助更多农民工家庭增收创富，极大改善了农民工家庭的生活境况。例如，2017 年，安徽省黟县碧阳镇制定了生猪养殖、禽类养殖、牛羊养殖、蔬菜种植、茶叶种植等六大类贫困户自主经营奖补项目“菜单”，让贫困户“见单点菜”，选择适合自身发展的特色产业。村民黄大哥笑着说，“现在我们贫困户搞特色种养政府给补贴，还给咱上了农业保险，日子越过越好喽！以前大家都去上海、浙江打工，现在很多人都陆续回乡喽!”碧阳镇农经站站长余发明表示：“我们通过资金奖补、技术指导、新型特色农业培训等方式，助力扶贫精准服务对象、确保优惠政策落地生根，让他们早日脱贫，提前走上小康、富裕的道路。”截至 2016 年 12 月，碧阳镇申报产业到户项目资金 82.11 万元，874 户贫困户选择发展产业。此外，该镇还筛选出 8 家新型农业经营主体，建立“公司＋贫困户”模式，与 131 户贫困户签订帮扶协议，通过户贷企用办理扶贫小额贷款 655 万元，并且为贫困户发展特色种养业提供产前、产中、产后服务，带动贫困村、贫困户发展致富。农村扶贫切实给农户家庭的生活水平带来了极大改善，使得越来越多的农民家庭劳动力放弃外出打工的计划，享受农村扶贫政策带来的福利。

根据清华大学国情研究院胡鞍钢教授的研究，自中国提高贫困线标准以来，贫困人口从 2010 年的 1.66 亿下降到 2014 年的 7 017 万，贫困发生率从 17.2%下降到 7.2%。按照这个速度，在 2020 年，这个贫困线将基本消除，为全面建成小康社会奠定基础，之后中国将进入减少相对贫困人口阶段。① 党中央提出 2020 年全面建成小康社会的目标，在实现这个目标的过程中，农村扶贫无疑是至关重要的一环，当前的精准扶贫举措同样是为这个目标服务的。作为农村扶贫的重要部分，农民工家庭贫困境况的改善，也需要包括农民工自身、社会各界、政府和政策的支持与努力。农民工家庭问题的真正的解决，必须与农村扶贫，乃至农村脱贫这样的重要战略部署结合起来。

---

① 段应碧. 中国农村扶贫开发：回顾与展望. 老区建设，2010，31（5）：8-12.

报告八：国外家庭教育与家庭建设经验借鉴

美国、日本、韩国、新加坡、加拿大等国很重视家庭教育。著名教育家苏霍姆林斯基曾强调："没有家庭教育的学校教育和没有学校教育的家庭教育，都不可能完成培养人这一极其细致而复杂的任务。"日本教育家铃木镇一也认为："家庭教育是对一个孩子的全部教育中最为核心的组成部分。"家庭教育能够为孩子提供一个良好的受教育的起点，家庭教育的好坏决定了家庭的文明程度，它能够对家庭成员产生深远的影响。以上国家在家庭教育、指导服务、管理组织、宣传监管等方面，有许多成功的经验。"他山之石，可以攻玉"，抓好家庭文明建设，需要从我国传统文化中寻找思想资源，也应放眼世界，借鉴其他国家关于家庭教育的成功经验。

一、东方国家的家庭教育与家庭建设经验

东方国家，尤其是新加坡、日本、韩国等亚洲国家的家庭教育，深受儒家文化等传统中华文明的影响，如图 8－1，新加坡、日本、韩国与中国在文化上同根同源，其家庭教育经验对我国的家庭教育建设工作具有重要的借鉴性和参考价值。

（一）新加坡家庭教育与家庭建设经验

新加坡政府十分重视家庭教育建设，政府通过制定详细的家庭守则，要求家庭成员传承美德，同时出台相关的法律法规为家庭教育建设顺利开展保驾护航。新加坡政府在 1991 年颁布的《共同价值观白皮书》中，提出了五大价值观，即："国家至上，社会为先；家庭为根，社会为本；关怀扶持，尊重个人；求同存异，协商共识；种族和谐，宗教宽容。"其中将家庭放在了十分重要的位置。1993 年又针对家庭

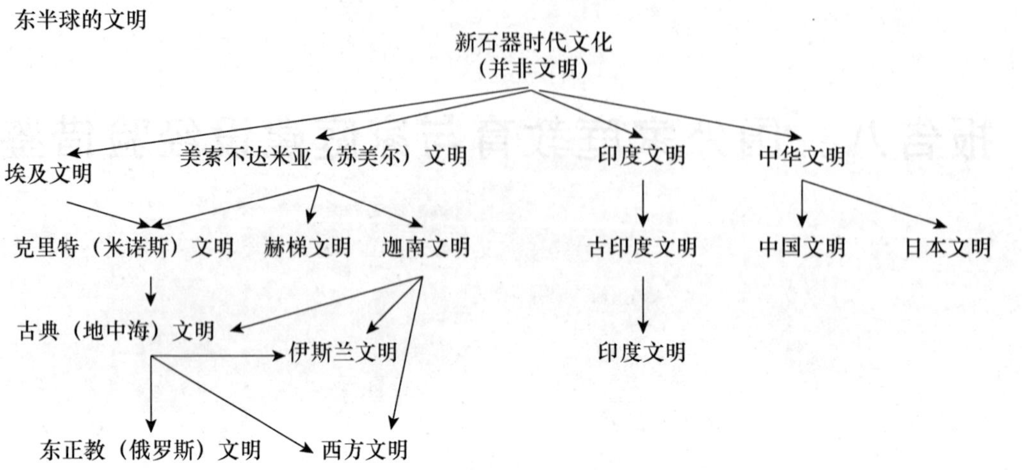

图8-1　东半球的文明变迁

资料来源:奎格利. 文明的演变:历史分析导论. 第二版. 美国:自由出版公司,1961:82.

问题公布了“家庭价值观”,其内容包括:“亲爱关怀,互敬互重,孝顺尊长,忠诚承诺,和谐沟通”①。这为家庭价值观的培育确立了具体内容,强调家庭的价值与意义。新加坡非常重视和谐家庭环境的建设,认为只有在和谐的家庭环境中,家庭教育才能顺利进行,和谐的家庭环境有利于孩子的健康成长,它是培养孩子健全人格的基础。因此,新加坡教育中融入了很多关于家庭重要性的内容,向人们灌输家庭观念,肯定家庭生活的意义,专门设立了关于家庭的四个道德要求:孝顺、家庭凝聚力、尊敬长辈和维护家庭声誉。新加坡颁布了《赡养父母法案》,从法律上保障孝顺等家庭价值观的落实。此外,新加坡还制定了详细具体的确保家庭和谐的道德守则,并通过各种形式的活动让人们去学习并落实,从而形成良好的有利于家庭和谐的社会风气。

新加坡的家庭道德建设秉承了传统儒家齐家治国的思想,注重对孩子进行家庭责任感的培育,认为只有培养好孩子对家庭的责任感,才能激发他们对社会、对国家的责任感。新加坡十分强调家庭教育中父母的作用,因为父母在子女成长的过程中扮演着重要的引导角色,在家庭生活中,父母的素质对孩子的成长具有重大影响,父母的行为能够潜移默化地影响孩子。新加坡还特别注重在学校教育中引入家长的参与,注重家庭与学校在教育中的共同作用。家校合作进行学生文明教育十分重要,在品格与公民教育中,家长是主要的合作伙伴。如果家庭和学校能相互协调与配合,学生就是最大的受益者。家庭与学校之间的合作不仅能促进学生的身心发

① 霍利婷. 新加坡“学校家庭教育计划”. 外国中小学教育,2008(7).

展，也能帮助他们更积极地学习和面对生活。2014 年，新加坡教育部学生发展课程司颁布了《2014 课程标准·品格与公民教育·小学》（以下简称《新课程标准》）。《新课程标准》要求学校与家长建立良好关系，以获得家长的支持，帮助学生在家中巩固学校所教的价值观。在《新课程标准》的指导下，新加坡 2015 年推出了小学 1～6 年级使用的《好品德 好公民》教科书。教科书在每个年级中各设置了 7 个“家庭时间”单元，根据不同的主题，安排不同的家庭教育活动内容。家庭教育环节主要体现在“家庭时间”里。编写“家庭时间”时，根据学生的不同年龄阶段选择不同对象。在 1～4 年级，“家庭时间”是写给学生家长的，为家长提供一些家庭教育的具体措施；在 5～6 年级，则以学生为对象，为他们提供一些在家庭中的学习建议，鼓励他们积极与家人学习互动。新课本以更活泼的方式呈现生活实例和传统故事。课本也加入更多提问句，帮助学生通过思考和反思的过程内化价值观。另外，为了鼓励学生实践所学，课程也加入各种各样的活动元素。书中有图文并茂的写实例子，生动有趣的寓言故事，还有鼓励亲子互动的家庭活动。重点章节附设的“家庭时间”中，家长可以通过课本列出的简单活动和孩子讨论问题及分享如何待人处事。家长通过利用这些资源，积极塑造孩子正确的价值观。家长能利用“家庭时间”和孩子一起复习课文，和孩子分享自己的经历。祖父母也能参与其中，和孙子辈畅谈做人的道理，这是很好的亲子互动时机。图 8－2 为新加坡教科书《好品德 好公民》的封面。

图 8－2　教科书《好品德 好公民》封面

（二）日本家庭教育与家庭建设经验

日本人的家庭教育十分强调儿童的感恩教育。日本人认为孩子从小知道感恩、尊重生命，长大后就很少会做出越轨的事。比如日本的幼儿园会为每个孩子举办生日会，并邀请他们的父母出席，在生日会当天，学校会把孩子从出生以来的照片悬挂起来展示。同时，孩子父母会在所有小朋友面前，分享孩子成长的点点滴滴，通过生日会，使孩子们逐渐了解生命的由来，懂得诞生与成长的艰辛，明白父母对自己的付出和期望，使孩子懂得对待父母要心怀感恩。在日本出版的很多儿童读物是“感恩教育读本”。其中的经典感恩教育丛书《谢谢传递给我生命的人》《谢谢妈妈》《谢谢大家》等还被列为日本小学生思想道德课教材，它们通过图文结合的方式讲述了祭祖传统、生命诞生、生命延续、失去亲人、对他人心存感恩的内容，让孩子们明白生命的联系和延续，也了解人要学会感恩、珍惜生命。图8－3为《谢谢传递给我生命的人》图书封面。日本的感恩教育还强调从小事做起，老师会教育孩子从小就要感恩父母，做自己力所能及的事情，其教育细致入微，比如孩子在上幼儿园的时候就知道，自己收衣服、晾衣服，要把爸爸妈妈的衣服也一起收了。

图8－3 《谢谢传递给我生命的人》图书封面

日本的父母十分注重对孩子进行礼节教育与团结协作精神的培育。日本的家庭教育，让孩子从小就养成懂礼貌、讲规矩、遵守规范、团结合作的习惯，从而为孩子将来进入社会能够遵守社会规范、适应社会生活奠定基础。在儒家思想的影响下，日本人强调儒家文化中的礼，重视发挥礼节文化在人际交往中重要作用。日本的礼节教育是从学会说敬语开始的，重视通过友好尊重的方式实现人际交往的和谐相处。日本人也把儒家思想当中的以和为贵作为社会当中的基本准则。儒家思想当中的礼，在日本的礼仪、礼节文化中得以充分的体现。日本家庭重视礼节教育是与日本人重视集体主义精神联系在一起的，日本受其历史与地理以及稻耕文化的影响，形成了非常强的集体主义精神，相较于西方国家来说，日本更加强调个人对于集体的付出，反对集体内部的个人竞争。在日常的行为方面，日本人更加重视集体行动，西方人更加注重个人的天赋，比较强调英雄主义和个人的作用，而日本人更加强调整体，认为个人只有融入社会主流当中才会取得成功。这种源于生存竞争压力的集体主义思想是日本民族精神的一种体现，对集体意识与团结协作精神的培养一直是日本家庭教育的重要内容。另外，日本家庭教育还非常注意培养孩子自立、自主的精神，而培养这种精神一般是从让孩子从小参加家务劳动开始的。在日本，大部分家庭都要求孩子经常做一些力所能及的家务事，以此锻炼孩子的生活自理能力、自制能力、动手能力及处理问题的能力。日本家庭对孩子自立自主精神的培养，强调不麻烦别人原则，通过让孩子做力所能及的事，让孩子懂得凡是自己的事情，只要自己能做的，就要自己做，尽量不要给别人（包括父母）添麻烦。日本人的危机意识特别强，日本学者系川英夫指出："险恶的环境正是使人锻炼成长的最大动力。"因此，注重抗挫折教育是日本家庭教育的一个特色，日本的父母经常会通过各种方式对孩子进行抗挫折教育，例如让孩子冬天冷水浴、参加生存训练夏令营等，日本父母普遍认为，只有让儿童经受一定的以忍耐为内容的身心训练，而不是满足他们的各种要求，才能培养儿童克服困难的能力，形成坚韧和顽强的品质。

（三）韩国家庭教育与家庭建设经验

韩国的儒家思想来源于中国。儒家文化构成了中韩两国共同的社会文化心理的基础，韩国家庭伦理剧表现出了对儒家传统家庭美德的反映与传承，电视剧中很多内容都体现出儒家文化和儒家的传统礼仪。韩剧通过剧情生动地再现韩国社会所崇尚的儒家传统礼仪及家庭文化，也因此得到了受儒家文化影响的东亚文化圈观众的普遍认同。

韩国受儒家伦理的影响很深，特别重视"孝"和"礼"。"孝"是大韩民族重要的民族传统。韩国晚辈对长辈要说敬语，不能当着长辈的面抽烟，吃饭时必须老人先动筷子等细微之处都可以体现出晚辈对长辈的孝敬和尊重。韩国家庭伦理剧更是将日常生活中的孝展现得淋漓尽致。以电视剧《家门的荣光》为例，该电视剧开始有情景描写河会长父亲去世，身为晚辈应该为老人送行，河书英作为家里长孙，为遵从孝道，不惜下跪求离家的妻子跟他一起回去尽孝。而远在他方的孙女河丹雅也为见老人最后一面抛下工作，甚至不惜冒着生命危险坐船回去守灵。然后电视剧给观众呈现的是一个十分传统的葬礼，还有葬礼后每日的全家祭拜以及守孝，家庭中的每个人在每个环节上都遵守着礼法。《看了又看》也是一部反映韩国家庭伦理关系的电视剧，收视率极高，得到了较好的社会反响。剧中的男女主角——基政与银珠虽然真心相爱，但是因为基政的长辈不认可，银珠也为此吃了不少苦头，但是银珠始终笑脸相迎，对长辈尽心照顾，最终获得长辈的认可。

为了进一步弘扬孝文化，推进传统道德的发展，2007 年 7 月 2 日，韩国国会通过了世界首部《孝行奖励资助法》，以政府名义奖励孝行实践，推广孝道文化，构建全社会尊敬老人、孝顺长辈的良好氛围。对“孝”的传统文化的推崇已经成为韩国家庭道德教育的特色，“孝”这个道德原则成了衡量一个人道德素质与修养水平的重要标准，人们认为只有在家庭中恪守孝道，才能在工作中兢兢业业，才能对国家报以忠诚，孝道已经与爱国精神联系在一起。基于此，韩国的家庭道德教育特别注重对孩子进行孝道文化的学习熏陶与实践养成，韩国的父母非常重视培养子女的孝亲敬长的良好品质。韩国孝道教育体现在家庭生活方方面面的细节上，譬如晚辈与长辈讲话应该用敬语，吃饭应该由长辈先动筷子，遇见长辈应主动鞠躬问好，等等。韩国的孝道教育还融入各种传统节日中，例如茶礼仪式的祭祖活动、双亲节等，在这些节日里晚辈将严格按照传统的礼仪形式，对长辈进行跪拜与感恩。

韩国的家庭教育始终坚持以孝道等传统文化教育为基础，努力在文化多元的时代背景下，保持传统家庭道德教育的基础地位，并将它融合到民族精神教育中，努力通过民族精神的教育，培养独具特色的民族性格、民族自尊与民族自信心。

二、西方国家的家庭教育与家庭建设经验

西方国家的家庭教育观念虽然因为文化的差异，与中国的家庭教育观念存在较大的差异，但西方国家的家庭教育中承认并尊重儿童的独立性与价值，在教育目的上更倾向于个人本位，注重培养儿童独立意识，在家庭教育内容上重视儿童的全面发展，在家庭教育方式上强调民主和引导型教育，重视父母双方对家庭教育的参与，这些对于中国的家庭教育建设工作都有着积极的参考意义和价值。

（一）瑞典家庭教育与家庭建设经验

瑞典很注意推动父母共同育儿的家庭政策，倡导父亲和母亲一起积极地参与家庭教育工作。按照瑞典政府的有关法律规定，父亲同母亲一样，拥有休产假的权利，孩子从出生开始，可以均衡地感受来自父亲和母亲的关爱，这为其健康成长提供了基础的环境条件。瑞典政府积极出台各种让父亲们更多地参与家庭生活的家庭政策，同时瑞典良好的育儿资源也有效地缓解了家庭抚育幼儿的后顾之忧。瑞典男女共同参与育儿不仅是一句口号，瑞典在家庭政策中不断坚持实践和完善男女共同育儿、国家家庭共同育儿的理念。瑞典的家庭政策背后的家庭模式是双职工家庭，20世纪70年代起瑞典的第三产业开始兴旺发达，政府也出台了各种相关政策来资助需要照顾婴幼儿的父母从事全日制工作。瑞典政府的家庭政策有两条主线，第一条是鼓励女性就业，政府通过将税收用于建立收费低廉、服务优质的育儿所等公共

服务的方式，把女性承担的一部分育儿之责转移出来，以此保障已婚女性能够从事有酬就业。第二条是鼓励男性承担一部分家庭责任，这就是瑞典著名的“父亲产假”，瑞典政府自 1974 年起将一直由母亲单独享受的产假，修改为父母双方可轮流使用的带薪亲职假（育婴假），这一政策自 1974 年实施后便不断地修改，并延长天数，到 2005 年为止已增加至 480 天，并规定 480 天的育婴假中的 390 天可以在孩子诞生或被领养当日起到满 8 岁的任何时候申请获得，但大部分的父母都将此育婴假在孩子满 2 岁前便全部申请使用了。为了提高男性使用育婴假的比率，让父母共同分担抚育婴幼儿之责，1995 年开始规定有 30 天的育婴假是父母双方彼此不能转让的，2002 年又增加了“父亲和母亲必须各申请 60 天，不得转让，其余自行协商解决”的规定，体现了政府通过家庭政策来让父亲母亲共同承担家庭养育责任的决心。关于育婴假的津贴额度，其中 390 天为其平时收入的 80%，剩余的 90 天为每人每天 60 克朗。瑞典育婴假的实施与完善，让瑞典形成了夫妻双方充分利用产假，轮流使用产假的家庭育儿策略。在“父亲产假”实施之初的 1974 年，男性申请人数仅占总人数的 4%，随着家庭政策的不断完善，男性申请人数在 1985 年、1995 年和 2003 年分别上升到 23%、28% 和 43%。[①] 此外，育婴假津贴不受工作年限和工资额度的制约，即使是无业的父母也可享受，瑞典的产假、亲职假、父母津贴具有普惠性。瑞典通过丰富公共育儿资源，不断完善儿童照料和教育体系，使父亲和母亲不仅可以较好地履行其家庭教育的重要职责，也能后顾无忧地从事有酬就业。

在家庭教育中，只有父母共同参与，才能更好地促进孩子的健康全面发展，而只有在家庭中实现性别平等，才会有利于父母共同参与到家庭教育中去。瑞典在保障家庭教育中父母的共同参与方面建立了良好的制度，真正做到了在照顾家庭方面男女平等。瑞典的“父亲产假”政策，将原本主要由妇女承担的一部分家庭责任转移给男性，从而让父亲更多地参与到照顾小孩的工作中来；同时，瑞典一系列促进女性进入就业市场的措施与政策，则更好地保障了女性的就业权利，让性别平等在家庭中得以充分的实现。而瑞典完善的托幼服务与教育体系，则有力地分担家庭在早期教育中的重担，与家庭教育形成良性互补。瑞典作为北欧国家与其他发达国家托儿社会化服务的一个显著不同是，依靠的是政府而不是市场，瑞典是一个把学前教育完全纳入国家义务教育体系的国家，这在很大程度上缓解了家庭教育的压力。瑞典的早期教育由家长和学校共同承担，1 岁的孩子就进入免费的托儿所接受学前

---

① 堂文慧，杨佳羚. 瑞典育婴休假制度之研究：共同照顾的价值. 台湾政大劳动学报，2006（19）：104，88.

教育，一直到7岁进入义务教育阶段，它实行的是托幼一体的学前教育。瑞典的托儿所是其教育系统与福利系统中非常重要的组成部分，托儿所的服务是全天候服务，能够提供大量适合儿童特点，有利于促进能力发展的实践活动，满足家长和孩子的需要。瑞典完善的托幼教育有力地补充了家庭教育方面的不足，同时在很大程度上让女性从家庭生活中解放出来，让她们能够重新走进职场。

瑞典是一个十分注重保护儿童权益的国家，形成了完善的儿童保护体系，涵盖了从孕育、出生到青少年时期，涉及儿童的学习教育、生活保障到伤害保护等方方面面。在瑞典，每个儿童能够享受儿童补贴与教育补贴等各种补贴，极大地减轻了家庭抚养的经济压力。瑞典还专门制定了相关政策，用于保护那些出生于不良家庭的儿童，对于那些存在家庭暴力、父母酗酒甚至吸毒等问题的家庭，政府会根据情况强制剥夺父母的监护权，通过强制抚养措施将儿童保护起来。此外，为了支持家庭教育发展以及弥补家庭教育的不足，瑞典形成了比较完善的社会教育网络和家庭教育的支持系统，构成这个系统的有政府成立的各种机构，比如国家青年事务理事会、儿童代表署等，还有许多旨在保护儿童和救助儿童的非政府组织，这些教育系统不仅能够直接为儿童的人身心理及各种权利提供保护与帮助，同时还能为家长提供培训与教育的支持，提升家长进行家庭教育的能力与水平。

（二）英国家庭教育与家庭建设经验

19世纪末，英国政府就开始立法干预父母主导的家庭教育活动，确保政府可以有效地监督、辅助父母的家庭教育实践。除了政府加强管理，家校互动也较好地确保了英国家庭教育的良好开展。在英国，家长参与学校教育主要通过三种途径实现：注重家校联系、支持培训家长、基于家庭和社区的干预。

注重家校联系。建立学校和家庭之间的联系至关重要，加强家校联系可以使学生作业完成情况和学习行为得到改进，提高学生出勤率，使家长更清楚地获得学校对家长参与孩子成长的有针对性的支持信息。建立家校联系可以通过业余时间的俱乐部、亲子班，以及扩大学校的外展工作等方式实现，是提升学生教育质量的有力杠杆。互联网等新技术的应用有助于提高家长的参与程度。

自20世纪90年代以来，英国政府一直致力于教育改革，1997年，英国政府发表《追求卓越的学校教育》白皮书，提出了进一步提高教育机会均等与教育水平的教育改革目标；2006年，苏格兰通过了《家长参与学校教育法》，旨在通过提高学校教育中家长的参与度，加强学校与家长之间的联系，家校之间共同协作密切配合，从而实现教育质量的提高。2009年，英国政府发布《你的孩子，你的学校，我们的未来：建设21世纪学校系统》，将家长参与学校教育置于中小学教育改革的核心位置，通过学校与家长之间的“家校协议”，更加明确了家长要承担的教育义务。2010年，英国教育部出台了新的学校白皮书《教学的重要性》，强调学校应该对家长负责，并把家长和家庭在教育中的角色赋予了战略地位。[①] 根据英国北爱尔兰大学教授摩根（V. Morgan）等人的分类，家长参与教育有三个层次：（1）低层次的参与，这个层次的家校合作方式有家长访问学校、参加家长会、开放日、学生作业展览等活动，另外还有家长联系簿、家长小报、家庭通讯等；（2）高层次的参与，这种层次的合作方式有经常性的家访、家长参与课堂教学和课外活动、帮助制作教具、为学校募集资金等；（3）正式组织上的参与，如家长咨询委员会等。[②] 为了提高家长参与教育的层次，英国出台了一系列具体措施，其中包括让家长担任“教学助手”，建立家长—学校组织等，通过这些措施，家长能够以正式或者非正式的方式参与学校的教学与管理，在帮助学校提升学校教育的效率与水平的同时，也改进自己在家庭教育中的方法。

支持培训家长。对家长进行有效的支持培训是家校联合教育的有效方式。对家长的有效支持培训必须对家长的需求进行深入的针对性分析，针对特定群体的家长，特别是少数族群家长和贫困家长尤为重要。学校会定期有计划地向所有的家长提供有针对性的详细指导信息，确保家长了解活动项目，清楚地知道学校希望他们做什么，使家长获得具体和详细的指导信息。目前，英国针对家长培训的项目主要集中在理论教育和育儿技巧训练方面，譬如2007年3月出台了一项“每位家长事务”计划，为家长学院设计了一套改善育儿技能的新课程，涵盖了如何增进父亲与子女关系之类的内容。同时，为在读写和算术能力方面存在问题的家长开设学习提高班，提升家长自身的文化水平，以适应教育孩子的需要。已有研究证明，家长的辅导干预对提高儿童教育质量，尤其是识字技能和阅读能力等方面有显著效果，家长对孩子教育计划的支持可以使孩子额外获得相当于6个月的阅读年龄。英国设立多家针对家长育儿辅导的培训学院，并采取包括由政府发放学习津贴在内的多种措施，鼓励家长报名参加提高养育子女技能的学习。英国的家长支持计划已取得了显著成果，家长掌握了管理孩子行为的知识和技能，学会有效地使用鼓励和移情等技能进行家庭教育，这些对减少青少年和家长冲突以及改进家长教养方式有显著影响。

基于家庭和社区的干预。有效的干预措施能显著改善家长和孩子之间的关系，

---

① 赵笪婷，许明. 家长参与：英国学校教育改革的新亮点. 外国教育研究，2014（1）.

② 马忠虎. 基础教育新概念：家校合作. 北京：教育科学出版社，1999：54.

干预措施应确保和家庭的状况及家长需要相匹配，而不是“一刀切”。家庭文化对孩子的语言和计算课程的学业成绩有显著的影响，特别是读写能力。有研究表明，建立家庭、学校和社区的联系，可以有效改善低收入和社会边缘化人群的家庭文化，此项干预措施可以通过建立伙伴关系、多部门合作和实现信息共享来完成。伙伴关系和多部门合作是家长参与综合战略的一个重要组成部分，多部门合作可以使学校与教育伙伴共享信息，包括警察局、社会服务和志愿部门，以及精神卫生机构、护理机构和社区等。通常学校收到的信息和数据相比社区更可靠和更具有利用价值，最佳的有效共享应该实现当学习者从一个位置或阶段到另一个位置或阶段时，依然能实现信息共享。

在强调家长参与学校教育的同时，英国的家庭教育还特别注重培养孩子对传统文化的学习与熏陶。英国政府高度重视传统文化的保持与传承，为全社会提供了丰富的社会文化遗产资源。在英国传统文化资源中，最独特的应该是其绅士文化，它是英国传统文化的重要体现，绅士风度成了英国民族精神的外化，因此，绅士教育一直是英国公学教育与家庭教育的重要内容，影响了一代又一代的英国人。绅士教育就是要培养集德行、智慧、礼仪与学问为一身的人，作为绅士，应该要有强健的身体，要能够用理性遏制自己不合理的欲望，要明智且深谋远虑，要有良好的教养，要知晓人情世故，能聪敏地与人相处，要具备事业家所需的各种知识，精明能干，善于处理自己的事务。[①] 在传统英国绅士教育中，定位于培养基督教绅士，为适应现代社会的实际需要和科学技术的发展。目前的教育目标是培养学者型绅士，可以说是对中世纪培养目标的补充和完善。[②] 英国的绅士教育十分重视孩子性格的培养，通过宗教陶冶、集体活动以及体育活动培养孩子坚韧、平和、善于团结的性格，同时，绅士教育还非常重视通过让孩子参加各种社团活动培育其领导力与责任感。绅士教育的内容还包含了礼仪风度方面的教育内容，通过礼仪风度教育让孩子具有优雅风度、稳重、端庄的仪表，彬彬有礼的态度，能够以从容、谦恭和富有理性的形象示人。绅士教育还有一个重要的内容就是通过各种体育运动与比赛，让孩子拥有健康的体魄，以及敢于拼搏、勇于挑战的精神。英国的绅士教育实质是一种德育为先，同时又注重能力与体格培养的教育方式，旨在培养具有贵族精神、温文尔雅又勇谋双全的社会精英。英国的绅士教育不是依靠说教，而是注重通过各种实践活动进行习惯的培养。英国绅士教育作为英国传统文化的精髓，依然是当代英国教育的重要内容，绅士教育依然是当代英国人家庭教育的重要形式。

---

① 洛克. 教育漫话. 傅任敢，译. 北京：人民教育出版社，1985：1，223.

② 原青林. 揭示英才教育的秘诀. 哈尔滨：黑龙江人民出版社，2006：85.

（三）美国家庭教育与家庭建设经验

美国文化对家庭教育价值观有重要影响。美国政府提供多样化的渠道，丰富家庭文明教育，指导家长的道德教育行为。美国文化的主流思想是人人平等，强调人权，自1776年美国《独立宣言》宣布“一切人生来都是平等的”起，平等观念在美国逐渐深入人心。在家庭日常生活中，父母与孩子在地位上是平等的，孩子可以向父母充分表达自己的想法，父母鼓励孩子发展自己的个性，孩子可以决定自己的事情，父母与子女之间不存在必然的道德义务关系，父母积极培养孩子独立、自信、创新的品格。“自由、平等、诚信、尊重”是美国家庭道德教育的核心内容，父母以身作则，尊重孩子的意愿，也教会孩子尊重他人。父母重视对孩子许下的承诺，绝不轻易失信于孩子。孩子可以拥有自己的秘密，父母不可以强行干涉。

“灌输式”教育可促进孩子形成一定的道德价值观，但在思想多元化的时代，单纯灌输法不利于儿童认知能力和辨别能力的提升，美国家庭道德教育的主要方式——“引导式教育”对中国家庭教育方式具有重要的参考和借鉴意义。美国文化崇尚自由和民主，父母与孩子的地位是平等的，孩子可以畅所欲言地表达自己的想法，父母会认真倾听孩子的意见和建议。如果孩子的想法是正确的，父母会积极鼓励孩子和肯定孩子想法；如果孩子的想法是错误的，父母会及时向孩子解释说明，引导孩子形成正确的观点。美国人崇尚自由、平等、民主、独立，因此，在家庭道德教育过程中，美国家长习惯采用引导法教育子女。在美国，孩子从小时候开始就拥有许多权利，家长不会代替孩子做出选择，而是鼓励孩子在实践中自己做出选择，让孩子学会独立思考。关于品格的养成，美国家长赞同让孩子在实践活动中磨炼自身的品质、培养自身的道德修养，统一道德观念和实际行为。据调查统计，美国有60%以上的12岁以上青少年参加过各种义务活动，诸如在当地的流浪者收留中心为无家可归的人做饭，为老年人、残疾人以及竞选宣传活动服务等。美国家长通过鼓励孩子参加各类实践活动，提高孩子的社会责任感和协作意识。美国父母与子女之间往往是融洽的朋友关系，父母习惯使用鼓励性的语言表达对子女的夸赞。此外，美国家庭十分重视理财教育。美国孩子多数社会环境适应能力较强、随机应变能力较高、理财意识强烈。实践证明，美国民主式的家庭教育方式有助于孩子的健康成长，孩子在得到尊重的同时也学会尊重他人，不仅有助于养成孩子个性，而且可以培育孩子的环境适应能力。

美国向来十分重视孩子的家庭教育，从20世纪50年代开始，各州积极地开展家庭教育指导活动，20世纪60年代初，密歇根州成立“佩里学前儿童父母教育机构”，指导贫困家庭和少数民族家庭的父母教育孩子的方式、方法。1965年，美国国会通过《经济机会法》，揭开了“提前开始”（Project Head Start）教育运动的序幕，要求专业家庭教育指导的呼声日益高涨。20世纪80年代初，美国教育比较发达的几个州率先设立“家庭教育指导师”职业，培养具备专业素质的家庭教育工作者。其他各州纷纷效仿，家庭教育指导师行业迅速扩大、普及。家庭教育指导师是指“经过权威机构严格训练，有深厚的文化背景、丰富的实践经验、高尚的职业道德、敏锐的反应能力，能够认真倾听家长诉说并迅速确定家庭教育问题症结所在，及时提供可行办法、有用信息、准确建议，向家长宣传正确的家庭和生活态度，提供有利于家庭幸福和家长自身成长的策略，帮助家长们发现问题、缓解压力、确定目标，寻找解决问题的途径，并且指导家长和孩子一步步按照预先设定的计划和步骤，逐渐接近并实现预定目标的专业人员”①。美国政府对于家庭教育指导师的申请资格具有严苛的规定，申请人必须取得学士或者学士以上学位，其中，家庭教育专业的学位需要具备两年以上的家庭教育实践经验，非家庭教育专业的学位需要具备五年以上的家庭教育实践经验。此外，申请人还须拥有足够的职业素养，经过专门的认证机构考核、测评后，才能够取得从业资格证书。申请家庭教育指导师应具备的素养如表8-1所示。

表8-1　　申请家庭教育指导师应具备的素养

1	申请人需要掌握教育学、心理学、法学、医学等与家庭教育相关的学科的基本知识
2	申请人需要拥有自我管理、专业学习、正确运用教育方法和有效激发儿童兴趣的能力，可以从工作中总结出适宜推广的各类经验
3	申请人应当具备的基本道德素养： （1）爱岗敬业、无私奉献（2）有爱心、有同情心 （3）善解人意、尊重他人（4）团队合作精神 （5）积极、乐观、向上　（6）没有歧视、偏见 （7）有责任感　　　　　（8）有创造力

资料来源：袁淑英．美国家庭教育服务机构和指导师的主要职责．教育探索，2015（3）：146-150.

美国政府PAT国家计划的实施让家庭教育指导师行业进入繁盛时期，PAT计划是指“父母即老师”计划（PAT=Parents As Teachers Program），是1981年美国密苏里州教育部发起，其目的是通过丰富的项目研究实践来提高家长的教育水平，有力地促进家长有效参与到孩子的成长发展中去。美国各州普遍实践的PAT项目的评估表明，参加该项目的父母在育儿技巧、参与的程度与质量方面有显著提

① 袁淑英．美国家庭教育服务机构和指导师的主要职责．教育探索，2015（3）：146-150.

升；孩子在认知与入学适应能力等方面也有明显提高。PAT 的实践表明，家庭教育指导师对于国家教育质量的提高和教育体系的完善具有重要的现实意义和理论意义。如今，美国各州几乎都拥有家庭教育指导师协会。家庭教育指导师协会积极与幼儿园、中小学、大学、政府机构等建立友好的合作关系，通过互动交流，开阔视野，丰富实践经验，及时了解政府教育政策的改革方向，提升协会中家庭教育指导师们的专业素养。

美国每个州都设立了管理和组织家庭教育活动的家庭教育协会，协会必须开办关于家庭教育指导的网站。2002 年，67%的美国父母从网络上获取教育孩子的资料，58%的家长通过网络了解与孩子学校生活有关的信息。家庭教育指导师们要及时更新网页的内容，保证材料的适时性和前沿性；聘请专家、学者，开办免费公开的讲座，让更多的父母更好地了解育儿知识；开办论坛，让家长们各抒己见，集思广益，提高社会各界对家庭教育的关注度。对于家长通过各类媒介、各种方式提出的育儿问题，指导师们应当及时给予回复，必要时还应当进行家访，制定个性化的解决方案。美国公立学校和私立学校几乎都设立了“家长-教师协会”，要求定期召开会议，在会议上家长和教师可以互相交流孩子在校内外的生活、学习和思想状况，也可以探讨家庭教育的有效方法，统一家庭和学校的教育建设目标，共同制定教育计划的落实方案。虽然中国也十分重视家庭教育和学校教育的有机结合，但是，与美国比较，中国在家庭和学校之间的互动方面明显存在不足之处，缺乏主动性和积极性；家长有较为强烈的意愿，但学校工作压力大等客观条件限制着双方更为积极和有效的互动。此外，访谈者还专门提及了社工组织对美国家庭教育的监管和指导作用。

个人主义价值观作为美国社会的核心价值观之一，渗透在美国社会生活的方方面面，个人主义思想对于美国社会而言，是一把双刃剑。个人主义思想积极推动了美国政治、经济、文化的发展，但是，个人主义思想过度重视个人的自由和权利，也引起了美国社会道德价值观的滑坡。在美国，孩子往往独立生存能力强但“尊长孝亲”的家庭意识淡薄，这一问题也应引起现代社会中国家庭教育研究者的重视。

（四）加拿大家庭教育与家庭建设经验

全民健身是加拿大的特色，其家庭教育也素有“重视体育”的传统。加拿大的学生课外作业压力极小，从幼儿园到小学三年级基本没有家庭作业和测验，目的是让孩子们放学后能多参加一些校外活动。学校放学很早，15 点放学后，学生（三年级以上）除完成少量作业外，有充足的时间参加自己喜爱的各类活动。一般来讲，加拿大学生对其家庭和社区周围的体育运动设施十分满意，学校旁和居民小区里都有宽阔的草地，草地里建有篮球场、足球场、排球场、网球场、秋千、滑梯和攀岩等体育运动设施。家里往往还会安置篮球架、曲棍球网等简单的运动设备，地下室有乒乓球球台、跑步机、举重器材等。有的家庭后院还有小型游泳池。社区内有自动调温的大型游泳池、各种室内球场、健身器械等，设施利用率很高。由于学生成绩对其他同学保密，所以学习差一些的学生并不会受到别人的歧视，但不善于开展体育活动的学生却有目共睹，容易让人瞧不起，所以学生都很重视体育活动。加拿大法律、法规体系明确并保障政府体育政策的实施，强调了政府要“促进国民体育参与，使其成为人们健康与福利的一个基本要素，鼓励国民将身体锻炼融入日常生活，帮助人们减少参加身体锻炼的障碍，巩固体育在加拿大社会文化生活中的地位”。加拿大规定“家长为少年儿童报名参加体育等俱乐部训练，家长可以得到减免个人所得税的政策优惠”。加拿大政府还实施了一种有针对性的税收抵免政策，它把家庭税收与青少年的体育运动有效地联系起来，具体规定为：父母为孩子（16岁以下）注册一个体育计划或健康计划，这一计划可以抵免一定的家庭税收，税收抵免额最高可达500美元。在社区建设中，政府规定在规划阶段就应考虑配套的体育活动中心。所有公共体育设施属于市政府，公共体育设施建设的费用纳入政府财政预算，群众休闲活动的经费主要来源于税收。社区内的体育休闲中心以及学校体育活动设施等以俱乐部的形式向市民开放，只能低价收费甚至免费。比如在加拿大，孩子在标准的冰球场滑一下午冰，只需3加元，仅比一张公交车票稍贵。

加拿大的家庭教育还特别注重多元文化教育。所谓多元文化教育，一方面指不同种族与民族、不同的社会阶层与文化背景的人都享有平等的受教育机会；另一方面则是指注重吸收来自不同文化群体的文化传统，让每个孩子都能充分发挥其潜能。加拿大作为一个移民国家，国民来自世界各个国家，因此构成了丰富多元的文化背景，为了加强来自不同文化背景下人们的融合与交流，加拿大早在20世纪70年代起就已经为多元文化与反种族主义项目提供各种支持，并且把这些项目的实施定位于学校与社区。加拿大有专门的多元文化与文化交流教育委员会，以推动加拿大多元文化教育发展。加拿大重视多元文化的保护，支持各民族保持自己的文化特性，特别是对于少数民族的文化，加拿大将其作为本国文化的富有特色的组成部分。加拿大多元文化教育的目标就是在保证不同民族与宗教信仰以及不同文化背景的人们享有平等教育权利的基础上，一方面保持各自民族的文化特色，另一方面使各民族又能开放包容去接纳其他文化，特别是认同少数民族的文化，从而消除种族歧视，促进各民族间的平等合作，形成共同的文化传统意识，实现多元文化社会的和谐繁荣。加拿大多元文化教育是全方位的教育，它寓于一切正规与非正规、正式与非正式的教育活动和行为中，趋向一种社会生活化了的教育。实施多元文化教育是社会、学校和家庭共同的责任和义务，而家庭是实施多元文化教育的重要场所。加拿大家庭的多元文化教育一般采取隐性教育方式，多元文化教育被融入日常生活中，通过家庭中的父母的言传身教，教会孩子以一种多元文化的视角来看待、分析事件和形势，树立多元文化的价值观，养成尊重、欣赏多元文化的习惯，培养适应和参与多元文化社会的能力。[①] 加拿大家庭教育中的多元文化教育是时代与国情决定的，对于促进加拿大的民族平等与文化交流融合产生了深远影响。

（五）以色列家庭教育与家庭建设经验

以色列是一个以犹太民族为主的国家，犹太人历经千年的漂泊之后，终于在1948年成功复国。以色列饱受战火煎熬，同时又面临国土面积小、资源匮乏、生存环境恶劣等问题，然而经过几十年的发展，却成为世界上经济、科技和军事强国，被称为“中东的超级大国”。以色列能够取得现代化建设的成就，与犹太民族重视家庭教育的传统是分不开的。以色列非常重视传统文化教育，它主要通过犹太教宗教教育的形式进行，犹太教是犹太人保持民族特性的重要载体，在某种程度上代表了犹太人的历史。在以色列，每个儿童都会接受犹太教宗教教育，学习宗教课程，通过犹太教实现民族认同，传承本民族的历史文化，将历史上犹太民族中反抗异族统治的起义英雄作为青少年学习的榜样。

以色列的家庭教育不仅重视以培养犹太人的民族认同感与共同信仰为目标的宗教教育，同时也非常重视以培养劳动观念、爱科学重知识为内容的世俗教育。犹太人都非常重视孩子的劳动观念教育，父母通常会通过有偿劳动培养孩子的财商，通过传承“一技在身、生存容易”观念，培育孩子强大的生存适应能力。犹太民族是一个务实的民族，非常重视知识与技能的培养，在犹太人看来，自己的一切财产都随时有被其他人掠夺的危险，只有知识和技能才是自己唯一可以随身携带的、终身受用不尽的财产。犹太人的这种务实精神与其苦难的民族漂泊历史是分不开的，在颠沛流离的生活中，只有知识与技能才是立身之本。基于同样的历史原因，犹太人还非常重视对孩子进行苦难教育。犹太民族的历史基调是灾难，对灾难的记忆成为犹太人的历史记忆，犹太人会通过各种纪念民族苦难的节日对孩子进行苦难教育，培养他们的危机意识与坚毅团结的精神，通过铭记历史的苦难，激励他们积极进

① 隗峰，蔡红，姚元全．加拿大多元文化教育对我国多元文化教育的启示．外国中小学教育，2011（6）．

取，努力走向强大。以色列非常重视道德教育，特别善于通过宗教和历史传统中的英雄人物进行榜样教育，充分运用各种节日、各种活动来进行道德教育是以色列的一个特色。犹太人的道德教育多放在各种活动中去进行，犹太人有很多纪念性的节日，这些节日基本上都与敬神、感恩、忏悔和历史事件有关，重要节日如安息日（每周五日落至周六日落）、犹太新年（约公历9月）、赎罪日（约公历10月）、住棚节（约公历10月）、逾越节（约公历3、4月）、大屠杀纪念日（约公历5月）、独立日（约公历5月）。一到节日小孩子就要根据大人的要求从犹太经典中学习相关典故，并且到社区、学校参加各类庆祝活动，这让孩子在参加这些节日与活动中吸取历史文化传统的力量。[①] 此外，以色列家庭教育非常重视培养孩子的契约精神。犹太人的契约观念是建立在宗教基础上的，在《旧约》中有很多体现契约精神的内容，他们认为犹太人必须遵循耶和华上帝的一切诫命律例，只有遵守与上帝达成的这种特殊契约，才能被上帝选中，成为上帝的选民。基于宗教理论基础的契约精神，在世俗生活与商业活动中同样被遵守，并成就了犹太人的商业成功。

犹太民族能够顽强地生存下来，并为世界文明做出卓绝的贡献，最终还建立了自己独立的民族国家，依靠的正是一个个担负着犹太文明传承的犹太家庭，家庭观念从《圣经》时代以来一直是正统犹太教信徒乃至全体犹太人心目中最重要的观念，家庭是犹太宗教传承和犹太意识培养的基础与载体，而在家庭中对孩子进行教育更是上帝对犹太人的要求，是父亲必须执行的基本责任。犹太民族的家庭教育是世界公认的成功的教育，培育了一代又一代杰出的犹太人，正是犹太民族教育的强大支撑，才有跻身强国行列的当代以色列国。

从上述国家在家庭文明建设方面的经验，可以发现每个国家都有其独特的教育内容与方式，均值得我国去学习借鉴。从这些国家的建设经验中，可以总结出一些特点，首先，在家庭教育中注重渗透式教育方式，特别是在道德教育的经验探索中，“渗透式教育”被认为是非常有效的教育方式，它具有“隐性教育”的特点，重视受教育主体的参与和道德体验，注重潜移默化的教育过程，通过柔性规导方式，实现道德意识与道德观念的传播与培育。其次，家庭教育离不开日常生活的实践活动，注重通过日常实践和体验活动进行家庭教育，特别是随着现代志愿服务活动与慈善公益活动的广泛开展，越来越多的家庭参与其中，通过这些志愿服务活动，孩子们获得了更加直观的认识，提高了服务意识与道德能力。再次，家庭教育建设过程中注重发挥父母言传身教的作用。无论是英、法、德、美、加等欧美国

---

① 谭德礼．以色列青少年道德教育及其启示．中国青年社会科学，2016（3）．

家，还是日、韩、新等亚洲国家都十分重视开展言传身教式的家庭教育，因为只有父母在家庭生活中以身作则，才能取得更好的教育效果。为了保障父母更好地做到言传身教，很多国家制定了家庭教育支援政策，由政府举办各种针对家长的培训班，通过针对性的父母培训计划，提升他们的育儿技能与文化素养。最后，注重借助宗教文化与宗教生活推动家庭教育建设。欧美国家深受基督教文化的影响，定期去教堂依然是许多人的生活方式。宗教文化本身具有促进个人心灵安宁与维护社会稳定的功能，例如基督教就包含上帝面前人人平等原则、爱人如爱己的博爱精神等教义，它们很多实际上是与世俗道德伦理原则相契合的，这对于家庭教育建设是有着重要意义的。

三、国外家庭教育举措值得借鉴的几个特点

20 世纪 50 年代起，美国各州市都在开展家庭教育指导活动。1965 年美国国会通过《经济机会法》，要求掀起“提前开始”教育活动，其后又陆续通过了《提前开始法》、《2000 年目标：美国教育法》以及《残疾人教育法修正案》等。韩国建立家庭学会、家庭管理学会、家庭治疗学会、家庭资源管理学会等各式各样的学会，为家庭教育的理论研究提供学术分享与讨论的平台，在韩国的中小学教育中开设了大量与家庭生活教育相关的课程，如“父母角色的特征与重要性”“婴幼儿养育”“离婚与再婚”等。此外，各国积极推动学校、家庭与社会教育合作实践，形成了许多教育合作的模式与经验，如美国的 PAT 模式、新加坡的学校-家庭-社区教育合作模式等。根据以上若干国家家庭教育建设状况，我们可总结出几个特点。

（一）建立完备的家庭教育法律体系

2001 年，日本文部省提出《21 世纪日本教育新生计划》，其后日本内阁会议在通过的《教育基本法》修正案中，便新增了“家庭教育”条目，明确家长及其他监护人对子女的教育义务，政府在尊重家庭教育自主性前提下，应当辅助、扶持家庭教育的开展。法国的《教育指导法》、德国的《宪法》以及英国的白皮书摘要《把学校办得更好》都是通过法律明文规定保障家庭教育工作的有效进行。各国政府在明确家庭教育的内容、原则、方式及目标和家庭教育对个人、家庭、社会、国家所呈现的重要意义后，注重对家庭教育政策法律体系的建设。

完备的家庭教育政策法律体系是家庭教育管理、指导、服务、宣传体系的重要保障和基础，我国虽颁布了一系列家庭教育相关政策，但是家庭教育法律法规的建

设却大大滞后。政策规定的零散和多变导致家庭教育管理工作出现多头管理、相互推诿、重复建设、制度真空等管理乱象，刚性的条款的缺失则使工作的开展缺乏明确有效的指导和支持，无法正常运行。① 因此，应当加快推进家庭教育立法工作，以专门的《家庭教育法》来提升家庭教育相关工作的社会地位和专业地位，同时颁布制定相关配套的法律法规和政策，如《家庭教育法实施细则》《家庭教育从业人员资格条例》等，以保障后续家庭教育指导服务工作的稳健运行。最为关键的是，尽管家庭教育立法亟待解决，但家庭教育立法工作应当循序渐进，不可盲目冒进，一定要结合他国成功经验，并在一定实践基础和制度基础上推进，以增强立法的可行性。

（二）建立明确的家庭教育管理机制

家庭教育作为一项基本素质教育，由政府主导其中工作的展开将有利于相关体系的构建及政策的有力执行。从家庭教育发展的组织管理部门来看，目前存在三种管理模式：以日本和我国台湾地区为代表的教育主管部门管理模式、以新加坡和韩国为代表的社会公共事业部门管理模式，以及以美国为代表的教育行政部门和社会公共事业部门共同管理模式。② 明确的家庭教育管理机制主要职责包括：制定家庭教育相关政策，提供政策指导；制定和开发家庭教育计划和项目，推动家庭教育指导服务活动的开展；为家庭教育指导服务机构提供财政性拨款；夯实家庭教育基础，培训和认证家庭教育工作指导服务人员；拓展普及家庭教育宣传渠道，开展特色实践活动；监管和评估家庭教育指导服务机构。

在我国的家庭教育工作的管理和实施中，政府一直发挥着主导作用，但却没有独立的家庭教育管理机构，与家庭教育工作相关的工作分别由妇联、教育部门、民政部门、卫生部门等承担，这种政令由许多部门发出的状态虽然发挥了各部门的独特优势，但是政策的出台、实施缺乏统筹规划，整体合力发挥不足，因而亟待改革。借鉴发达国家和地区的经验，并结合我国的实际情况将家庭教育管理工作纳入城乡公共服务体系，可采取共同管理模式，建立由妇联、教育行政部门以及民政部门共同参与的协调领导机制，通过法律明确规定各自的权责范围，履行在政策制定、项目开发、经费支持、人员培训和认证以及监管评估方面的职责，以确保家庭教育管理和实施工作的顺利开展。

---

① 中国儿童中心. 我国家庭教育指导服务体系构建与推进策略研究. 北京：中国人民大学出版社，2016：84.

② 同①85.

（三）建设专业的家庭教育人才队伍

注重家校合作体系，建立家长学校，促进家庭教育与学校教育相互渗透。日本的中小学实行了“公开授业日”，在这天会邀请家长和孩子一起听课，加强和学校之间的联系；苏联曾在普通学校的八至十年级开设“家庭生活伦理学与心理学”课程，涉及家庭教育的内涵以及面临的重难点问题；美国则通过电话、电视来辅导学生做好家庭作业，解答家长的问题；丹麦、意大利等国还通过让家长参与管理来协调学校教育与家庭教育的关系。

而在我国近四十年的家校合作实施努力下，家庭教育人才队伍仍旧十分薄弱，存在着后备人才缺乏、规范化程度较低、专业化程度不高等问题。因此，借鉴国外的经验，应当在以下两个方面进行突破：第一，大力推进家庭教育人才培养机制的建设，注重家庭教育人才的培养。将各类综合大学、师范类及技术院校打造成家庭教育专门人才的重要输送基地，在校内开设家庭教育专业，涵盖本科、硕士进修班、硕士研究生和博士研究生等多个层次，在大学课堂上开设家庭教育相关课程，如“家庭的职能”“家庭的角色与权力”等课程。第二，建立家庭教育指导服务人才资格准入制度，如美国通过建立家庭教育指导师资格制度，通过规定家庭教育指导师所必须具备的知识、能力、道德等各项素质指标，从而达到规范服务队伍和提高专业化水平的目的。建设专业的家庭教育人才队伍，对于完善家庭教育指导服务体系至关重要。

（四）扶持各类有活力的社会组织为家庭和学校教育发力

在国外，许多国家非常重视并且倡导通过学校、家庭和社会三位一体的合力去积极应对家庭教育中的问题。诚然，各级政府在家庭教育的管理工作中起着主导作用，但因地制宜、就事论事，家庭教育工作同样需要充分发挥各类社会组织的活力。在家庭教育的实践活动中，美国倡导社会、家庭和媒体的联合行动，新加坡设立家庭服务中心，法国则有各种类型的未成年人接待中心和服务机构，这些举措充分利用了社区的组织优势，为家庭提供最为便捷的指导服务，灵活多样地满足不同家庭的多元需要。此外，日本还在《关于应对社会变化的今后社会教育行政的应有状态》报告中指出：“社会教育在努力提高地域社会的活性化作用和地域教育能力的同时，还需要推进有助于提升家庭教育能力的对策。”可以看出，日本在提倡以社会教育推进家庭教育的同时，也肯定了社会教育的灵活性、地域性等特点。

因此，为有效弥补政府相关作用的不足，我国可以倡议并扶持各类有活力的社会组织，推进家庭教育工作的深入。倡导企业履行社会责任，支持志愿者开展志愿服务，引导社会各界共同参与，逐步培育形成完备的家庭教育社会支持体系。重视社会教育对家庭教育的推进作用，家庭与社会形成合力，家庭、学校和社会三者有效沟通、多管齐下，对孩子进行联动教育。要特别关心流动儿童、留守儿童、残疾儿童和贫困儿童，鼓励和支持各类社会组织发挥自身优势，广泛开展有地方特色、满足需求的家庭教育指导服务和关爱帮扶活动。

四、结语

传统社会向市场社会现代转型的一个基本特征就是社会的解构与构建。传统家庭结构发生变化，家庭观念也在发生新旧交换和冲突过程，社会大背景因素，和家庭面临的时代新问题，都要求我们要十分注重家庭文化和家庭建设问题。“家”作为中国人永远休养生息和精神归属之地，意义重大。“家和万事兴”“修齐治平”等传统智慧，是一种历史经验表达，更是中国特色社会主义现代文明建设的规律认知，同时也是中国“亚细亚的古代”历史发展道路的现代延展要求，这是中国社会发展和文化心态需求不同于西方国家的重要方面，中国在进行社会治理、社会发展以及现代文明建设布局中，必须注意这一点。正如习近平在2015年春节团拜会上所强调的：“家庭是社会的基本细胞，是人生的第一所学校。不论时代发生多大变化，不论生活格局发生多大变化，我们都要重视家庭建设，注重家庭、注重家教、注重家风，紧密结合培育和弘扬社会主义核心价值观，发扬光大中华民族传统家庭美德，促进家庭和睦，促进亲人相亲相爱，促进下一代健康成长，促进老年人老有所养，使千千万万个家庭成为国家发展、民族进步、社会和谐的重要基点。”今天我们贯彻十九大精神，弘扬践行社会主义核心价值观，推进社会治理体系和能力的现代化，落实习近平总书记关于家庭建设、家风建设的指示精神，就必须从家庭建设和家风家教抓起。没有家庭和谐，就难有社会和谐；没有家庭文明，就难有社会文明；没有家庭幸福，就难有中国人的幸福。家风家教家庭建设还和国民素质息息相关。所以，家庭建设是事关国民素质、社会和谐、百姓幸福、国家发展、民族兴盛的大事。各地各部门及社会上下都应该积极调研探索，从指导思想、目标任务、文化氛围、举措规划、活动载体、机制保障和社会评价等方面，全方位展开思考、工作和实践，推动新时期家风、家教、家庭建设行动全面、深入、创新、有效地展开。

后　记

本书系葛晨虹教授生前主持的“中国社会道德发展研究报告”的成果之一。“中国社会道德发展研究报告”依托教育部伦理学重点研究基地平台，整合团队力量和全国各种学术资源，对中国道德发展状况进行年度专题研究。

《中国社会道德发展研究报告 2016》，围绕当前中国家教与家庭家风建设状况展开调查和分析，期望通过调研，把脉当前家庭、家风建设与家庭教育存在的问题，剖析其原因，探索提高家教质量、培育优秀家风的有效路径，推进新时代家庭文明建设，发挥家庭在社会善治中的基点作用。本报告部分内容为陈延斌教授主持的国家社科基金重大项目“中国传统家训文献资料整理与优秀家风研究”、葛晨虹教授主持的首都文明办课题“培育和弘扬社会主义核心价值观，发扬光大中华民族传统家庭美德的思考”以及万安伦教授主持的首都文明办课题“推进新时期首都家庭文明建设的思考与研究”的阶段研究成果。

本报告是课题组全体成员合作的成果，总体调研思路和问题拟定主要由课题主持人葛晨虹教授负责。各分报告作者如下：

《报告一：中国社会治理视域下的家庭建设》由葛晨虹教授撰写；

《报告二：当前我国家风建设现状调研分析》由张琳副教授、陈延斌教授、万安伦教授撰写；

《报告三：当代中国家庭教育状况的考察与分析》，由乔珂、周丽丹硕士撰写；

《报告四：中国家庭建设中的家训文化》由牛绍娜博士和陈延斌教授撰写；

《报告五：家庭建设中的孝道问题研究》由王常柱副教授撰写；

《报告六：养老问题与和谐家庭建设》由刘玮玮教授撰写；

《报告七：农民工家庭问题与伦理关怀》由陈伟功博士和吴迪博士撰写；

《报告八：国外家庭教育与家庭建设经验借鉴》由钟锡进博士和万安伦教授撰写。

书稿完成后葛晨虹教授做了统改、完善工作。在书稿即将付印的最后阶段，葛晨虹教授不幸病逝。葛教授逝世后，受出版社委托，我又继续对部分内容做出了修改；牛绍娜博士协助我联系各部分作者对稿件进行了校改。此外，吴西亮、张伟东、苏静、李慧、张墨书、兰超、刘武阳等博士也参与了本报告的资料整理、校对等工作。

中国人民大学出版社的杨宗元编审和张杰编辑为本书出版做了大量辛勤工作，也为我们提供了诸多帮助，在此一并表示感谢！

为了更好地反映中国社会道德发展研究进展，我们使用了 2017 和 2018 年的部分数据或案例，特此说明。

葛晨虹教授生前为“中国社会道德发展研究报告”项目付出了大量的心血，也正是在本报告出版校对、完善的过程中，最终累倒在她所挚爱的伦理学与道德建设研究岗位上。因而本报告的出版，是对葛晨虹教授的深切怀念！

陈延斌

2018 年 11 月

图书在版编目（CIP）数据

中国社会道德发展研究报告．2016——家教与家庭家风建设研究报告/葛晨虹，陈延斌主编．—北京：中国人民大学出版社，2018.12
（中国人民大学研究报告系列）
ISBN 978-7-300-26589-6

Ⅰ.①中… Ⅱ.①葛… Ⅲ.①道德发展-研究报告-中国-2016 ②家庭道德-研究报告-中国 Ⅳ.①B82-092

中国版本图书馆 CIP 数据核字（2019）第 002915 号

中国人民大学研究报告系列
中国社会道德发展研究报告 2016
——家教与家庭家风建设研究报告
主　编　葛晨虹　陈延斌
Zhongguo Shehui Daode Fazhan Yanjiu Baogao 2016

出版发行	中国人民大学出版社		
社　　址	北京中关村大街 31 号	**邮政编码**	100080
电　　话	010－62511242（总编室）		010－62511770（质管部）
	010－82501766（邮购部）		010－62514148（门市部）
	010－62515195（发行公司）		010－62515275（盗版举报）
网　　址	http://www.crup.com.cn		
	http://www.ttrnet.com（人大教研网）		
经　　销	新华书店		
印　　刷	北京玺诚印务有限公司		
规　　格	185 mm×260 mm　16 开本	**版　　次**	2018 年 12 月第 1 版
印　　张	11.25 插页 1	**印　　次**	2018 年 12 月第 1 次印刷
字　　数	204 000	**定　　价**	39.80 元